U0553457

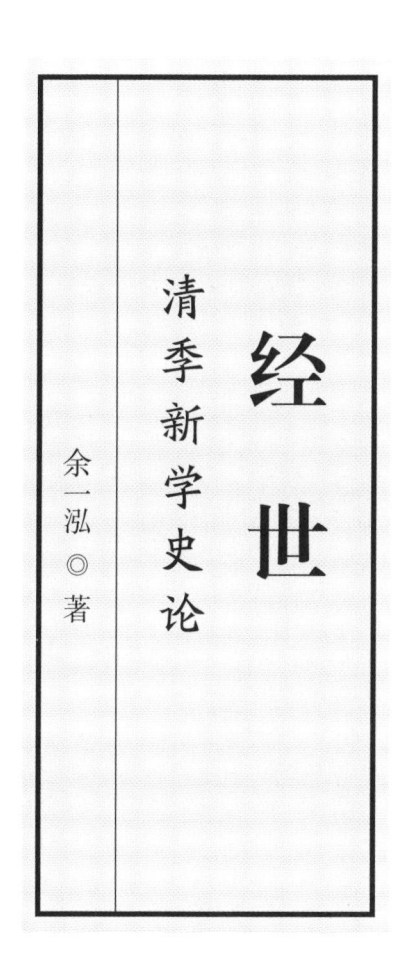

儒家文明省部共建协同创新中心研究成果

# 经世

## 清季新学史论

余一泓 ◎ 著

齐鲁书社
·济南·

图书在版编目（CIP）数据

经世：清季新学史论 / 余一泓著. -- 济南：齐鲁书社, 2025.5. -- ISBN 978-7-5333-5211-0

Ⅰ. B249.05

中国国家版本馆CIP数据核字第2025ZZ3565号

责任编辑　刘　强
装帧设计　亓旭欣

儒家文明省部共建协同创新中心研究成果

## 经世：清季新学史论
JINGSHI QINGJI XINXUE SHILUN

余一泓　著

| | |
|---|---|
| 主管单位 | 山东出版传媒股份有限公司 |
| 出版发行 | 齐鲁书社 |
| 社　　址 | 济南市市中区舜耕路517号 |
| 邮　　编 | 250003 |
| 网　　址 | www.qlss.cn |
| 电子邮箱 | qilupress@126.com |
| 营销中心 | （0531）82098521　82098519　82098517 |
| 印　　刷 | 山东华立印务有限公司 |
| 开　　本 | 880mm×1230mm　1/32 |
| 印　　张 | 12 |
| 插　　页 | 2 |
| 字　　数 | 268千 |
| 版　　次 | 2025年5月第1版 |
| 印　　次 | 2025年5月第1次印刷 |
| 标准书号 | ISBN 978-7-5333-5211-0 |
| 定　　价 | 68.00元 |

本书出版工作，获得海南大学科研启动经费项目"清季民国时期的传统学术转型研究"（XJ2400012211）的资助。

# 前　言

　　本书内容成于2021年11月到2023年8月(唯陈黻宸一文草于2020年4月),跟我的另外两部书稿《马一浮与近代儒学》《刘咸炘与近代蜀学》同时形成,其间有很多联系。目前,我正在修缮《民国旧学史论》。希望这些著作都能申到基金,尽数付梓。2024年,楚人某君语我:"未来现代儒学的研究出路在哪里？民国学术热、新儒家热潮,已经过去了,X老、X老吃到了红利,徒子徒孙不一定能吃到,都得转型寻求新发展。""你也是。"我没啥好说的,乃对曰出路只在申项目,是新是旧,非我所知。

　　像很多人一样,我需要跟上当代学术艰难的节奏,所以书中内容大半发表过,情况如下:

　　魏源教化观新研:背景、体现与变动,《中国文化研究所学报》,76(2023)。

　　论文廷式之政教说:渊源、表达与变动,《清华学报》,53.2(2023)。

　　柳诒徵崇古思想探论,《台湾东亚文明研究学刊》,20.2(2023)。

　　法后王:《柳文指要》述论,《香港大学中文学报》,2.1

(2024)。

清季民初汉学者的心性论述——从陈澧到章太炎,《中国历史研究院集刊》,9(2024)。本篇论文,只有第138~146页的内容收入本书第二章。

复古,维新,革政:刘师培《周末学术史序》述论,《饶宗颐国学院院刊》,11(2024)。

新学遗响:定位晚年熊十力的经学评论,《中国文哲研究集刊》,63(2024)。

各刊的编辑和审稿人,都为文稿之修缮付出了极大努力。和绩溪、宜宾、栖霞等作为研究对象的"民国大师"同框,是特别的缘分。在此多提一嘴:我获得过一些宝贵的审稿意见,最早是从《鹅湖学志》,最近则是从《清华学报》。在"两个月无回复自动拒稿"习以为常的年代,是这些刊物培养了我。即使它们现在被圈子给边缘化、不算通货,可投稿、改稿、答辩的鲜活教益,乃是无价的。另,本书之出版,离不开虞万里、邓秉元二师的推荐。回报他们恩遇的一种方式,我想是坚持下去、做得更好。

从上研究生到现在,我一句都没听过硕博导师给我指过的路。碰壁之余,更对不起他们一如既往的扶助,加上近年闻见的来自学界本身的正能量不多(以下删去几页怪话),难免有些怨气。幸蒙铁君启示,方得远于恶见。回报的方式,我想也还是坚持下去、做得更好。

补记:第一次出书,从申项目到出版,踩雷是难免的。本书交稿偏迟,不少问题电脑上没办妥,等赶上趟走排版程序以后,遂难以补救。首先,引文标点多属个人判断,又论及熊十力等前辈多省称十力,个人习惯,未及注明。其次,出版信息、人物生卒年多有重复,显得冗赘。最后,受所发期刊格式影响,脚注格式未能统一,尤其是第四章,跟全书未能保持一致。

以上第一点尚且好说,二、三两点主要是我造成的问题。如果读者发现有严重妨碍理解之处,敬请致函 996857@hainanu.edu.cn。

# 目 录

**导言：穷事势之理**    1
  一、题解和范围    2
  二、先行研究和研究方法    4
  三、全书结构与各章安排    13

**第一章 先进：魏源教化观新研**    20
  一、引言    20
  二、魏源教化观的儒学背景    26
  三、从判教探析魏源的教化观    41
  四、魏源教化观的变动    63
  五、结语    72

**第二章 初澜：朱一新辨正异端的论述**    74
  一、引言    74
  二、正人心    77
  三、议时务    84
  四、身后之新潮    94
  五、结语    99

## 第三章　潮音：戊戌前夜梁启超及其学友的激进趋向　102
- 一、引言　102
- 二、义理新论　106
- 三、政教新论　115
- 四、新学异调　123
- 五、结语　132

## 第四章　变调：论文廷式之政教说　135
- 一、引言　135
- 二、渊源　139
- 三、表达　149
- 四、变动　160
- 五、结语　169

## 第五章　夕照：刘师培《周末学术史序》述论　174
- 一、引言　174
- 二、以国故通新学　178
- 三、在维新与革旧之间　187
- 四、结语　195

## 第六章　黄昏：陈黻宸学述　202
- 一、引言　202
- 二、陈黻宸论学的思想背景　206
- 三、经制之学和卫道之旨　219
- 四、《中国哲学史》论先王之心术　231
- 五、结语　242

## 第七章 落幕：柳诒徵崇古思想探论 — 245
- 一、引言 — 245
- 二、新学、旧史和旧教 — 248
- 三、新共和与旧典范 — 263
- 四、以周制作新民 — 275
- 五、结语 — 289
- 附说：老革命，新经学——熊十力"晚年定论"之前史 — 292

## 第八章 遗响：晚年熊十力的经学评论 — 300
- 一、引言 — 300
- 二、因缘际会 — 304
- 三、摧惑显宗 — 316
- 四、新学回响 — 327
- 五、结语 — 337

## 结语：新的尺度？ — 340

## 附录：《柳文指要》述论 — 347
- 一、引言 — 347
- 二、重访清末 — 350
- 三、远溯韩柳 — 356
- 四、继往迎来 — 364
- 五、结语 — 371

# 导　言

# 穷事势之理

> 我国号称讲求新学既四五十年，外国留学生亦十数万，试问在学术上有何豪厘成绩可以表见？——梁启超：《国民浅训·不健全之爱国论》，1936 年

本书名为《经世：清季新学史论》，是对晚清时期趋新儒学以及学人的思想史研究，其中九个部分大体按照时间顺序排列。所涉及的多位学人，有的在清季完成了毕生思考，有的活跃在 20 世纪前中期，只是在此前铸定精神基盘。新旧学的张力在甲午前后尤其强烈，这也影响了本书的思考方向和文献选择。本篇导言名为"穷事势之理"，以下将从解释这一题名开始，解说本书的研究范围、先行研究状况。

## 一、题解和范围

"穷事势之理"是笔者受唐君毅之系列著作《中国哲学原论》启发①,用来描述本书所涉"新学"思想活动的用词。鉴于"新学"可以包括清季民初时期的一切新学问和趋新学问②,本研究的具体对象乃定为"趋新儒学"——一种趋新而仍旧的学问,哪怕书中所及有的逸出儒学范围,有的宣称超出儒学,衡以后见之明,实属儒学传演而生的枝蔓、流衍,不妨与主干合论。传演的过程,又是不同时代的学人由学而术、因应新潮的过程。无论是对上述传统的偏离还是发展,皆可视为学术趋新的活动。再说到前面的主干,就不得不从近世儒学之大宗宋明理学的背景,关照清季学人"穷事势之理"的趋新学思。

用今天的话说,此处的"理"兼具层次分理和规则道理两义,"穷事势之理"就是穷尽式了解静滞的事情、事物和运动的势态、势趋——宽泛地讲,就是与观者、行者的身心相对的外

---

① 唐君毅:《中国哲学原论·导论篇》,《唐君毅全集》第17卷,北京:九州出版社,2016年,第33~57页;《中国哲学原论·原教篇》,《唐君毅全集》第22卷,第548~551、571~584页。

② 对于新学,一个具有影响力的概括参见毛泽东《论人民民主专政》(北京:人民出版社,1949年,第3~4页):"我自己在青年时期,学的也是这些东西。这些是西方资产阶级民主主义的文化,即所谓新学,包括那时的社会学说和自然科学,和中国封建主义的文化即所谓旧学是对立的。"另参茅海建:《也谈近代湘湖文化》,《依然如旧的月色:学术随笔集》,北京:生活·读书·新知三联书店,2014年,第112~113页。

界之"事"。自治身心为学者共法，但是人们可否在自治自修之际内观自心以至本性之理，进而从心性之理上达天理、遍应人事之理？这个问题会出现无数争议，迂远、自专、僭越的风险遍布心—事道旁。甚至可说，宋以降关于理的分歧，在心与事的论域中最显。如阳明之议朱子，力主事、理绝不能在心外；戴震、阮元之议朱，则主心理心相不得遮蔽外事之实理实相。围绕观察、遵行"理"所发生的种种异见，跟个体与大群、理想与现实的张力共生。在儒家礼教摇动，"天下"之外的新事迭见的时刻，人心与事势都不断地趋于躁动、加速变动。自明季至于盛清，君师道合的理想逐步实现，百家三教同天同归，分歧在儒家礼教之矩镬中有不同的调和方式。清季，又一次躁动发生，也对既有的"理"构成了挑战。[①] 新学由是在思想上拥有既"新增"也"革新"的特质。

随着"儒教"建制于近代逐渐退场，在"穷事势之理"及其延长线上的另外两种现象是学人之心与旧有之理的背驰，以及尽几代人之心力也无法穷究新理的困境。清朝进入历史之后，

---

[①] 对这一现象的反思见牟宗三讲演，卢雪昆整理《牟宗三先生讲演录五·实践的智慧学》（新北：财团法人东方人文学术研究基金会，2019年，第142~143页）："中国人的表达方式尽管看起来不明确，但假定你了解了，它很明确，不但很明确，而且没有幻象，没有虚幻，都是真实。这很了不起，但把握这个很难的，尤其这个时代的人很难的。老的读书人讲到这方面他很容易懂，你问王阳明，他很容易懂。但是你问章太炎，他就不懂。你问康有为，他也不懂。梁任公也不懂。你问理学家，他们清楚得很。"

成学于民初的人可能学问故宅尚旧①，故本书以百年之期论清季新学之升降——从《海国图志》成书的19世纪四五十年代，讲到《原儒》诸论成立的20世纪50年代。另外，研究本期思想的先行成果甚多，故本书不妨看作前面史作之补论。下一节将检讨相关研究情况，说明补论成立的环境、所使用的方法。

## 二、先行研究和研究方法

本书的先行研究可追至梁任公、钱宾四的名作。梁之复古维新，钱之每转益进，都是契合新学精神的读史视角。侯外庐、萧公权、杨向奎、史华慈、浦嘉珉和张灏等前辈在20世纪的研究（某种意义上，前引唐君毅书也算），本书多有参考或引用，导言部分想要一一评介是难以实现的。以下的先行研究介绍，侧重21世纪的情况。

---

① 如本书研究的熊十力生于清末，成学于20世纪20年代前后，但他据旧学论衡新学的风格也跟清季新学保持一致，参书中相关章节的内容。在全书第一章出现的魏源，跟第二章的朱一新时间隔得比较长，确实有失粗率。至于为什么定魏源为先河？完全是出于偶然。孔飞力（Philip A. Kuhn）追溯现代化国家议程，却根据魏源《诗古微》诸作之儒术新论提出问题。（孔飞力著，陈兼、陈之宏译：《中国现代国家的起源》，北京：生活·读书·新知三联书店，2013年，第27~49页。）本书第一章没有接受或对话孔氏分析魏源思想的论述，但希望说明：孔氏成功捕捉到了魏源对于事势、功利和权力的敏感，以之助成自家研究之立论，这反映出魏源在清季新学潮流中的特殊位置。

从儒学而非西学角度切入清季新学①，对汉语文献阅读力的要求是很高的。且其中很多文献还不是官文书档案，而是内容多样化的著述、书信、日记和札记诸类文本。如区分本研究所利用的这些史料之效用层级，那么著述不必如后三者对思想的反映那么直接，但其系统周延又胜过它者，故在文献条件允许的情况下，书中偏好在著述里面选取大块文本进行分析。此外，这些文本的阅读难度致使相关研究主要由汉语母语者开展②，这是全球人文学者分工规律的自然体现。在汉语学界的研究和文献整理当中，特定的学人起了组织枢纽之效。人物文献的整理

---

① 如果是从西学角度切入，那么阅读的文献不可避免地就是中文母语者阅读、利用没那么顺手的外文思想材料（苏精、关诗珮诸位用的文献和解读方法，我理解主要是文化史的）。"儒教"本位的学者龚道运所作的研究正是这种案例（远没有 Norman Girardot 研究理雅各那么游刃有余），参龚道运：《近世基督教和儒教的接触》，上海：上海人民出版社，2009 年。当前翻译技术水平下的理想研究状态，当然是各方母语者完成必要的文献和事实研究工作，（基于中文史料所完成的这类工作，目前反而是日本学者做得比较好，参狭间直树、石川祯浩主编，袁广泉等译：《近代东亚翻译概念的发生与传播》，北京：社会科学文献出版社，2015 年。）在此基础上进行高效、可靠的交流互证。

② 李蕾的论文集是我知晓的少数个例之一，这也有赖于此前她对章士钊的深入研究所打下的阅读底子。参 Leigh Jenco, *Changing Referents: Learning Across Space and Time in China and the West*（NY：Oxford University Press, 2015）。另外由梅约翰主持的近代唯识学和思想史交融之研究，也算是少见的由非汉语母语作者主打的书。但是需要注意，该书处理的材料高度限缩在哲理类别的、规模有限的文本之上。参 John Makeham ed., *Transforming Consciousness: Yogācāra Thought in Modern China*（NY：Oxford University Press, 2014）。

程度影响了学界对他们的认识，后者的推进又充实、替换了既有历史图景里面的要素。要言之，本研究所可能获得之增进，既受惠于文献整理方面的新成绩，也得益于前人搭建的稳固脚手架。

以人物的言论思想为重心，近三十年来的研究在文献有限的条件下，不止一次端出过大历史样式的判断和叙说。除了在各自的时段启发读书界新思，它们也各有其学术史意义存在。实则在文献条件不佳的境况下，大开大合的研究才应该是主流，反而在广袤的思想史地图中定位个案、然后精耕细作，会遇到许多困难——如果触摸到的细节及其语境都没廓清，太多的模糊地带只会给读史者带来困惑。① 鉴于前人所得，笔者认为比起淡化整体的文化史研究路数②，近日的思想史研究对于此前的大历史图景仍是在增进，而非革命性地推倒或击碎。论者在承认精英士人的文献可以反映新陈代谢、法西经世等时代精神之余，

---

① 例见陈旭麓：《近代中国社会的新陈代谢》，熊月之、周武编：《陈旭麓文集》第1卷，上海：华东师范大学出版社，1996年，第315~332页；萧功秦：《儒家文化的困境——中国近代士大夫与西方挑战》，成都：四川人民出版社，1986年，第51~90页。较近的例子有王先明：《近代新学——中国传统学术文化的嬗变与重构》，北京：商务印书馆，2000年。精耕细作而踟蹰不定的例子，见杨际开：《清末变法与日本——以宋恕政治思想为中心》，上海：上海古籍出版社，2010年。

② William H. Sewell Jr., "History: The Political Unconscious of Social and Cultural History, or, Confessions of a Former Quantitative Historian", in George Steinmetz edit., *The Politics of Method in the Human Sciences: Positivism and Its Epistemological Others* (Durham, NC: Duke University Press, 2005), pp. 173~206.

又持续探究新旧中西在特定时空中的意涵、界限,甚至发现此前横跨新旧中西界限的沟通。① 新的研究又不仅是在摇动这些界限,还在碰触实证史学的道器虚实之"大防"。较经制学问为玄远的心性之学,在新潮的波澜中也斑驳可见。② 简言之,本领域中的碎片跟整体,大体上是保持和谐的。而且在已有的重

---

① 有的趋新学者以前被认为是资产阶级改良派思想家,但经过新的研究者分析,他们虽然脱离旧学故宅,西化的程度却十分可疑,参茅海建:《戊戌时期康有为、梁启超的思想》,北京:生活·读书·新知三联书店,2021年。另一方面,西学虽然是后来新思潮的主流,但道咸以降的本土内生趋新走向(诸子学、今文学等),尽管后来被西学遮蔽了,也同样是不可忽视的新学劲流,参罗志田:《能动与受动:道咸新学表现的转折与"冲击/反应"模式》,《近代史研究》2022年第1期。而且,不用回避自大的嫌疑,研究佛学作为本土的新学趋向,跟欧洲当时的新学趋向也是相应的,参乐恒:《从"西学"中寻找东方经典:新见严复与夏曾佑数件信函考》,《中国文化》2021年第2期。宋育仁喜识"麻博士",讲论相得〔道复:《同文解字序(转载正本学社)》,《国学月刊》1922年第4期〕,乃是中西心灵契合、天机自发的表现。

② 我的另一部书稿《马一浮与近代儒学研究》尝试探索心性之学在这段历史中的发展线索。时贤的相关讨论可参王汎森:《宋明理学与近代中国的政治行动》,《思想史·近代政治思想与行动专号》第10期,台北:联经出版事业股份有限公司,2021年;於梅舫:《学之进化与道之恒常:〈近世之学术〉与梁启超沟通中西学术的根本理念》,《近代史研究》2022年第1期。出自义理学专家之手的研究,尤可注意的是张志强的论文集《朱陆·孔佛·现代思想——佛学与晚明以来中国思想的现代转换》(北京:中国社会科学出版社,2012年)。另外,还可参看邓秉元在《新文化运动百年祭》(上海:上海人民出版社,2019年)中颇具个人色彩的一些短篇评论。

量级个案基础上①，以人物为中心的研究，可以比较顺畅地开展。

至此，不可回避的就是对于基本文献的介绍。本书以人物作为中心，涉及的全集、选集文献包括《魏源全集》（岳麓书社2004年出版）、《朱一新全集》（上海人民出版社2017年出版）、《梁启超全集》（中国人民大学出版社2018年出版）、《夏曾佑集》（上海古籍出版社2011年出版）、《文廷式集（增订本）》（中华书局2018年出版）、《仪征刘申叔遗书》和《遗书补遗》（广陵书社2014年及2008年出版）《柳诒徵文集》（商务印书馆2018年出版）和《十力丛书》（上海古籍出版社2019年出版）等。这些人物更加完备或修

---

① 对康、梁、章等人的研究自不必言，近来出版的林少阳之《鼎革以文——清季革命与章太炎"复古"的新文化运动》（上海：上海人民出版社，2018年），茅海建之《戊戌时期康有为、梁启超的思想》、狭间直树之《近代東アジア文明圏の啓蒙家たち》（京都：京都大学学术出版会，2021年）和彭春凌之《原道：章太炎与两洋三语的思想世界（1851～1911）》（北京：社会科学文献出版社，2024年）都是例子。其实稍显"中等规模"的新学人物比如汪康年、郭嵩焘也都有扎实的专书处理过。（廖梅：《汪康年：从民权论到文化保守主义》，上海：上海古籍出版社，2001年；李欣然：《处变观通：郭嵩焘与近代文明竞争思路的开端》，北京：北京大学出版社，2020年。）假设年谱编年类工作也算入研究，那么这里真就是数不过来了。需要注意的是，不少学人的文字影响新潮颇大，所以研究者时常会把视角对准他们的文字和具体思想，如沈国威《一名之立 旬月踟蹰：严复译词研究》（北京：社会科学文献出版社，2019年）和萧永宏《王韬与〈循环日报〉——王韬主持〈循环日报〉笔政史事考辨》（北京：学习出版社，2015年）便是。下文将会检讨不同于人物中心的研究路径。

订再版的著作集，有的尚待面世，已有成果数字化的工作同样有待加强，本研究所未完成的部分设想就与此有关。① 尽管这样，现成整理文献的研究潜能已经非常庞大，还远远未能穷尽。《梁启超全集》、《廖平全集》、《中国近代思想家文库廖平卷》（中国人民大学出版社2015年出版）和《文廷式集（增订本）》等书编者还做了系年、解题的工夫，这都是20世纪的学术先进梦寐以求的优越条件，也是今人补充先行研究的资粮。书中的各个章节，一开始都会回顾先行研究，并适时于脚注中讨论文献整理的问题。

在文集类材料和别种史料都异常充沛的条件下，新学研究至少还有两种跟人物为中心的做法可以鼎立的路子。一是研究

---

① 浙江士人圈核心人物夏曾佑的书信还有很多有待收集整理（如北大图书馆所藏者），宋育仁、文廷式的全集还未面世（后者《纯常子枝语》有花木兰出版社的校证本，我未能获取），柳诒徵的全本日记（也许还有部分书信）尚不能公布，本研究因此是有遗憾的。湖南学者全力整理王闿运、王先谦的全集，《王闿运全集》已经出版，《王先谦全集》成功时间还无法确定。另外段位稍低、影响不小的人物如王仁俊、叶瀚和陈庆年的诸多著作尚无人策划整理，清季新学的开山人物之一徐继畬之新版全集编辑工作常年停滞，待他们的全集出现之后，新的专题研究势在必行。数字化方面，不仅需要文字识别更多材料、扩大数据库的范围，也需要落实关键材料之排比、系年和隐语识读。张荣华先生整理的《康有为往来书信集》是这方面的卓越成绩，吴仰湘等学者的工作亦是后出转精。

著作、思想的形成传播，以及人们对其的接受；① 一是研究特定机构、组织或制度，亦即研究新学的人事基底之历史。② 就前一点来讲，笔者特别期待看到那种根底旧学、展望新学的论著，

---

① 这方面平均规模的研究，一时可以想起王天根的《〈天演论〉传播与清末民初的社会动员》（合肥：合肥工业大学出版社，2006年）以及 Ivo Spira 的 *A Conceptual History of Chinese -Isms*: *The Modernization of Ideological Discourse*, 1895-1925 (Leiden and Boston: Brill, 2015)。一直致力于此的代表性学人是潘光哲和沈国威。稍宏大的著作有章清之《会通中西：近代中国知识转型的基调及其变奏》（北京：社会科学文献出版社，2019年），此书应该结合了章氏所指导的研究生所作各部专论。在此基础上，我还特别期待看到那种根底旧学、展望新学的论著，例如《文史通义》及六经皆史说在近代的影响、接受（这是张荣华教授提出的设想）。不过这前提是要扣紧特定时间段的历史语境，如王学斌的《颜李学的近代境遇》（北京：商务印书馆，2017年）以及陈焱的《发现王夫之：晚清以来的船山升格运动（1864—1982）》（上海：上海人民出版社，2022年）只能算是基础性的工作，论衡颜李之改制、船山之体用在各个时段的相状，还有待后进深入。这种新旧兼顾的研究，目前比较理想的参照物是瓦格纳的单篇论文，参 Rudolf G. Wagner, "A Classic Paving the Way to Modernity: *The Ritual of Zhou* in the Chinese Reform Debate Since the Taiping Civil War", in Sarah C. Humphreys and Rudolf G. Wagner edit., *Modernity's Classics* (Berlin-Heidelberg: Springer, 2013), pp. 77~99.

② 这一路研究不必单点爆破具体文本，但勤下功夫、让文献自己说话，就能做出佳作。如罗琤之《金陵刻经处研究》（上海：上海社会科学院出版社，2010年）和赵统之《南菁书院志》（上海：上海书店出版社，2015年）。规模较大、问题意识较现代的大作有刘龙心之《知识生产与传播：近代中国史学的转型》（台北：三民书局，2019年）。最值得一提的是，陆胤在重建人际圈子、教育规制之余深入辨析学问流变（《政教存续与文教转型——近代学术史上的张之洞学人圈》，北京：北京大学出版社，2015年；《国文的创生：清季文学教育与知识衍变》，北京：社会科学文献出版社，2022年），尤其能见精彩。此外，近来研究者还特别在学堂、报馆和社交方面对康梁及戊戌时期的新学潮流展开了史实重建，如八百谷晃义的多篇论文。

例如《文史通义》及六经皆史说在近代的影响、接受。不过这前提是要扣紧特定时间段的历史语境，学界尚有不少工夫要下。本书研究的内容或许更多接近前者，然本质上并不属于上述的这两种路径。要说和它们的关系，更像是一种补充——就像精神和血肉、骨骼的关系一般。① 为进一步说明此种关系，不妨再简要介绍本研究所使用的方法。

本研究希望令"穷事势之理"的精神复见、流动在上述骨肉之间，方法多于疏通、少于证明或考证。本书内容上的文本解读，形式上的逻辑组织，无不缺乏"证"的特质。傅斯年《历史语言研究所工作之旨趣》说："我们反对疏通，我们只是要把材料整理好，则事实自然显明了。一分材料出一分货，十分材料出十分货，没有材料便不出货。两件事实之间，隔着一大段，把他们联络起来的一切涉想，自然有些也是多多少少可以容许的，但推论是危险的事，以假设可能为当然是不诚信的事。所以我们存而不补，这是我们对于材料的态度；我们证而不疏，这是我们处置材料的手段。材料之内使他发见无遗，材料之外我们一点也不越过去说。果然我们同人中也有些在别处发挥历史哲学或语言泛想，这些都仅可以当作私人的事，不是

---

① 这多少也让本书跟老派学术思想史家所做的新学研究有所区别，这一类的杰出近作包括蔡长林之《从文士到经生——考据学风潮下的常州学派》（台北：中国文哲研究所，2010年），张勇之《梁启超与晚清"今文学"运动：以梁著清学史三种为中心的研究》（北京：北京大学出版社，2017年）以及刘巍之《中国学术之近代命运》（北京：北京师范大学出版社，2013年）。

研究所的工作。"① 很显然，本书内容很多都像是"泛想"。鉴于本书无意在方法上倒向经学、神学的山头②，不免会遭遇与天地精神往来的"思想史"研究者常有的蝙蝠式窘境——在地上的时候不是鸟，在天上的时候不是兽，只能用"大独必群"消遣。

傅斯年的意见，重要底色是百余年前（在一部分人当中所）流行的知识观念。③ 因其过于僵化，今日地基大半已然崩解，然其台阁仍盘踞在相当数量的文史工作者心中。若是"泛想"的诘难到来，本研究自不免于窘境，不得不从"知识"面前后退一步，成为"整理"的一个环节。既然如此，不妨在疏通的路

---

① 欧阳哲生主编：《傅斯年全集》第三卷，长沙：湖南教育出版社，2003年，第9~10页。疏通和考证的差异，不能用汉宋之争来解释。《新亚学报发刊辞》颇能动人，却不免转移话题的嫌疑。

② 后者需要一定的教义设定作为诠释前置，又或者还有精确的术语使用，让诠释者跟被诠文本之传统融合无间。由此观之，本书甚至不算野狐禅（牟宗三提示过我们，野狐禅是很高的境界）。相关的学术史研究可参李贵生：《疏证与析证：清末民初中国文学研究的范式转移》，北京：中国社会科学出版社，2016年。

③ 参 M. 石里克《知识的性质·知识不是什么》[李步楼译，载《普通认识论》（120年纪念版·分科本），北京：商务印书馆，2017年，第106~107、110页]："谁要是接近事物，参与事物活动的方法和运作，他就是在从事生命活动而不是从事认知活动；对他来说，事物展示的是其价值方面，而不是其本质……科学并不使我们去体验对象；它教我们去理解或领会已经体验到的东西，而这就意味着认识。体验和知识是根本不同的概念，因而甚至于在日常谈话中也要用两个不同的词来表达它们。"傅、石之论发表时间间隔不长，可视作大致同期的思想表述，加上他们知识背景、旨趣之接近，所以此处列出以供比较。二氏复起，必不感冒。还有一点须得注意：傅斯年曾经钻研过心理学，但是没有成功。所以"两件事实之间，隔着一大段"，心理学办不到，疏通更不行。

上再走远一点，至少能让读者在看不到准确"知识"的同时，有更清晰、生动的体验。

## 三、全书结构与各章安排

本研究参考的范式性著作，都有深具比兴妙用的组织安排，把作者难以分享的生命体验融会进了客观"研究"之中。① 兹不避效颦之嫌，也试着分享一些意象。是否成功？由看官来判决：

> 导言　穷事势之理
> 第一章　先进——魏源教化观新研
> 第二章　初澜——朱一新辨正异端的论述
> 第三章　潮音——戊戌前夜梁启超及其学友的激进趋向
> 第四章　变调——论文廷式之政教说
> 第五章　夕照——刘师培《周末学术史序》述论
> 第六章　黄昏——重访陈黻宸的史学

---

① 荒木见悟的《阳明学的位相》（焦堃等译，南京：江苏人民出版社，2022年）始于白沙的自然心境，终于泰州学者的自然乐境，中间是自心在现实中体认本然、自由所呈现的诸相。这是用个体顿悟渐修、自觉觉他的修行经验印证百年精神史的高妙书写。阿摩斯·冯肯斯坦的《神学与科学的想象：从中世纪到17世纪》（毛竹译，北京：生活·读书·新知三联书店，2019年）首先辨析上帝的存有形态，进而在自然、历史的运转当中发现其存在，最后叙说这些属神的知识如何人文化，可谓即天即人、明体达用。二氏从教门中转身而来的经验，是一般思想史研究者可遇不可求的。

第七章　落幕——柳诒徵崇古思想探论

第八章　遗响——晚年熊十力的经学评论

结语　新的尺度？

附录：《柳文指要》述论

　　严格的读者会认为上述的意象是模糊晦涩的，所以有必要放上各章的概要，让上述意象的排列构成一套可以理解的叙事。为求呈现历史的连续性，本书各章的结语虽然会简单总结前文内容，但基本属于开放式写法，不是严丝合缝的。权以各章作单篇写作时所为摘要，概述全书各章内容如下：

　　第一章远溯嘉道经世思潮，开掘新学的源头之一。魏源是嘉道经世思潮中的重要学人，也是近代思想史上有争议、有影响的儒者。本章研究，基于《魏源全集》中的经说、史著和义理性论述，尤其是《书古微》、《圣武记》和《海国图志》。引言指出，着眼于魏源的教化观念及其判教议论，能读出魏源思想本相的更多内容。经历时性检视，本章首先指出宋明理学塑造了魏源以心制行、天人相资的义理基盘，而开放式的经学研习又使其倾向于调和三代政教理想与注重实际的经世致用逻辑。其后，通过与同时期讲经世之学的儒者姚莹、徐继畬等人的比较和对《图志》中宗教评论的分析，本章重构了魏源以人文化的天人视野判摄外教、并借此表达自身教化观的努力。最后，本章探讨魏源与龚自珍的经世理想及其实践困难，指出晚年魏源佛教转向的结构以及该转向与前面思考的关联。虽然和本书所论其他人物相隔时代较远，但是魏源关注的议题、调动的资源和用思之习惯，都具有先河意义。调转到世纪末（fin de siècle）新潮激化的时刻，此种先河意义将充分展现。

第二章研究戊戌变法到来之前数年，日渐隆盛的新学思潮遇到保守派劲敌镇守的景象。清季儒者朱一新博通经史、根本理学，又积极吸收域外新知。其人诸多辨正异端的论述，是当时旧学直面新潮碰撞的重要案例，为清季趋新儒学发展史之重要侧面。第二章提出问题，认为朱氏在和康有为的新旧论争之外，作为此种案例，还有更多整理异学、简别异端的论说有待研究。首先，本章分析朱一新从性理学角度出发清算义外之学谱系的努力，指明其人正统意识强烈的性善论述和捍卫现成礼教用意之关联。其次，本章研究朱氏从史学或说实务角度对中西政教得失、交通之利害之衡估，表出其人抵触西化的具体逻辑在于：中人不能如西人一般自外于礼教、沦入竞逐利益的丛林状态。最后，本章试探朱一新相关论述的历史位置，以及新旧文化代谢之渐进性。总的来说，朱氏代表的保守界碑自有其分辨新旧得失的理智，但孤掌难鸣，新旧交战已到了宣教代替辩理的时刻。

第三章研究新潮在戊戌变法前夜弥漫无状的景象。从1897年11月到次年3月，梁启超在湖南时务学堂任教。其间产生的文献，现已成为推进清末革新思想史研究的重要助缘。基于该组文献和梁氏师友同期的论说，在他们的语境中进行对比分析，能更好地探明趋新儒学青年的激进面向。本章首先整理梁启超在教学活动中的理事观，试探其民权立场以及该立场导向的理念：人类大同进程。顺此思路，下文研究梁氏致公理于实际政教的构想，指出其脱离事实之处。随后，本章侧重夏曾佑的相关论说，从激进、稳健两端呈现梁启超及其学友吁求民权、批评君主制的激进趋向。本章最后判断，该趋向或受康学、西学等大小潮流影响，但更多是新一代士人自发求变的结果，而新潮波荡至于两头不到岸，士人心无所主，势有固然。

第四章研究新学既顺承"儒教"传统、又隐隐与之分离的一种变调。近代士人文廷式以词人而为学人，并身系政局之重。他出入中西新旧之学，在复杂的政治文化环境中形成了博而可约的政教论说，是清季新学的重要个案。本章检讨相关文献，说明研究文氏政教说的方法与意义。之后按时序展示文氏的史学取向、儒者立场、佛学趣味和他的时务思考。此后，通过考察他眼中的宗教源流，尤其是"婆罗门教—基督教"系谱，本章指出其意在强调孔学之兼容性以及中国政教之优越性。复次，通过分析文廷式分别儒释、同尊两家的言语，本章着眼于他的政教观受佛学影响所呈现的变动：在晚年论说中，文氏革新君主制的思想倾向趋于强烈。结语选取黄遵宪的相似议论，与文氏之说加以比较，说明清季新学在知识上的模糊性与政治上的折中性。不过，这两者都是暂时的。折中甚或审慎的政治姿态，必将面对革命抑或不革命的选边站。巨量新知和深厚旧学的整合同样不能含糊其辞，不能安于一个模糊的知识系统，这要求学人确立全新或者守旧的求知出发点。

第五章研究新学在刘师培的早期思想中盛极而衰的景象。近人刘师培以博通四部、持论有本著称，也有趋新求异、好名无恒之公共形象。他在1905年开始公布的《周末学术史序》诸论，是当时以新知整理旧学的前沿之作。在回顾相关先行研究之后，本章首先分析《周末学术史序》征实、民主和崇古之思想寄托，呈现其中未予明示之连贯理路。随后，本章侧重观察该组文本中所出现的同时代学者之观点，以及应时而生的经典文献新解读，探索刘氏崇古以革新的论学旨趣所在的具体语境状况。因刘氏本人思想和外在风潮都在几年以后快速地发展、裂变，故本章更举出刘师培和其他学人之后的言说，以对照《周末学术史序》所面临的新、旧分途之困境。在后来很多学人乃至刘师培本人后来的思想中，新学多不复为旧伦所制。

第六章研究了近代学者陈黻宸的学术著作，以解决先行研究对其人的近代史语境、文化保守主义和理学背景关注不足的问题。首先，本章排比了陈氏《新世界学报》的文字及其在辛亥革命前的言论，指出其趋新之余对传统和义理的保守态度。其次，本章研究了陈氏在革命中的体验和此后的诸子学讲义，揭示其人经世思想背后的道德关怀。再次，本章分析了陈氏早先的历史讲义，指明他对历史公例的关注早已透露了他对心性问题的重视。最后，本章分析了《中国哲学史》的文本，着重重构、研究陈氏在史学著述中处理义理问题的艰难尝试，发现一位清季趋新儒者经历革命阵痛后的思考，新学黄昏正在此前。

20世纪上中期，新学在政治—社会舞台上逐渐落幕，第七章研究了一件有代表性的个案。基于近代学人柳诒徵的著作，本章对他的崇古思想做了考察，以期呈现旧学随顺新潮的典型个案。首先，本章研究了柳诒徵在清季的成学背景和习作，指出柳氏抄录、编纂的治学方式受其参与新政经验的影响，而在形式之外，新政学务中的崇古、孔教与中体西用精神也塑造了柳氏学思的内容。其次，本章研究了柳诒徵在民初到抗战时期的著作与言论，描述柳氏崇古宗周的学思此时如何定型，并且他也表现出了据古之政教典型响应世变的意图。再次，本章研究了柳氏在三四十年代的言论与著作，指出柳氏在内外紧张的时局之下，如何对政教合一的古代理想做出各种应时色彩的阐释。最后，本章简要评论了柳氏崇古学思的困境。另有附说一种，借柳诒徵的案例申发熊十力经学旨趣的端绪，作为末章铺垫。

新学落幕不代表彻底消失，第八章研究了它在20世纪中期的一道遗响。哲人熊十力晚年著有观点激进的儒学专书，弘扬儒经固有义理、响应时代需求。其中侧重《周官》的经学评论不仅是他立论之一枢纽，也富含上通清季学风的诸多线索。本章首先指出研究熊十力经学及其语境的文献基础，以及思想史意义。其次，分析十力之论学、交游和对话预设，探索其经学评论和清季经学之关联。再次，本章研究相关论述对康有为等近代学者思想的消化、批判，及因之而来的对古代儒者的激烈重估，揭出十力批判前人、重构传统以辩护儒家在共和时代之价值的旨趣。最后，本章分析十力侪辈、晚辈的同道学人对

《周官》和晚年儒学的尖锐异见,尤以梁漱溟之论为重,试探十力孤掌难鸣的经学、儒学思想所反映的,儒学在近现代思想界的变化轨迹。

清季新学存在于中国近代史之中,近代史又是中国思想文化西化、新化历程的记录。在本研究完成之后,结语判断清季新学当中"新"的尺度或者作为尺度的"新",难以作为具体的知识而被了解。因而过往的新旧嬗替,不会直接示人以学问近代化之具体方向,而只能给拟定标尺提供借鉴。另有附录一种,试探十力《原儒》之后的新学残响。近代闻人章士钊亲历20世纪初中国的政治、文化巨变,也是长期保有相当地位的旧派文化人。他晚年所成的《柳文指要》,正是在借柳宗元之文为媒,面对趋新世变调和新旧的论史之作。排比分析书中的历史、人物评论,也是在理解旧学调适、自抑而寻求承认的过程。

# 第一章

# 先进：魏源教化观新研

剔彼高山大川字，簿我玉箧金扃中。从此九州不光怪，羽陵夜色春熊熊。——龚自珍《己亥杂诗》其七十一

## 一、引言

邵阳魏源（1794—1857）为近代闻人，其思想在清季影响不小，转而又参与塑造了其人的形象。《清史列传》置魏源于"儒林"，有"源经术湛深，读书精博。初崇尚宋儒理学，后发明西汉人之谊"之语。① 《清史稿》则列魏氏入"文苑"，依次举出《圣武记》《海国图志》等作品总结他的学术成就。② 比较二者的描述，前者兼该魏氏的经世才干与儒学修养，后者则侧重其用世之志和应时之作。

---

① 王钟翰点校：《清史列传·魏源》第18册，北京：中华书局，1987年，第5633~5634页。亦收入魏源撰，魏源全集编辑委员会编校：《魏源全集》第20册，长沙：岳麓书社，2004年，第648页。以下注文简称《魏集》。
② 赵尔巽等撰：《清史稿·魏源传》第44册，北京：中华书局，1977年，第13429页。亦收入《魏集》第20册，第647页。

如将《清史列传》《清史稿》的记录视为魏源之学的早期研究，那么可说魏源的经世面向渐渐压过了他的儒学成绩，其位置亦从"儒林"进入"文苑"。稍后，魏源的儒学乃至人品受到章太炎（1869—1936）、马一浮（1883—1967）等持不同立场儒者的批评，其中一大关键，在以治术淆乱经术，以实务用心影响经学研究求真求是之品格。巧合的是，二者于此又都有批评康有为（1858—1927）之意。① 据今人对魏源研究文献的梳理可知，从清季的李慈铭（1830—1894）到现代的张舜徽（1911—1992）再到当代的路新生，他们在评价魏源的时候都或多或少地与章、马相契。② 同仁姚莹（1785—1853）在道光初年与魏源结识，后来回忆称"默深始治经，已更悉心时务，其所论著，史才也"③，颇有一语定终身的意味。

在清代中后期，胸怀经世之志、讲求史地之学的学人很多。论者认为魏源的稽考工夫相对疏阔，他的特出之处在于"制夷""款夷"的视野④——这也是今人论及《海国图志》时所乐道的。从后往前看的话，魏源在论著中面对西人东进的敏锐和斩

---

① 分见章太炎：《清儒》，章太炎著，朱维铮点校：《章太炎全集：〈訄书〉初刻本、〈訄书〉重订本、检论》，上海：上海人民出版社，2014 年，第157 页；马一浮：《致袁心粲》《致张立民》，马一浮著，吴光主编：《马一浮全集》第 2 册，杭州：浙江古籍出版社，2013 年，第 845~846、794 页。

② 杨晋龙：《台湾学者"魏源研究"述评》，《中国文哲研究通讯》2004 年第 1 期，第 74~75 页。

③ 姚莹：《汤海秋传》，严云绶、施立业、江小角主编：《桐城派名家文集》第 6 卷《姚莹集》，合肥：安徽教育出版社，2014 年，第 322 页。以下引用简称《姚莹集》。

④ 郭丽萍：《绝域与绝学：清代中叶西北史地学研究》，北京：生活·读书·新知三联书店，2007 年，第 232 页。

截，确实在当时非常少见。但同样是在这种视角当中，魏氏之学也容易成为"冲击—反应"的注脚，意义有限。钱穆（1895—1990）基于对《古微堂集》为主文献的阅读，在两部时隔40年的著作中对魏源有不同的评价。前者接近上述批评魏源经学粗疏、随时浮沉的观点，后者则认为魏源尝试会通理学与经学以为经世大业之基，其志可嘉。两者共同点是将魏源视为一位不成功的儒者，其经世之学只煊赫一时，不足以回应日新的西潮。① 前人讨论更多呈现了一个学思分裂、未达一贯的魏源。2004年岳麓书社出版的《魏源全集》为研究者提供了另辟新境的机会。本章着眼处，乃魏源较少被讨论的教化观。②

本章当中"教化"一词可以理解为"教谕并转化"，教化的对象是包括中国在内的各方民人。但教化（teaching and transforming）和宗教（religion）在魏源思想中是有深入交涉的，因为教

---

① 钱穆：《中国近三百年学术史（二）·魏默深》，《钱宾四先生全集》第17册，台北：联经出版事业股份有限公司，1998年，第689页；《中国学术思想史论丛（八）·读古微堂集》，《钱宾四先生全集》第22册，第445~462页。
② 最近考察过魏源相关文献的研究者有李素平：《魏源思想探析》，成都：巴蜀书社，2005年；李志威：《魏源宗教思想研究》，河北师范大学硕士学位论文，2012年；孔德维：《为什么我在包容基督徒：十九世纪中叶儒者的宗教宽容》，台北：秀威资讯科技股份有限公司，2019年。前两者分析不深，对魏氏相关思想的价值也评价不高。孔书后出最精，下文对他的研究参考最多。贺广如的《魏默深思想探究——以传统经典的诠说为讨论中心》（台北：台湾大学出版委员会，1999年）成书于《魏集》出版之前，以《诗古微》《书古微》为主干文献，亦论及魏源晚年的《净土四经叙》，梳理尤详，对魏源思想（尤其是他的经世意图）做了整体性、历史性的考察，也是本文参照的重要先进。

## 第一章 先进：魏源教化观新研

谕的内容，乃是包括儒家学说和世界各种宗教在内的"各国教门"的学说。简言之，是各国教门秉持自家教理在教化人们。转化的目标是让人受教，俾政治、社会趋于文明。衡量文明程度、教化程度的典范，则是中国的政教。故而本文探研魏源之教化观，不仅研究其儒学思想，也研究他对不同教门的评论。早在20世纪，学者在反思宗教人类学的方法论预设时就曾呼吁，将不同的"宗教"经验剥离以基督教为判准的religion概念标签，贴近各自的特殊性。剥离，意味着一种清理遮蔽、接触本相的谱系学工作。在这种工作中，尤需省思的是现实建制中的欧人殖民权威，以及构筑了话语权的启蒙主义进步图式[1]，它们经由历史学、人类学的形式建构了前人对外教的理解。而研究这种建构过程，本身也有独特的思想史意义。这一研究可以让我们理解，那些文化信心强固、教义修养深厚的人们如何在占据优势的同时形成自己的眼光，进而在他者中"发现"人我所共，以及我有彼无的东西。今天，多元共存的谦和比起文明俯瞰的傲慢似更孚众望，但这样的认知惯性依然存在。[2] 秉持完整的教化观念，儒者魏源对外教的立教之本和行教之迹多有衡判。如需深入探究近代儒者一度拥有的文化自信，魏氏的教化观正是一具足复杂性、值得分析的样本。

---

[1] Talal Asad, *Genealogies of Religion: Discipline and Reasons of Power in Christianity and Islam* (Baltimore, MD: Johns Hopkins University Press, 1993), pp. 51~54, 19~25.

[2] 在今日公教学人理智、温厚的判教史著中，仍有此类倾向，参 Aaron Tugendhaft, "Divine Law and Modernity," *Arion*, Vol. 15, No. 3 (Winter 2008): pp. 133~144。

魏源在世时，马礼逊（Robert Morrison，1782—1834）与米怜（William Milne，1785—1822）已在对"儒教"进行细致的观察。随着后辈麦都思（Walter H. Medhurst，1796—1857）、理雅各（James Legge，1815—1897）深入考求，更加开放、理性的"儒教"观念得以形成。① 可以说，19世纪传教士身处东方学研究的前线，虽一直存在种种傲慢与误解，但他们对中国"宗教"的理解是在不断推进的。而在另一端，《海国图志》对外教的议论显得空谷足音，只在左宗棠（1812—1885)② 和王韬（1828—1897)③ 的言说之中有些

---

① 马、米二氏之不许儒家性理政教，犹魏源之不许天主、天方，态度激烈恰可对比。至麦都思则情况稍好，理雅各则更胜之，参龚道运：《近世基督教和儒教的接触》，上海：上海人民出版社，2009年，第47~48、81~82、136~137、160页。同时，虽然马礼逊与理雅各态度有别，但他们的中国研究又具有延续性，参 Norman J. Girardot, *The Victorian Translation of China: James Legge's Oriental Pilgrimage* (Berkeley, CA: University of California Press, 2002), pp. 31, 171~172。另外麦都思其实也算魏源在世时的人物，他果断重定了马礼逊之《新约》深文言译本（苏精：《铸以代刻：传教士与中文印刷变局》，台北：台湾大学出版中心，2014年，第164~165页），影响了魏源。

② 或感于时事，左宗棠1875年的序文以大量篇幅讨论《海国图志》对各国教门的记述，参左宗棠：《重刻海国图志叙》，《魏集》第7册，第2254~2255页。

③ 王韬专门抄录过《海国图志》的相关部分，参王韬：《各国教门说》，《弢园文录外编》，上海：上海书店出版社，2002年，第172~173页。之所以说左宗棠和王韬对《海国图志》"教门"部分的重视难得，是因为该部分在《海国图志》内容当中占比并不高，哪怕今日学人在考察《海国图志》时，仍将之视为百科全书的附带部分。如邹振环：《舆地智环：近代中国最早编译的百科全书〈四洲志〉》，《中国出版史研究》2020年第1期，第102~104页。特别值得一提的应该是宋育仁对《海国图志》教门记载的评论，宋氏指出魏源唯读《新约》，未能详考《旧约》所载耶教灭裂名教的事实。这算得上是接续魏源新学的思考，但是在他的年代，显得太晚也太旧了。参宋育仁：《采风记》，王东杰、陈阳编：《中国近代思想家文库·宋育仁卷》，北京：中国人民大学出版社，2015年，第81页。

难得的回响。直到世纪之交，新学的流行才驱使中国士人主动更新对外教和本教的认知，走出对中西治体、治道的保守态度。只是在此时，人心中夷夏政教优劣的陡然易位，已让儒林议论无法在自矜与自卑之间寻得平衡。① 这固然可以佐证魏源是"开眼看世界"的先觉，超过同辈太远。但在另一方面，魏源的敏锐又需要置放在清季儒学的语境之内，才能得到准确的理解。本文选取魏氏的经说、史著和论文②，分析魏氏的儒学背景、判教议论和晚期思想，探查其教化观的背景、体现和变动。由此，可增进学界对清季趋新儒学源流之理解，同时提供近代中国士人以学论政困境之一实例。

---

① 杨国强：《晚清的清流与名士》，《晚清的士人与世相》，北京：生活·读书·新知三联书店，2008年，第146~191页。

② 本文调动的文献仅是《魏集》的一部分，有两大问题需要澄清：首先，本文据魏氏经说对其儒学背景的分析仰赖先行研究不少，也侧重讨论他"据实效而论教化"之视角，远非对其儒学、经学的全面考察。其次，魏源编纂的《皇朝经世文编》也可算史著，前人从学术史角度观察魏源思想时曾予以利用（参贺广如：《魏默深思想探究——以传统经典的诠说为讨论中心》，第31~45页），但本文则很少利用。因该文编选择虽有魏氏之用心（其实魏氏未完成的《元史新编》也有这种意味），也偶有简短案语，但更像是魏源对某类思想的积极态度之表露，不是他自己思想的正面表述（该书与本文论题密切相关的选文集中在《学术》《治体》的前两部分，包括李二曲、张尔岐和陆陇其等理学名儒的手笔，还有桂芳给嘉庆帝因天理教问题而制的《原教》写的跋语）。至于使用《圣武记》《海国图志》的文献，本文特重其中具有片段、表意明确的议论，据此观察魏源教化观的体现，或能尽量避免迂曲之过。另本文所涉魏源著作的完成时间，参考了《魏集》的各条整理说明，以及贺广如书的研究。

## 二、魏源教化观的儒学背景

清学箴言"六经尊服、郑,百行法程、朱"流传甚广,代表当时学人对经传之学和性理之学看法的一种折中式表述。① 从下文的论述可见,推重汉代经说和程朱制行之学,也是魏源儒学的性格。由此出发,可以看到魏氏对汉、宋资源独特的挪用与消化。其显者,是对经传子书所作的笔削、重编,这种大胆的文本编辑手法在魏氏晚年对《无量寿经》的处理中仍然存在(详后文讨论)。其隐者,是避免理想标准("三代""天")沦为迂腐空谈的执着。魏源出入汉、宋学术,形成了他衡量当下教化的标准。以下先从他的宋学渊源讲起。

(一) 宋学背景

早在清代,皮锡瑞(1850—1908)就曾意识到魏源和常州

---

① 何冠彪:《"六经尊服、郑,百行法程、朱"——惠士奇红豆山房楹帖问题考释》,《台湾师大历史学报》第38期,2007年12月,第29~67页。需要指出,这并不是形容汉学能跟程朱学势均力敌——后者毕竟是官学,是儒者立身行事的典范。以此处的清代吴派经学先驱惠士奇为例,他的汉学特质,在乾隆初年就显得很异样(张涛:《论惠士奇之礼学与乾隆初年汉宋学态势》,《台大文史哲学报》第91期,2019年5月,第2~32页)。这种描述更多是讲在乾隆奖励经学以后,在程朱学为官学的前提下,原本汉代师说治经乃值得提倡的学风。惠氏之子大张汉学旗帜后,偏重训诂(二王[王念孙、王引之]、俞樾等)提倡兼采(阮元、陈澧、二黄[黄式三、黄以周]等)的学者各有不同,风格难以总结。由此,上述折中表述虽然模糊,却很有共识性。无论服虔、郑玄与二程、朱熹是楚河汉界分明,还是可以优势互补,都能用这句话理解。不妨从此模糊的共识摸索,观察魏源与前人之异同。

学人删述经传的做法是"宋人陋习"。① 魏源不仅删述经传，也会删述子书。在弱冠之年研习宋学时，他有过删订《人谱》与《程氏家塾读书分年日程》，将之合编为一书的意图。在同一时期，魏氏对刘宗周（1578—1645）、高攀龙（1562—1626）等明儒之重视，值得注意。② 或有论者据魏源从早年关注理气心性到后来侧重天人应化的转变，描述魏源有从理学到经学的转向③，不确。首先，天人观④在刘、高诸人思想中也很重要，魏源早年由此入手，本无偏执理气名相之虞。⑤ 其次，黄道周（1585—1646）、王夫之（1619—1692）等理学名儒的释经之作，也对魏

---

① 吴仰湘：《皮锡瑞的经学成就与经学思想》，长沙：湖南大学出版社，2013 年，第 447~450 页。
② 李瑚：《关于〈诗比兴笺〉与〈近思录补注〉的作者问题》，《魏源研究》，北京：朝华出版社，2002 年，第 745~747 页。宋学本义，当然是指宋代、宋儒的学问。然汉宋学对言之际，汉学则多指以考证方式治经，而讲宋学往往就是在说讲宋明义理之学。此处的高、刘，更前的王阳明和之后的王夫之、汪缙（他们都是魏源所熟悉的作者），虽各有独见，但也都可说是讲宋学者。魏源初学之际，对明人著作所下工夫或不少于宋人，但也可说是讲宋学。
③ 李浩淼：《论魏源早期理学思想及其转变》，《原道》第 38 辑，2019 年第 2 期。
④ 此处的天人观念是本文频繁涉及的内容。"人"不必论，可视为今天人的涵义。至于"天"，借用郑吉雄的研究结论概括，从使用比重而言，魏源笔下的天先后有道义来源之天、主宰世界化生之天、物质自然之天三种涵义。参郑吉雄：《释"天"》，《中国文哲研究集刊》第 46 期，2015 年。
⑤ 例如魏源《默觚》所称引"一身内外皆天也"就是高攀龙论工夫之粹言，这跟魏氏的经世观念也完全契合，参魏源：《默觚上·学篇五》，《魏集》第 12 册，第 13 页。高攀龙原文参《高子遗书卷一·就正录》，高攀龙著，尹楚兵辑校：《高攀龙全集》，南京：凤凰出版社，2020 年，第 171、174 页。

氏的儒学有很深影响。在魏氏最早期对《大学》的研究当中，最明显的特征是讲求工夫而慎言本体，专明下学初阶而讳言上达深趣。① 这种特征固受到清代氛围的影响，但以心性学说为例，魏源并未采取朴学方法与宋明前贤立异，而是以江右、东林之学格正阳明后学好谈心体之流失。② 魏源研究明儒聚讼之《大学》的学术取向，也属从宋学语境内部反思前人义理得失的路径。

"经世"一词囊括甚广。除非刻意避地避世，不同时代的儒者多少有着具有共性的经世观念，只是这些观念生长于不同旨趣的学术土壤之中而已。就魏源早年的著述来看，他的经世关怀和朱熹（1130—1200）学说纠葛颇深。在1820年给尚未定稿的《老子本义》所作的序文中，魏源认为《老子》中的习静、养心乃是治事之助，而非长生、耽虚之助。长生指向道教，而耽虚指向庄子、魏晋玄学。此与程朱责佛老自私同调，只是将火力巧妙转移到了错失老子本义，长生、耽虚的后学上面。③ 又

---

① 前揭李浩淼《论魏源早期理学思想及其转变》一文有介绍（见该文第97~110页）。魏源自己最有代表性的一段话参《大学古本发微》，《魏集》第2册，第481页。

② 参魏源：《大学古本章句集证》，《魏集》第2册，第483~507页。具有汉宋兼采倾向的汉学者阮元、陈澧和黄以周主张不尽相同，但全都对涉及虚灵高妙的心性旧说深致不满，各自以援引经文、训释字词的取径研究心性的意涵。这些与宋学立异的文献包括阮元的《性命古训》《论语》《论仁论》，陈澧的《东塾读书记·论语》和黄以周的《经训比义·心》等。此当专文讨论。

③ 魏源：《老子本义序》，《魏集》第2册，第644页。魏源后来对庄子、清谈的酷评参《论老子》，《魏集》第2册，第645、648页。

魏氏注《大学古本》引《诗集传》：

> 一草一木，岂在天下之外哉？此犹浅言之也。精而言之，则一草一木之理，皆性分之事而意心之物也。伏羲作《易》，以通神明之德，尽性命之理，则仰观俯察，近取远取，而求之《杂卦传》取象，是其明证。朱子《诗集传》释《淇澳》之诗云："以竹始生之美盛，兴其学问自修之进益。"又云："以竹之坚刚茂盛，兴其德之成就。"是即《大学》格竹子之法，如是而已。①

又评谢良佐（1050—1103）"曾子之学专用心于内"之说：

> 君子之学以尽性也。苟先立其大则，讲变礼，穷天地万物之理，皆吾性分所固有，奚用心于外之有？故学但有为己、为人之分，而无内外之别。别内外者，告子义外之见也。徇外而遗内者，俗儒夸侈之学也。②

魏源虽不取朱子《大学》改本，然赞同其格致说，以为朱子所格之物本不在性分之外，所以在心、意上用功也是朱子格

---

① 魏源：《大学古本章句集证·补传或问得失证》，《魏集》第2册，第505页。
② 魏源：《曾子发微卷上·曾子天圆篇第十》，《魏集》第2册，第582页。

致说的题中之义。又魏氏注《孝经》,虽用黄道周说而亦不取朱子改本,然其意无非是强调人人都有修身事天之责、不必以僭越为虑①,跟推崇朱子尽性格致之学并不冲突。此处批评"徇外而遗内"的俗儒功利之学,和《皇朝经世文编》收录汪缙(1725—1792)文章的旨趣相应②,亦不出该文编叙言所说的"治心以任事"之意。③ 以心制行、治心任事,而归于修身、经世以事天。据此立场,真经世必不在修身应理事天之外,《皇朝经世文编》所引汪缙《衡王》批评陈龙川少了对事物之理皆备于我的认识,故滞心于事物的说法就是明证。④ 故直至晚年,魏源在《默觚》⑤ 中也有如下说法:

  豪杰而不圣贤者有之,未有圣贤而不豪杰者也。贾生

---

① 黄道周撰,魏源节录:《孝经集传》,《魏集》第2册,第521~529页。

② 参贺长龄、魏源等编:《皇朝经世文编·学术一·原学》,《魏集》第13册,第24~33页。其中收录了汪缙论《荀子》的三篇文章,主张理民欲以遂己欲、修身而亲贤臣、亲贤臣而通民情。大意是礼义极重要,为国不以礼义,那从功利实效上看,也不免于覆亡。值得一提的是,受理学影响很大的熊十力,也推崇汪缙此文,而且还推崇王夫之。至于魏源如何在承继理学的同时批判理学,经全面梳理相关文献以后,也可以跟王、汪、熊作对比。虽方式不同,但他们大概都强调义理必有验于功利实效,也主张实效必原本义理。篇幅所限,下文只讲魏源解经的现实主义特点。

③ 魏源:《皇朝经世文编叙》,《魏集》第13册,第1~2页。

④ 汪缙:《衡王》,《皇朝经世文编·学术一·原学》,第32~33页。

⑤ 魏源此书的完成日期说法不一,或以为完成于1830年前后,也就是魏源多数宋学论著完成之际。也有认为完成于1840年之后,魏源的经世之思进入深水区之际。参章爱先:《默觚校注译论》,河北师范大学硕士学位论文,2000年。但总的来说,可算是魏源对宋学的思考成熟时期的文本。

得王佐之用，董生得王佐之体，合之则汉世颜、伊之俦，不善学之，则为扬雄、王通之比。

伊川其圣中之伯夷乎！得其清，并得其隘；康节其圣中之柳下乎！得其和，并得其不恭。使伯夷而用世，其才未必如伊尹；使柳下而用世，其功不亚于太公。

墨子非乐，异乎先王，然后儒亦未闻以乐化天下；是儒即不非乐，而乐同归于废矣。墨子明鬼，后儒遂主无鬼；无鬼非圣人宗庙祭祀之教，徒使小人为恶无忌惮，则异端之言反长于儒者矣。①

《默觚》是近人钱基博（1887—1957）、齐思和（1907—1980）用以介绍魏源经世思想的主要文献，引文"未有圣贤而不豪杰"句亦为钱氏所乐道。② 详考其源，亦本陆象山记朱子语③，是一种"仁者必有勇"的道德理想，后为明儒唐顺之（1507—1560）、王夫之陆续抉发。④ 魏氏此处的申说继宋明前贤

---

① 魏源：《默觚上·学篇一》，《魏集》第12册，第4页。
② 钱基博：《近百年湖南学风·魏源》；齐思和：《燕京学报·魏源与晚清学风》，分见于《魏集》第20册，第698~700；716~721页。
③ 罗大经撰，刘友智校注：《鹤林玉露》，济南：齐鲁书社，2017年，第478页："朱文公云：'豪杰而不圣贤者有矣，未有圣贤而不豪杰者也。'陆象山深以其言为确论。"
④ 唐顺之：《答喻吴皋御史》，唐顺之著，马美信、黄毅点校：《唐顺之集》上册，杭州：浙江古籍出版社，2014年，第260页；王夫之：《俟解》，王夫之著，船山全书编辑委员会编校：《船山全书》第12册，长沙：岳麓书社，1988年，第479页。

而起，强调道德理想不仅应当付诸实践，更必须找到如乐、祭等类别的实践方案。因此，王道教化就是让仁者可以立命而安命，不仁者也无法擅自谋求功利、不得不安仁。上古之际天人未分，故有神道之教。中古以后天人相远，人不能信天，故须人道设教①。魏源论《诗经》有言：

> 惟使势、利、名纯出乎道德者，可以治天下矣……圣人以名教治天下之君子，以美利利天下之庶人。求田问舍，服贾牵牛，以卿大夫为细民之行则讥之，细民不责以卿大夫之行也。故《国风》刺淫者数十篇，而刺民好利者无一焉。②

若见不及此，则经世之论必不免于迂：

> 庄生喜言上古，上古之风必不可复，徒使晋人糠秕礼法而祸世教；宋儒专言三代，三代井田、封建、选举必不可复，徒使功利之徒以迂疏病儒术。君子之为治也，无三代以上之心则必俗，不知三代以下之情势则必迂。读父书者不可与言兵，守陈案者不可与言律，好剿袭者不可与言文；善琴弈者不视谱，善相马者不按图，善治民者不泥法；无他，亲历诸身而已。③

---

① 魏源：《默觚上·学篇八》，《魏集》第12册，第20页。
② 魏源：《默觚下·治篇三》，《魏集》第12册，第44~45页。
③ 魏源：《默觚下·治篇五》，《魏集》第12册，第49页。

从"未有圣贤而不豪杰"到"不知三代以下之情势则必迁",魏源在《默觚》中的经世议论,在当时讲宋学者看来或已过于锐利。① 上段引文中对庄生、晋人的批评如前所述,仍与前儒接近。然"三代不可复"和"心—势"之判的论调,相比朱子较接近王夫之②,从下文讨论可知,船山之说,多与魏源相应。一方面,取资宋学资源,治心、经世和事天、治人构成了魏源儒学兼该内、外与上、下的规模,其教化观念居于其间。另一方面,具有现实主义色彩的论学性格又使魏源之观念贴近经世的地基,从有位君子的政治实践当中取得参证,有别于在他眼中轻忽情势之宋儒。魏氏治经研史,后一方面的特质尤其突出。

(二) 汉学背景

前引章太炎《清儒》篇认为魏源说经不讲家法,不应视为今文经学派,此说诚是,然而也多少遮蔽了魏源的经学成绩与调动旧说的能动性,以及他远绍西汉精神、宣扬经术可以为治

---

① 当时保守宋学立场的学者如曾国藩,就刻意回避了与同乡魏源的来往,参王惠荣:《略论道光朝京师学者的学术交游——以魏源和曾国藩为例》,《安徽史学》2018年第5期,第25~32页。

② 朱子对柳宗元之封建论透露出一种软性否定式(刻意和强势复古派论者如胡寅的刚性否定相区别)的看法,不似魏源那么肯定,参郑明等校点,庄辉明审读:《朱子语类》(四),朱熹撰,朱杰人、严佐之、刘永翔主编:《朱子全书》(修订本)第17册,上海:上海古籍出版社;合肥:安徽教育出版社,2010年,第2931~2933页。王夫之的看法参《读通鉴论·叙论四》,《船山全书》第10册,第1179~1181页。

术的用心。① 魏氏的此种企图，正式开始于1824年刊行的《诗古微》初刻本（二卷本）。② 为求开显孔子编次《诗经》的本义③，该本已有自由择取前人陈说的尝试。④ 又据1840年出版的《诗古微》定本（二十卷本）来看，魏源虽重视三家遗说，然亦采郑玄（127—200）、朱子之解释，以配合自己会通《诗》与《春秋》，以释经谏世的旨趣。⑤ 对此释经风格，前贤研究已颇完备。以下部分则希望深入分析魏源释经之时，由效用事实推见圣人之心的用意。此一路径可说是魏氏即事见理的旨趣嵌入汉学考证学风的结果。

《诗古微》初刻本已引入了"乐"的视角，根据《诗》文声义不分的原则衡论其内容。⑥《诗古微》定本所言古人诗、乐

---

① 魏源：《默觚上·学篇九》，《魏集》第12册，第23页。章太炎《清儒》的意见可说是，今文经学要严察汉师经学流派，不能杂糅汉宋诸家经说（前揭《章太炎全集·訄书重订本》第155~157页）。这种意见符合清代汉学的事实，参赵四方：《吴派与晚清的今文经学——"师法"观念下的〈尚书〉学变迁》，复旦大学历史系博士学位论文，2016年。

② 贺广如：《魏默深思想探究——以传统经典的诠说为讨论中心》，第101~104页。本节涉《诗古微》的部分除参考贺书，还参考了曹志敏：《学术探求与春秋大义：魏源〈诗古微〉研究》，北京：社会科学文献出版社，2011年；王光辉：《论魏源"〈诗〉与〈春秋〉一义"说》，《西南民族大学学报（人文社会科学版）》2020年第8期。

③ 魏源：《诗古微（二卷本）·正始篇上》，《魏集》第1册，第5页。

④ 例见魏源：《诗古微（二卷本）·集传初义》，《魏集》第1册，第97页。

⑤ 其论思无邪用朱子说，定《国风》次序用郑玄《诗谱》，以为能传韩诗家法，参曹志敏：《学术探求与春秋大义：魏源〈诗古微〉研究》，第158、285页。

⑥ 魏源：《诗古微（二卷本）·诗乐篇二》，《魏集》第1册，第14~15页。

第一章　先进：魏源教化观新研

之体用关系，更被梁启超视为"使古书顿带活气"的创见。① 然魏源本旨不止于此，而在于强调：因为古人教化有体必有用，所以读者要由用见体、由用乐会《诗》义。他对古人教化现场的还原是根据"孔义"之悬拟，不类考古征实之学。同时，重定《国风》次序的大胆举措，显得《诗古微》也并非申发一家义例的传统经说。② 在常州学派之外，魏氏新经说的同道仍然是王夫之。经《诗古微》阐释，《诗》文所蕴之《春秋》旨趣，是在王道、霸道、华夏、蛮夷并存的复杂政治现实中，辨别功利实效之迹后面的是非。③ 用王夫之《诗广传》之语论其意旨，就是据三代以上之心察治乱之际、天人之际，然后就人事之理论定人事之是非。④《诗古微》说：

> 天成性也，文照质也，来年岁育而大文发焉，后稷之所以为文而文相天矣。中夏所以异于茹毛饮血腥膻之夷狄

---

① 分见魏源：《诗古微（二十卷本）·夫子正乐论上》，《魏集》第1册，第137页；梁启超：《清代学术概论》，梁启超著，汤志钧、汤仁泽编：《梁启超全集》第10集，北京：中国人民大学出版社，2018年，第271页。

② 分参魏源：《诗古微（二十卷本）》的《附考乐章节次》《王风义例篇下》，《魏集》第1册，第155、208页。

③ 辨别王迹将熄的周平王时代的卫武公、郑武公之是非，以及表彰楚庄王在衰世而能以夷进于夏，都是例子，参曹志敏：《学术探求与春秋大义：魏源〈诗古微〉研究》，第263~266、297~299页。

④ 魏源：《诗古微（二十卷本）·小雅答问上》，《魏集》第1册，第481页。当然，初刻本已经对《左传》中人赋《诗》以及纬书中人天相感的材料都不以为然，参魏源：《诗古微（二卷本）·毛诗明义五》，《魏集》第1册，第52~53页。

者，后稷之功也。故曰："无此疆尔界，陈常于时夏。"①

八音备，大声震，荡涤于两间，而磬特诎然，至于磬而声愈希矣。音之假于物：革、丝假于虫兽，竹、匏、木假于草木，金炼而土陶假于人为，石者无所假也，尤其用天也。故曰："依我磬声。"音之尤自然者也。呜呼！此可以知圣人事天治人之道矣。②

如此处所示，《诗古微》定本采纳了《诗广传》的论点。《诗古微》末尾的《诗外传演》分上下两编，上编抄录刘敞（1019—1068）、惠士奇（1671—1741）、顾炎武（1613—1682）、庄存与（1719—1788）、胡承诺（1607—1681）和张尔岐（1612—1677）的论说，下编则纯取《诗广传》，并在《诗古微目录书后》称王夫之不假师法而能与西京旧说暗合③，原因就在于船山发明"事天治人之道"之详。而说到圣人无父、感天而

---

① 魏源：《诗古微（二十卷本）·周颂答问》，《魏集》第1册，第582页；王夫之：《诗广传·周颂·论思文》，《船山全书》第3册，第492页："天成性也，文昭质也，来牟率育而大文发焉，后稷之所以为文，而文相天矣。"

② 魏源：《诗古微（二十卷本）·商颂答问》，《魏集》第1册，第609页；王夫之：《诗广传·商颂·论那二》，《船山全书》第3册，第512页。

③ 魏源：《诗古微目录书后》，《魏集》第1册，第736页。最近的董仲舒《春秋》学研究，突出了魏源黜何休而进董生、解经重义理先于义例的思想，可以佐证魏氏对王夫之义理说经的重视，见黄铭：《推何演董：董仲舒〈春秋〉学研究》，北京：生活·读书·新知三联书店，2023年，第293~299页。由此可以推知，真正和宋学之摆落汉唐、直接孔义形成对立的乃是坚持重光师法的一类学人，如魏源者尚不在此列。

生之公案，魏源认为天命必因人而成，故感应属实而圣人有父。此论不因尊西汉之学而盲从纬书，与东汉许慎、郑玄旧说亦无二致。① 总之，《诗古微》论王道之用（乐）、论素王经世之志（孔义）、论事天治人，虽有各种与人立异之新说，但自有裁断以外，亦广纳汉宋明清诸家之言。与《诗古微》比较，1855 年写定的《书古微》同样用心于天人之际、世变之际，但更多解说了世运变化之莫测和事天治人之艰难。②

《书古微》论唐虞之治以为帝王观天治民、"中心无为"，乃天人未分时代的浑朴之政。③ 在后世的教化活动中，王者如何经纬万端而不失仁心，成为魏源关注的重点。他指责郑玄对周制连坐法的解释乃是"［生］汉世，习见秦法，不可以释经"。④ 然《书古微》在研究周人的王位继承问题时亦有以后世情势之险恶揣度古人之嫌：

周之王业，实始文王。太王、王季特肇基之始耳！

---

① 参魏源：《诗古微（二十卷本）·大雅答问上》，《魏集》第 1 册，第 534 页；陈寿祺撰，曹建墩校点：《五经异义疏证》卷下《圣人感天而生》，上海：上海古籍出版社，2012 年，第 168 页。

② 贺广如《魏默深思想探究——以传统经典的诠说为讨论中心》对《书古微》代表魏源后期思想的独特旨趣有较全面的分析，参该书第 200~203 页。

③ 魏源：《书古微·尧典释天·在璿机玉衡以齐七政古义》，《魏集》第 2 册，第 23~24 页。

④ 魏源：《书古微·汤誓佚文》，《魏集》第 2 册，第 164 页。魏源此处明言参考了江声的说法，习见秦法之论当出自孙星衍：《尚书今古文注疏》卷五《汤誓第五·商书一》，上海：商务印书馆，1936 年，第 62~63 页。

> 至泰伯之于周，则《皇矣》之诗曰："帝作邦作对，自泰伯王季。惟此王季，因心则友。则友其兄，则笃其庆。受禄无丧，奄有四方。"此泰伯、王季相友之明文，并无辟让之谊。而夫子言泰伯三以天下让何耶？且父病而兄弟托词采药于二千里之外，不情一。闻太王之薨，兄弟奔丧至周，王季亦不留之，听其自去自来，何谓因心则友？不情二。以端冕开文明之君，而太王即以国传之，命异日转传文王，如殷人兄弟世及，有何不可？而居夷遁世，迹类朝鲜，不情三。夫子且谓"民无得而称"，而今于百世下欲寻至德无名之证，其可得乎？以无名名之，亦即以不解解之，其诸惟圣人能知圣人与？①

此论附于对武王伐纣的《太誓》篇之阐释末尾，实际是因《论语·泰伯》而发。对泰伯三让天下细节的称述，原本郑玄《论语注》，亦见于《日知录》之引述与自注。结合上下文判断，魏氏当是因顾书所载的前人议论而提出了以上问题②，他的看法也是独特的。《书古微》把文王视为周室第一位王者，太王、季历则非。至于让位的泰伯，就更说不上是王者，而且他的"至德"也有问题。魏氏提出的三点诘难全都是挑动争议的险恶之

---

① 魏源：《书古微·太誓武王观兵克殷蒙文王元年共十三祀发微》，《魏集》第 2 册，第 199~200 页。
② 顾炎武著，黄汝成集释，栾保群、吕宗力校点：《日知录集释》（全校本·上册），上海：上海古籍出版社，2013 年，第 158~159 页。

论：其一是不孝（父病不理），其二是不悌（兄弟不友），其三是不臣（形同箕子）。所以孔子所谓"民无得而称"，与其说是他知道泰伯有圣德，不如说是孔子根据圣心判断，泰伯的所谓至德根本是不可理解的。相对汉宋儒先来说，这种文人气的释义确实少于儒者之谨厚意味，更有魏源好友龚自珍（1792—1841）在《葛伯仇饷解》中持有的阴谋论色彩。① 不过这类释义在《书古微》中出现得不算频繁，更多的是尝试在道德理想和政治现实之间实现斡旋的解释理路。魏源论周室的另一次危机说：

> 问："予仁若考"，《史记》以"考"为"巧"，如马、郑说。周公自言仁智才艺过武王，且善事鬼神，以冀代武王之死，得事三王于天上。则是三王在天之灵，果真欲武王之死，侍奉左右乎？周公又以能事鬼神，自荐于三王，冀其代役，转同儿戏。且既谓武王仁智才艺皆不己若，又安能奉天命、莫人心？不且祈代死而适速武王之死，请代而适以自任乎？
>
> 曰：所云"若尔三王"，"以旦代某之身"，疑当谓代武王之位，乃推原三王之意，所以不寿武王者，殆以旦之仁智才艺为元孙所不及，欲兄终弟及，以旦代之，必能制礼

---

① 龚自珍：《葛伯仇饷解》，《龚自珍全集》，上海：上海人民出版社，1975年，第124页。

作乐，以享天祖。三王之意如此，殊不知元孙者，乃天命之所敷佑也，子孙之所依保也，四方之所怀畏也。若旦则非天命所属，非四方所畏。当此革命之初，天命人心，去留未定。一旦而失新主，则天之降宝命，几于危坠矣！我先王将罔所依归矣！①

周公在祖先（三王）面前，请求用自己的生命为武王延寿，是一场人与神之间的对话，文句本来朴质。但经由魏源的戏剧化处理，这次对话变得险象环生。首先，魏氏设计问答，质疑周公的心思险恶，是"速武王之死以自任"。其次，鉴于周公如此出色，魏源认为祖先神灵其实也没有让武王长寿的意图，这客观上就配合了周公可能存在的私心。也就是说，如果顺应神道、兄终弟及，那么周公以周王身份制礼作乐了。不过幸亏到最后，周公之心不如此，而是深明大义地照顾嫡长之位、保全周室天命。可以看到，《书古微》前述《默觚》的内容更大程度地把现实情势之诡诈摆在了君子面前作为考验。由上文可知，魏源眼中教化众民之事作为经世事务，也在事天治人的规模内。通过此处对魏源经传之学的考察，可知经世事务必复杂多端，正如人间善恶诚伪并存。以学问处理人事的关键就在于以君子之心衡量天人、义利，直面善恶混杂的现实。事天治人的胚模与典型具于汉宋学理

---

① 魏源：《书古微·金滕发微下》，《魏集》第 2 册，第 302~303 页。

第一章　先进：魏源教化观新研

之中，欲实之以经世事务之纷繁，尚需深考史学。① 在魏氏的经世史著中，他的教化观念与新知融汇外发，集中表现为对外教的评判与融摄。

## 三、从判教探析魏源的教化观

魏源治宋学成《古微堂四书》（《小学古经》《大学古本发微》《孝经集传》《曾子发微》），治汉学成两《微》书（《书古微》《诗古微》），至于他生前定稿的史学著作则有《圣武记》和《海国图志》。这两本书不仅与同时期经世派徐继畲（1795—1873）、姚莹的著作有交涉，本身也存在相当的延续性，今人研究魏源对当时国际战略的看法时，已经充分注意到了上述的交涉和延续性。② 实际上，如将《海国图志》基于"事天治人"教化观的判教议论视为支点，那么还能总摄散落在《圣武记》和《海国图志》中的片段论说，让它们活化为魏氏教化观的不同体现。有趣的是，魏源著书时参考过的《瀛寰志略》与《康𬨎纪行》，跟魏氏之书分享了类似的特点：反对天主、天方二

---

① 近人无论，曹志敏《学术探求与春秋大义：魏源〈诗古微〉研究》（第245~251页）、贺广如《魏默深思想探究——以传统经典的诠说为讨论中心》（第231~232页）皆发现魏源以考证迎合己见的尴尬之处：明有先入之见，但又必须顺应经学的游戏规则，争议前人论及的考证问题。如此说来，浸入充满新资料的史学领域，或更适合魏氏自由铺开自己的思想。

② 马世嘉（Matthew W. Mosca）著，罗盛吉译：《破译边疆·破解帝国：印度问题与清代中国地缘政治的转型》，新北：商务印书馆，2019年。

教，左袒儒佛；认为大清实施了儒门"随方设教"① 的教化原则；根据以上两点立场评论外教史事。以下先从《瀛寰志略》讲起。

（一）经世学者的人文教化观

徐继畬与魏源年龄相仿，然年过而立即入翰林院，此后仕途亦非龚魏可拟。和《海国图志》相比，徐氏1848年刊行的《瀛寰志略》内容更简然、考核更精，且对魏书多有批评。② 论者发现，徐继畬代表着另一类经世学者，他们反对魏源将域外知识率尔整合进一个世界图像的粗豪，更反对魏源"款夷"的鲁莽策略③——或许，这不仅和徐继畬更深湛的史地素养有关，也跟他远比魏源丰富的官场经验相关。

相比之下，魏源对徐继畬的态度更加开放。鉴于徐继畬通过与洋人、行商的接触积累了许多新知，又能以儒学宗旨进退之④，1852年版《海国图志》吸收了《瀛寰志略》在地理、人

---

① 卢国龙：《"随方设教"义疏》，《宗教与哲学》第5辑，2016年。本部分讨论，也多参考拙文《论晚清儒者宗教新知中的激进特质之发展》，载邓秉元主编：《新经学》第5辑，上海：上海人民出版社，2020年，第139~164页。

② 张士欢：《论徐继畬对魏源的学术批评》，《史学月刊》2009年第10期。

③ 参马世嘉：《破译边疆·破解帝国：印度问题与清代中国地缘政治的转型》，第412~413、429页。

④ 显例是徐继畬对海地独立的了解，参徐继畬著，宋大川校注：《瀛寰志略校注》，北京：文物出版社，2007年，第344~345页。下文引此书同此版本。

第一章 先进：魏源教化观新研

文方面的一些独占知识。① 《瀛寰志略》另有部分衡论佛、耶、回三教的言论，魏源没有引用，然值得与魏氏的相关论述进行对比，如：

> 宗喀巴别唱宗风，演为黄教，内外蒙古暨瓦剌各部靡然从风，其教可谓盛矣。然自回教兴于唐初，由天方渐传东北，不特玉门以西，多花门种类，而佛法最盛之五印度，亦大半舍牟尼而拜派罕。(派罕巴尔，即摩哈麦，回教之祖也。) 元起北方，最崇佛教。太祖、宪宗，取印度建为外藩，乃其地已半从回教，不特不能改革，而蒙古居其地者，亦改从回教。盖自宋元以后，五印度佛教已不如回教之多。至今日而印度各国备欧罗巴之东藩，又参以耶稣教，而佛教愈微矣。慧光照于震旦，而净土转滋他族，物莫能两大，想佛力亦无如之何耶！②

徐继畬和魏源相同，都注意到了西域佛、回二教的权势转

---

① 显例见魏源：《海国图志·西南洋·西印度之如德亚国沿革》，《魏集》第 5 册，第 794~795 页。该部分引述了徐书中 "泰西人纪犹太古事" 的内容如 "犹太女人，姿姣好而性灵慧，与别部迥异。娶妇得犹太女，则以为戚施在室也" 等奇特说法 (《瀛寰志略校注》，第 186 页)。魏源未看过《旧约》，也没有可以向他转述犹太人信息的泰西友人。这部分内容可视为《瀛寰志略》的独占知识。
② 《瀛寰志略校注·亚细亚五印度》按语，第 85 页。魏源的类似观察可参《海国图志·中国西洋纪年通表》，《魏集》第 7 册，第 1803~1804 页。

移。徐继畬认为相比于回教，佛教对于蒙、维二族之人的吸引力都更小。为完善这一论点，他还说"蒙古居其地者，亦改从回教"，实际上居印建立莫卧儿帝国的蒙古人早已伊斯兰化，此论不啻倒果为因。与魏源不同，徐继畬对佛教的态度不算友好，这段史论颇有讽刺意味。但需要指出的是，他们二人都赞同大清"随方设教"的教化策略。① 对于"慧光照于震旦，而净土转滋他族"，徐继畬解释说是"鸱枭嗜鼠，蜈蚣甘带，孰为正味，正难深求于侏僬之俗"，也就是天主、天方二教，相比佛教更适合文明程度有限、迷信的蛮夷。② 耶、回二教之间，徐继畬对前者较有同情之理解，还下过工夫了解天主教兴起之先的袄教与犹太教。③ 当然，值得被包容的异端也还是异端④，"耶教难入中国"的"儒教"立场在《瀛寰志略》中也能看到：

　　余尝翻阅其书，文义诘曲而俚，盖彼土学汉文者所译。

---

① 姚、魏对此的赞同可参前揭拙文的相关讨论，体现徐继畬此态度的代表性文本参徐继畬：《书王印川广文诗后》，《松龛先生全集》，北京：朝华出版社，2019年，第385页："我朝崇重佛教，拥护两藏，立黄教喇嘛为六大座；分统内外蒙古，乃因蒙古信佛，顺其俗而利导之，使之安于游牧，不生异心。此列圣安边大计，执两用中之微权。俗儒不知，妄议本朝之好佛，何殊呓语。"
② 《瀛寰志略校注》，第98页。
③ 同上注，第94页。
④ "被包容的异端"是孔德维《为什么我在包容基督徒：十九世纪中叶儒者的宗教宽容》多有分析的概念，以下《瀛寰志略》的引文和梁廷枏《耶稣教难入中国说》一书的逻辑很相似，参孔书第92~94页。

其中有带机锋似禅语者，而义则粗浅。其所谓洗礼、七日安息礼拜之类，自摩西以来即有之，非始于耶稣也。奉耶稣之教者，不祀别神，不供祖先，以耶稣为救世主，而以身命倚之，谓可获福佑。有得祸者，则谓灵魂已升天国，胜于生人世。揆其大致，亦佛氏之支流别派。欧罗巴远在荒裔，周孔之教所不及。耶稣生于其间，戒淫戒杀，忘身救世，彼土崇而信之，原无所谓非。而必欲传其教于中土，则亦未免多事矣。①

因徐继畬未列标题，所以暂时无法得知他看了什么"耶教之书"。他的这些言论，反映了当时尚可容忍耶教的儒者所具有的一般偏见：其高深处难拟儒佛，下焉不过福善祸淫之俗说。更重要的是，徐氏"揆其大致，亦佛氏之支流别派"的言说是一种判教思维，下文将讨论的《海国图志》也有类似但更完备的判教议论。进入该书前，还需检视对魏源有较深影响的《康輶纪行》。

在《康輶纪行》刊行之前，魏源就透过通信从姚莹处获得新资讯，加入《圣武记》《海国图志》的增补之中。②《康輶纪行》有不少从儒学，而主要是程朱之教的立场出发衡估外教的

---

① 《瀛寰志略校注》，第205页按语。
② 马世嘉：《破译边疆·破解帝国：印度问题与清代中国地缘政治的转型》，第401~406页。本文以下的论述侧重《圣武记》对《康輶纪行》的吸收。

议论。① 同样是在批评过魏源的李慈铭处，姚莹的这些议论都是荒谬、不值一提的。② 另一方面，据方东树（1772—1851）所言，"石甫平居慕贾谊、王文成之为人，故其学体用兼备，不为空谈"③，此论甚确。和《瀛寰志略》相似，《康輶纪行》也有部分汉文世界少见的独特材料。例如对萨迦庙呼图克图的记述就采自《西藏赋》之注文。④《圣武记》之撰集，抄录了《康輶纪行》的一些研究成果（疑另外的藏事文献也是姚氏寄送给魏源的）。⑤ 而对姚莹涉及天人鬼神的教化论说，魏源也有采纳：

> 天德含宏广大，苟即事物而祸福之，则天不胜其劳，亦不若是之苛也。故阳授其权于日月，阴授其权于鬼神，日月鬼神者，天之一气凝聚之至精者也。日月可见，鬼神不可见。可见者为阳，司阳之权为天子，日月不明，则天子失其治矣。司阴之权为鬼神，鬼神之知，能亚于日月，

---

① 姚莹在1846年写定《康輶纪行》以后，曾有一书辩护自己的议论立场，参姚莹：《覆光律原书》，《姚莹集》，第272~274页。
② 李慈铭著，由云龙辑：《越缦堂读书记》"中复堂全集"条，上海：上海书店出版社，2000年，第1127页。
③ 方东树：《东溟文集序》，《姚莹集》，第810~811页。
④ 姚莹：《萨迦沟红教》，姚莹撰，刘建丽校笺：《康輶纪行校笺》，上海：上海古籍出版社，2017年，第308页。原本的记述应是来自和宁《西藏赋》的自注所引"布达拉经簿"，参和宁著，池万兴、严寅春校注：《〈西藏赋〉校注》，济南：齐鲁书社，2013年，第31页。
⑤ 所抄文献参魏源：《圣武记·国朝抚绥西藏记上》，第204~209页。原本的记述应是来自和宁《西藏赋》的自注所引"布达拉经簿"，参和宁著，池万兴、严寅春校注：《〈西藏赋〉校注》，第31页。

## 第一章 先进：魏源教化观新研

能自祸福人，而辅相天子为治者也。①

余谓达赖出微贱，一旦置身青云，始在孩提，即为天子隆重。二万里王公僧俗男妇，无不诚心敬礼，苟非福德殊异，何能臻此？昔汉高祖所在，其上常有云气；韩魏公廷唱第一，太史奏五色云见，古有之矣。天降灵祥，必非无意，今之达赖，其有殊乎？抑尝思之，人之始生，本二气之精，与星辰同体，惟受生后，物欲习染，蔽其灵明，展转死生，精气耗剥，乃与常人无异耳。守贞抱一之士，与豪杰奇伟之人，精气坚凝，或以时发现，理固宜然，不足怪也。②

姚莹很早就有意识地使用气一元论来解释天人之性和鬼神之存在。③ 上述首段引文认为日月鬼神之为不同相状的气，对于人间教化有着不同的必要性。次段引文认为有位、有功、有德者，也都可能发出不同相状的气，也就是祥云、瑞气等神异。由此，殊方异类的神奇现象，就能被理性化成为以天子为枢纽的教化活动的具象。在天子失职或者鞭长莫及的地方，带有神

---

① 姚莹：《天人一气感应之理》，《康輶纪行校笺》，第207~208页。请参考前文所述魏源对《诗经》的阐发，以及拙文《论晚清儒者宗教新知中的激进特质之发展》的讨论。
② 姚莹：《达赖剌麻顶上云气》，《康輶纪行校笺》，第282~283页。魏源《圣武记·国朝抚绥西藏记上》抄录了"余谓达赖出微贱"之后的部分，参《魏集》第3册，第208~209页。
③ 姚莹：《鬼神篇》，《姚莹集》，第15页。

异色彩的鬼神外教就有了用武之地,这是自然而然的事情。这种理路与《圣武记》相应。后书中有相似的说法:"自有天地以来,即有西南夷,曷尝有四面云集之王师?曷尝有万雷轰烈之炮火?阳被阴伏,则为瘴疠。阴随阳解,则山泽之气不得不上升,升则不得不为缦空五色之祥云。"① 姚莹虽然能欣赏外教之教化成效,却有意识地与之保持距离。② 他倾向于维持华、夷之界以及华夏藉红黄二教遥制蕃人的格局,这也是明清所一贯的正确教化策略。③ 在读到《海国图志》对天方、天主二教的辨析之后,姚氏加以抄录并评论:

> 及乎今日,异域之言,已盈天下,乃犹争之曰"无有是事",则愚矣。故录佛教、天主、回教之大凡,俾世知其说,无相震惊也。④
>
> 回回种类奉天方教者,今其人遍中国,已与齐民无异

---

① 并参姚莹:《噶玛兰台异记》,《姚莹集》,第82~83页。参魏源:《圣武记·雍正西南夷改流记上》,《魏集》第3册,第287页。

② 例见姚莹:《释氏不切于用》,载《康輶纪行校笺》,第326页。又如姚莹在结束藏区事务、返回四川之前(本月底就启程回川,据施立业:《姚莹年谱》,合肥:黄山书社,2004年,第335页),本有一偶然机会受邀观礼察木多跳神但却不往,仅在派人观礼之后记事称道,安于友善的距离感,参姚莹:《察木多跳神》,《康輶纪行校笺》,第714~715页。

③ 姚莹:《明祖崇佛安边》《宗喀巴与释迦本教不同》,《康輶纪行校笺》,第101~102、108~109页。魏源也部分化用了姚莹的这些说法,参魏源:《圣武记·国朝抚绥西藏记下》,《魏集》第3册,第215~216页。

④ 姚莹:《佛法兴衰》,《康輶纪行校笺》,第530~531页。

矣。而霍集占之遗孽,在敖罕者未除,如近日《西域图志》,以元裔为回裔,并谓新疆自古皆回回教,岂非更助逆焰乎!默深此辨,不可不使天下知之,且使回人知霍集占祖父,未尝君长回部也。①

虽然对于佛教,对于整合域外知识、使之一贯的问题,徐继畬跟姚氏、魏氏有不同看法,但对明清教化策略的拥护,三位经世派是能达成共识的。他们的史学研究(《西域图志》非汉人主撰,这是否可以推导三人之满汉意识?此处不深入讨论)在此拥护立场之下,不仅在知识层面上补正先行著述,而且在实政层面上有益维持正教,引文中姚莹对"默深此辨"的肯认就透出此意。辨析外教之所以重要,正如上述引文所示,是"俾世知其说,无相震惊",拆毁外教诳惑天下视听的虚假统系,进而削弱对方"万世一道"的政教合法性。如此一来,当时回部妄图自外于大清齐民、封建西域的"理论基础"就被釜底抽薪了。只是姚莹和徐继畬一样,都更侧重华、夷之分,而少于贯通之趣。相比之下,魏源的两部史著《海国图志》和《圣武记》虽从中国本位研究军政问题,也从"儒教"本位讨论教化问题,但视野更加开阔。

(二)《海国图志》论世界教门

《圣武记》认为,经世活动或者教化活动,都能随着时间的

---

① 姚莹:《霍集占非回回种》,《康𫐐纪行校笺》,第694页。

发展扩大其空间范围。最明显的例子就是封建的宗藩、土司结构之郡县化①，这是后王在审时度势之后，对先王之心的承继，也是盛清治理四夷超越秦汉唐宋的表现。② 具体到前文徐继畬、姚莹皆有致意的西域而言，魏源认为：一方面"西域之不治，自上古至今数千载"；另一方面其物产丰富，"是天留未辟之鸿荒，以为盛世消息尾闾者也；是圣人损益经纶之义，所必因焉乘焉者也"。盛清经制"四夷"、对之施以深入的教化乃天意使然。这也意味着士人的经世之学，需要跟上相关经世活动的发展。③ 就魏源款夷、制夷的看法而言，受徐继畬质疑的"以廓尔喀款英夷"之策④，可能发展自魏源从老上级，"今两江总督前参赞大臣"璧昌（1795—1854）处听来的"以回制夷［浩罕］"之说，然而前者远较后者激进。⑤ 另一方面，魏源以逸待

---

① 魏源：《圣武记·康熙戡定三藩记下》，《魏集》第 3 册，第 79 页："于封建有其名无其实，于藩镇收其利去其害，损益百王二千年之法，至是而大定，然亦自铲除四藩深维干支之谊而后定。故知天人之合发也，非一朝；圣王之制作也，非一时。"

② 参魏源：《湖南苗防录叙》，《皇朝经世文编·兵政十七·蛮防上》，《魏集》第 17 册，第 683~684 页。

③ 魏源：《圣武记·乾隆荡平准部记》，《魏集》第 3 册，第 155 页；又马子木：《清朝西进与 17—18 世纪士人的地理知识世界》，《中华文史论丛》2018 年第 3 期。

④ 参魏源《圣武记》中的《乾隆征廓尔喀记》《俄罗斯附记》，《魏集》第 3 册，第 235、249~250 页。徐继畬的态度参马世嘉《破译边疆·破解帝国：印度问题与清代中国地缘政治的转型》第 429 页的分析。

⑤ 魏源：《圣武记·道光回疆善后记》，《魏集》第 3 册，第 192~193 页。前者是激进的合纵连横之策，后者仅仅是说有必要让回部坚壁清野以退浩罕，迹近驱虎吞狼，远比前者保守。魏源充满想象力的意见仍然很象处士妄议大政。

## 第一章 先进：魏源教化观新研

劳、利用形势的制夷方案实际上又颇为陈旧、空疏而无济于事。《圣武记》末尾对具体的富强之术的论述："省出犒夷数千百万金，为购洋炮洋艘、练水战火战之用，尽收外国之羽翼为中国之羽翼，尽转外国之长技为中国之长技"，反而只是一笔带过。①《海国图志》虽有重述，但未深入讨论。② 细察《海国图志》，可知魏氏更重视人心、教化方面的知识对制夷的作用。在1843年为该书所作的叙言中，魏源认为：

> 人心之积患如之何？非水，非火，非刃，非金，非沿海之奸民，非吸烟贩烟之莠民。故君子读《云汉》《车攻》，先于《常武》《江汉》，而知二《雅》诗人之所发愤；玩卦爻内外消息，而知大《易》作者之所忧患。愤与忧，天道所以倾否而之泰也，人心所以违寐而之觉也，人才所以革虚而之实也……去伪、去饰、去畏难、去养痈［痈］、去营窟，则人心之寐患祛，其一；以实事程实功，以实功程实事，艾三年而蓄之，网临渊而结之，毋冯河，毋画饼，则人材之虚患祛，其二。寐患去而天日昌，虚患去而风雷

---

① 魏源：《圣武记·道光洋艘征抚记下》，《魏集》第3册，第485~486页。有关魏源和他推崇的林则徐策略的历史局限性，参茅海建：《天朝的崩溃：鸦片战争再研究》（修订版），北京：生活·读书·新知三联书店，2014年，第128~148页；李欣然：《主客之形：一种看待中西对抗的持续视角——兼论近代"制夷"思路的转变》，《学术月刊》2017年第6期。

② 参魏源《海国图志》中的《西南洋·东印度各国》《西南洋·北印度各国》，《魏集》第5册，第715~716、728页。

行……人各本天，教纲于圣，离合纷纭，有条不紊。述"西洋各国教门表"第十。①

《南洋西洋各国教门表》（以下简称《教门表》）是《海国图志》初版就已拟有的章节。从全书结构上看，《教门表》为分论各国地理之殿，为制夷、自强总论部分之始，居十八个子目的中间位置。② 鉴于《海国图志》有相当部分讨论外夷军情以及火器制造，不能说魏源忽视枪炮长技，但正如上述引文所示，这些细节问题尚未及积患之根荄。魏氏认为解决积患要在先存忧患之心，继之诚心研学、踏实积累。《圣武记》于盛清开边、变化天地气运之举有述③，《海国图志》则论及西洋之夷的此类事业：

> 天地之气，其至明而一变乎？沧海之运，随地圜体，其自西而东乎？前代无论大一统之世，即东晋、南唐、南宋、齐、梁，偏隅割据，而航琛献赆之岛，服卉衣皮之贡，史不绝书，今无一登于王会。何为乎？红夷东驶之舶遇岸争岸，遇洲据洲，立城埠，设兵防，凡南洋之要津，已尽为西洋之都会。地气天时变，则史例亦随世而变，志南洋

---

① 魏源：《海国图志原叙》，《魏集》第4册，第1~2页。
② 参魏源《海国图志》目录，《魏集》第4册，第13页。
③ 参前揭魏源《圣武记·雍正西南夷改流记上》，《魏集》第3册，第249~250页。

第一章　先进：魏源教化观新研

实所以志西洋也。①

魏氏认为，明代之后地气天时之变，让过往的华夷秩序有了变化，西夷直接将过去的朝贡国纳入他们的势力范围，为经世之学者不可不知。非但如此，耶教还能教化以往更在中国教化之外的太平洋岛民："教以天道，开其茅塞，发光其心，而引向福音。不期土人自将其菩萨一切舍弃，真可谓神力无穷，蛮心感化也。"② 虽然《海国图志》注明此语引自郭实猎（Karl Gützlaff，1803—1851）《万国地理全图集》，但"菩萨"之类的措词来自何处？尚不得而知。其风格不同于给魏源提供过资料的林则徐（1785—1850）及其翻译团队③，应视为魏氏对资料的

---

① 魏源：《海国图志·东南洋一·叙东南洋》，《魏集》第 4 册，第 342 页。

② 魏源：《海国图志·东南洋·英夷所属新阿兰岛》，《魏集》第 5 册，第 584 页。当然，佛教也有化野蛮、破天荒的类似力量，例如在斯里兰卡，只是《海国图志》没有详细阐发，参魏源：《海国图志·西南洋·南印度沿革》，《魏集》第 5 册，第 906~907 页。

③ 有关郭实猎的姓名，参李骛哲：《郭实猎姓名考》，《近代史研究》2018 年第 1 期。郭实猎的著作是《万国地理全集》，该书或者该书的某个版本跟魏源引用的这本书有何关系？因魏氏所用书以及林则徐赠给他的资料已不可考，所以无法回答此问题。这本书是结集《东西洋考每月统记传》而成，在《每月统记传》中，笔者没有找到"土人自将其菩萨一切舍弃"这种表达。参爱汉者等编，黄时鉴整理：《东西洋考每月统记传》，北京：中华书局，1997 年。另一方面，林则徐（1785—1850）留给魏源的基础文献《四洲志》也无法找到，今本是从《海国图志》中辑出，只能从侧面观察林则徐麾下四人组的翻译水平和风格，参苏精辑著：《林则徐看见的世界：〈澳门新闻纸〉的原文与译文》，桂林：广西师范大学出版社，2017 年，第 30~50 页。

再述。《海国图志》引述西书，不仅神名、教名不予统一①，还多有类同此处"菩萨"的独特表述。在修订《海国图志》的过程中，魏源曾多次利用马礼逊父子撰写的《外国史略》，然而其中出现的"经术""菩萨"等词汇和"婆罗之门"（Brahmin）这样割裂的用词，让引文呈现出魏学、林学、西学混杂的"新学"景象。② 其间引述天方创教之事，甚至说："穆哈默者，本为商贾，远贸易，与道士往来，习印度、犹太之经典，隐居崖穴，忽若神授，因自立一教。"③ 由《教门表》可知，道士指的是"巴柳士艮教"（Polytheism）的修行者。④ 可说在转述新知之际，《海国图志》已有判教之意了。

《海国图志》述五印既毕，又述波斯国情，之后就进入到对

---

① 例如魏氏对《地球图说》与《地理备考》的引述，见《海国图志·西南洋·五印度总述下》，《魏集》第 5 册，第 675、677 页。

② 通过林则徐，魏源掌握了《外国史略》的稿本，然此本今日已佚，讨论参邹振环：《〈外国史略〉及其作者问题新探》，《中山大学学报（社会科学版）》2008 年第 5 期。魏源引述《外国史略》，参《海国图志·西南洋·五印度总述下》，第 688 页："婆罗门之巧狯者，藉经术以渔利济私。此外尚有各国族类与本土人相杂……土音系梵语，所撰书册诗本，惟僧能讲。其民土音有三十余种，今则多习英语，译各艺术之书，以资日用。城内大开书院，广教学士。崇婆罗门佛教者居十之九，尤异者，数年前，教门之寡妇必同夫尸自焚；争赴礼佛菩萨之像，致车轮压毙者不胜数。此真婆罗酷虐之门，迷惑不悟，大可哀哉！"

③ 《海国图志·西南洋·西印度阿丹国》，《魏集》第 5 册，第 762 页。前文讨论过的《瀛寰志略》对回教的思考，就没有这些特殊措辞。

④ 魏源：《海国图志·南洋西洋各国教门表》，《魏集》第 7 册，第 1788 页。

## 第一章 先进:魏源教化观新研

中东的记述。其中包括《各国回教总考》和《天方教考》两篇剑指西域回部的文章,以及长文《天主教考》。① 正如前述姚莹所言,这些论文既在廓清史实,也能通过"俾世知其说"的形式,让世人洞彻异教窜乱历史、造作法统的企图。《海国图志》此部分引述的参考文献不同于地理类著作,常带有鲜明的教派色彩。② 魏氏秉持自己的教化观念,于俞正燮(1775—1840)、四库馆臣等则顺承其儒者立场,于刘智(1655—1745)、利玛窦(Matteo Ricci, 1552—1610)等所代表的天方、天主之教立场则从儒者角度有所质疑。《天主教考》结尾言:

> 西域三大教,天主、天方皆辟佛,皆事天,即佛经所谓婆罗门天祠。其教皆起自上古,稍衰于佛世,而复盛于佛以后。然吾读福音诸书,无一言及于明心之方、修道之事也,又非有治历明时、制器利用之功也,惟以疗病为神奇,称天父神子为创制,尚不及天方教之条理,何以风行云布,横被西海,莫不尊亲?岂其教入中土者,皆浅人拙译,而精英或不传欤?神天既无形气,无方体,乃降声如德之国,勒石西奈之山,殆甚于赵宋祥符之天书。而摩西

---

① 这三份文章参见《魏集》第 5 册,第 775~824 页。
② 概览《海国图志》引书情况的研究有熊月之:《〈海国图志〉征引西书考释》,钱伯城主编:《中华文史论丛》第 55 辑,上海:上海古籍出版社,1996 年,第 235~259 页。基督教书籍并参孔德维:《为什么我在包容基督徒:十九世纪中叶儒者的宗教宽容》,第 169~171 页。

一人上山受命，遂传十诫，则西域之王钦若也。印度上古有婆罗门事天之教，天方、天主皆衍其宗支，益之谲诞。既莫尊于神天，戒偶像，戒祀先，而耶稣圣母之像、十字之架，家悬户供，何又歧神天而二之耶……圣人之生，孰非天之所子？耶稣自称神天之子，正犹穆罕默德之号天使，何独此之代天则是，彼之代天则非乎？历览西夷书，惟神理论①颇近吾儒上帝造化之旨，余皆委巷所谈，君子勿道……吾儒本天与释氏之本心若冰炭，乃天方、天主亦皆本天，而教之冰炭益甚，岂辨生于未学而本师宗旨或不尽然欤？周、孔语言文字，西不逾流沙，北不暨北海，南不尽南海，广谷大川，风气异宜，天不能不生一人以教治之。②

以上引文是《海国图志》最为完整的一段判教议论。在《圣武记》一段议论的结尾部分中，魏源对回部和卫拉特人"崇经典、信因果"却好勇斗狠感到讶异，觉得只能用"风气异宜"

---

① 笔者未找到它的对应物，或许是在指涉某一学说？抑或是明季西儒所翻译的天主教书籍？（很难证明他有机会、有能力阅读《神学大全》这样的书籍，如果他使用了有关的词汇，很可能是来源于别处。兹不为穿凿。）因无确切文献证据，不便过多推论。但正如魏源所言，这难以掩盖他眼中《新约》的各种问题。

② 魏源：《海国图志·西南洋·天主教考下》，《魏集》第5册，第821~823页。

## 第一章　先进：魏源教化观新研

来解释。① 这样的讶异自然也伴随着《海国图志》之编纂而得以体现。按魏源所阅天主、天方二教典籍数量绝不算多、也未必有精读②，所以他之判教可能不是以研究文献为基础，而是以他固有的事天治人之教化观为基础。比起"儒教"，魏氏认为西方的两大事天治人之教内容上属于浅显穿凿之谈，谱系上也属于婆罗门教分支（犹太教）中的分支，还是"益之谲诞"的分支。他由此回答了自己前面的一个问题：为何"黄教"与"回教"无法调服"广谷大川"中的"蒙""回"众生之嗔心？答案亦是"随方设教"，不同地域的人们承载着上天赋予的气质，孕育自己的圣人。《海国图志》下文的《国地总论》进一步发展了这个理论。③ 以上判教研究的第一个要点就是殊方异教，第二个要

---

① 魏源：《圣武记·国朝甘肃再征叛回记》，《魏集》第 3 册，第 307~308 页。

② 魏源阅读的天方之书主要是刘智翻译的《天方性理》《天方典礼》（参《海国图志·天方教考》，收入《魏集》第 5 册，第 785~786 页），熊月之《海国图志征引西书考释》一文未注意。魏氏阅读的天主之书则以此处所说"福音书"为主，据《天主教考》前文可知，这些福音书是郭实猎所定《救世主耶稣新遗诏书》（参熊月之文）。当时，郭实猎在麦都思等人翻译的《新遗诏书》的基础上修定成书。蒙赵晓阳老师代为查询 Hubert W. Spillett, *A Catalogue of Scriptures in the Languages of China and the Republic of China*（London：British and Foreign Bible Society, 1975）一书后，示下郭译共有三个刊本：1839 年新加坡本，1840 年新加坡本，1847 年中国香港本。新加坡刊本深文言《圣经》传播范围不算大，当时流入澳门，或通过林则徐部下译员梁进德流入魏源手中的可能性亦不甚高。1847 年是香港开埠迫使澳门从港口城市转型的开始，鉴于两地此刻的密切交流，笔者倾向认为魏氏澳门之行读到的是香港 1847 年刊印的版本。

③ 魏源：《海国图志·国地总论上·释五大洲》，《魏集》第 7 册，第 1821~1822 页。

点则是代天与事天之别。

《天主教考》以摩西上山受十诫为枢纽,用大量篇幅批判天主、天方代天之教的诡诞无稽,于前者攻驳尤力。① 这并不是服务于边政(和蒙回藏打交道)的经世需要。厘清了天主、天方之教的来源以及天方之教与回部的关系,那么拆毁回部割据的"理论基础"("新疆自古皆回教")也就成功了。② 另一方面,深究天主之教的目的,也不是简单地为了跟他们打交道、办洋务,而是完善自家的教化观。如此处所论,代天之教不仅容易流于矛盾与诡诞,且容易偏离"制器利用之功"的人道事业。魏源发现,"代天宣化"的意大利教皇近似达赖,曾有力分封弟子、纲纪欧洲。但正如今日藏、蒙不能一致,意大利也"裂为数国,教虽存而富强不竞。于是佛郎机、英吉利代兴"。其中英吉利之所以兴,在于"不务行教而专行贾,且佐行贾以行兵,兵贾相资",这正是有待中国学习的优点,也是《海国图志》"志西洋正所以志英吉利"的用意。③ 相反,意大利徇代天之名存其教而不克富强,就成为事天治人、经世致用的反面典型。前述《海国

---

① 关于魏源对天主教的针对性批评,研究者已有完善梳理,此处不赘,参孔德维:《为什么我在包容基督徒:十九世纪中叶儒者的宗教宽容》,第199~202页。

② 下文只是重复此理路,参魏源:《海国图志·西南洋·葱岭以东新疆回部附考下》,《魏集》第5册,第968页。

③ 魏源:《海国图志·大西洋·大西洋欧罗巴洲各国总叙》,《魏集》第6册,第1077~1078页。

图志》原叙有言，解决人心之患的关键不在刀兵水火等形而下者。如此看来，无论是师夷长技还是发挥我之固有，正确的教化观念都是富强之术的基础。

那么本儒门事天之教、师英夷富强之志，是否就是中国教化的唯一答案，无需损益了呢？并非如此简单。《教门表》将历史中的人类教化视为一盛衰相间的过程：

> 天佑下民，作之君作之师。君长一国一时，师长数十国数百世。故自东海以至西海，自北极以至南极，国万数，里亿数，人恒河沙数；必皆有人焉，魁之桀之，纲之纪之，离之合之。语其纵，则西域自佛未出世以前，皆婆罗门教，以事天治人为本，即彼方之儒。自佛教兴而婆罗门教衰，佛教衰而婆罗门教复盛。一盛为耶稣之天主教，再盛为穆罕默德之天方教，皆婆罗门之支变。婆罗门教，游方之内者也；佛教，游方之外者也。①

按《海国图志》为增补林则徐编《四洲志》而成，后书又是从英人慕瑞（Hugh Murray, 1779—1846）《世界地理大全》（*An Encyclopedia of Geography*）中编译而出。查考慕瑞原书，多无魏源所论之教化问题。惟在原书第二册的一份欧洲诸国人口

---

① 魏源：《海国图志·南洋西洋各国教门表》，《魏集》第 7 册，第 1787 页。

信息表格中，其中一栏提及各国信仰状况，然仅列各教名称。①合该篇与《教门表》，可制表如下：②

**表 1　魏源笔下教门名号**

| | |
|---|---|
| Brahmanism, Hindoo | 婆罗门教、墨那敏教，兴杜教 |
| Christianity | 克力斯顿教 |
| Catholic | 加特力教 |
| Fo | 佛教 |
| Lama Boodha | 大剌麻教，剌麻佛教，黄教 |
| Greeks | 额利教 |
| Jews | 由教，由斯教，由斯回教 |
| Lutherean | 鲁低兰教 |
| Muhammadan, Sunnite | 马哈墨教 |
| Protestant | 波罗特士顿教 |
| Shia | 阿比厘教 |

---

① 陈华在《有关〈四洲志〉的若干问题》（《暨南学报［哲学社会科学版］》1993年第3期）一文中指出，林则徐采用的是1837—1839年间此书在美国的某一版。此处以笔者所获之1845年版为参照对象。参 Hugh Murray, F. R. S. E., *The Encyclopedia of Geography*, vol. 2 (Philadelphia: Blanchard and Lea, 1845), p. 213。

② 孔德维：《为什么我在包容基督徒：十九世纪中叶儒者的宗教宽容》亦作宗教关系图，并对各国宗教有无情况予以标出，参孔书页204~207。按行文参考需要重做，识者可一同参看。

## 第一章　先进：魏源教化观新研

（续表）

| Sunnite | 色底特士教 |
| --- | --- |
| Polytheism | 巴柳士艮教，道士教 |
| 西文名称未知 | 墨鲁赫教，墨低兰教，红教 |

资料来源：魏源：《海国图志·南洋西洋各国教门表》，《魏集》第7册，第1787~1791页。

表中提及的宗教，在魏源的笔下呈现零散无统系的状态。而且由于魏源不通外文，也有发生重叠、倒错的问题。为比较清晰地观察魏氏判教之概，不妨制图如下。（见下页）

这个关系图并未将零散的教门名号囊括在内，而是对前述引文"天佑下民"以下教门源流的概括。其中的一个关键，乃是事天之教与方外之教盛衰相间的历史现象。《教门表》后的《中国西洋纪年通表》考察各教兴衰年份，得一类似结论，印证佛说"正法五百年，象法一千年"："是则自周至汉至隋，佛教东流，而天主与天方迭据印度，代兴持世，入主出奴，各乘气数，皆悬记乎千载之前，而符合乎千载以下。天时人事，有开必先，不翅五德迭王、文质递尚焉。"① 此论与《诗古微》《书古微》二书对夷夏、王霸、文质等时势变化规律的推求同辙，然置于此处的世界历史语境中考虑，亦有其独特处。它暗示着广义上的入世之教

---

① 魏源：《海国图志·中国西洋纪年通表》，《魏集》第7册，第1803~1804页。并参姚莹：《佛法兴衰》，《康𰎺纪行校笺》，第529~530页。

与出世之佛教有着文质递嬗的历史必然性,那么中土当下的入世之教会在何时迎来此种必然的变化?鉴于盛清改土归流、开疆拓土的伟业,已到让"河水出昆仑东北陬"奇谈变现的地步①,中土儒者事天治人的方内之教,是否也到了快要让位的时候呢?

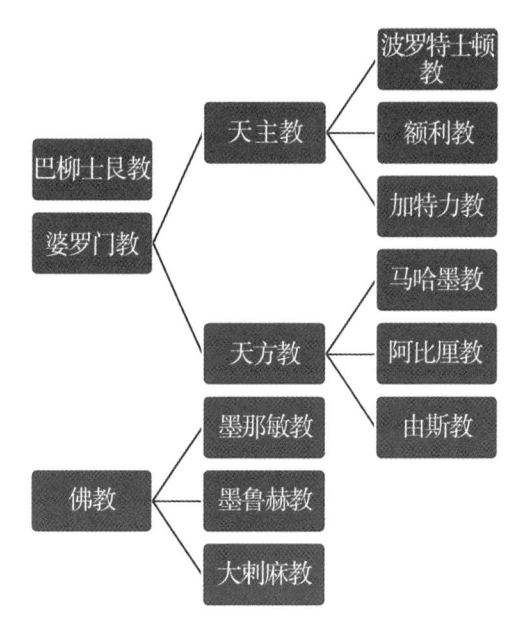

```
巴柳士艮教
婆罗门教 ─┬─ 天主教 ─┬─ 波罗特士顿教
          │          ├─ 额利教
          │          └─ 加特力教
          └─ 天方教 ─┬─ 马哈墨教
                     ├─ 阿比厘教
                     └─ 由斯教
佛教 ─┬─ 墨那敏教
      ├─ 墨鲁赫教
      └─ 大剌麻教
```

**图1 魏源笔下教门源流图**

资料来源:魏源:《海国图志·南洋西洋各国教门表》,《魏集》第7册,第1787~1788页。注:承李鹫哲君解说,这些中文译名同样来自林则徐及其翻译团队转给魏源的参考资料,颇受翻译者之母语尤其是闽南话的影响。李氏正在进行相关研究,已大有进展。

---

① 魏源:《海国图志·国地总论上·释昆仑下》,《魏集》第7册,第1834页。

## 四、魏源教化观的变动

在增补《海国图志》的过程中，魏源对澳门葡人玛吉士（José Martinho Marquez，1810—1867）的作品赞赏有加。他说："且天下之门有三矣，有禽门焉，有人门焉，有圣门焉。由于情欲者，入自禽门者也；由于礼义者，入自人门者也；由于独知者，入自圣门者也。"深通礼义、博学多才的西方远客，自在人道良友之列。① 与前文对"游方之外"的定位相似，这段引文在人禽之辨以外开了一道作圣的后门，将一种异质性的教化形态跟事天治人的方内"儒教"等量齐观。有趣的是，在魏源分判程颢（1032—1085）朱子的赞语中，亦有独知见性和敦行礼义之别。而前者，又与"天台圆教"相应。② 这种对佛教的深入认同与姚莹相远，而和龚自珍相近，以下先从龚氏、魏氏教化理想的关联谈起。

（一）处士横议

跟魏源一样，龚自珍的经世之志也没有获得过发挥空间，其经世之才亦是以文字见世。差别或在于，魏源在京科场失意，捐赀补中书，老来出知一州。而龚自珍在京城失意后熬到礼部

---

① 魏源：《海国图志·国地总论下·西洋人玛吉士地理备考叙》，《魏集》第 7 册，第 1866 页。
② 参魏源《古微堂外集》中的《周程二子赞》《程朱二子赞》，《魏集》第 12 册，第 188~189 页。

主事，对政治生态的体验有所不同。① 同时，龚自珍放言无忌的风格也很惹眼，魏源因此去信告诫过他要明哲保身，毕竟"密友之争，与酬酢异"。② 从有限的文献可推知，这些密友间的讨论，涉及了（相对他们身份而言）规格很高的议题。

在天、人之间讨论经世、教化的时候，魏源无疑更侧重人的一面，龚自珍亦然。魏源曾对龚氏的一条洞见很有感慨："定盦语余：'实不见天下有二原之水，二本之木。'此语言文字中打成一片境地也。"③ 讲的是文章，其实亦不离乎学问。魏源批龚氏《农宗》一文有言："此义古今所未发。此法若在国家初造之年，则亦易行。"④ 观《农宗》，可知龚氏颇有先实效而后名分之意：

> 土广而谷众，足以芘其子，力能有文质祭享报本之事，力能致其下之称名，名之曰礼，曰乐，曰刑法。儒者失其情，不究其本，乃曰天下之大分，自上而下。吾则曰：先有下，而渐有上。下上以推之，而卒神其说于天，是故本

---

① 魏氏的政治经验，当然也让他的学说跟别的经世学者不同。根据李国祁对包世臣、魏源经世学说的比较可见，魏源的经世思想更有书生气质，少于实务家作风。参李国祁：《包世臣与魏源经世思想比较分析》，《台湾师大历史学报》第33期，2005年6月。包世臣、徐继畬的官位高低不同，但相比魏源都有更多的实务经历，他们对经典的钻研不如魏源，谈论实务却比魏源更有分寸。
② 魏源：《致龚定盦信》，《魏集》第12册，第750页。
③ 魏源：《定盦文集手批·批与人笺一》，《魏集》第12册，第743页。
④ 魏源：《定盦文集手批·批农宗》，《魏集》第12册，第743页。

## 第一章　先进：魏源教化观新研

其所自推也……木无二本，川无二原，贵贱无二人，人无二治，治无二法，请使农之有一田、一宅，如天子之有万国天下……陈硕甫曰：《礼运》曰："天子有田以处其子孙。"不曰有天下国家……先王正天下之大分，分定而心安，义即仁也，无贵贱一也。①

龚自珍此文的主旨在于以分田封建立国，魏源的批语反省了有关建议的可行性，但承认是"古今所未发"。比起魏源，龚自珍和宋学显得疏离。上文合私为公、逆推天理，在有限的篇幅内透出重估理、欲和义、利先后之位的意图。除去高扬人道，龚氏密友会谈中出现的另一条激进议论和师道有关。据以上引文，陈奂（号硕甫，1786—1863）乃深明礼义践行、有裨治世的人物。龚自珍记姚学塽（1766—1826）之言说："今天下得十数陈硕甫，分置各行省，授行省学弟子，天下得百十巨弟子，分教小弟子，国家进士，必于是乎取，则至教不躐等。"② 考虑到龚氏在《农宗》中对陈奂说法有断章取义之嫌，此处所记姚学塽之言恐亦难免添油加醋。戏谑的笔法，透出了士人因征实有用之学而自得、乐意参赞教化之热忱，这种热忱在清代有不

---

① 龚自珍：《农宗》，《龚自珍全集》，第49~52页。引文中的"陈硕甫"为该书据师友批校本补正。龚氏文献系年可参樊克政编：《中国近代思想家文库·龚自珍卷》，北京：中国人民大学出版社，2015年。
② 龚自珍：《陈硕甫所著书序》，《龚自珍全集》，第196页。姚学塽也是魏源曾从学宋学的师长，可见讲宋学者与狂士龚、魏来往的也不少，姚莹也算一位。

同的表达形式，前有章学诚《文史通义》，后有康有为《教学通义》。① 魏源认为龚氏的记述乃是"古今一关键"。朴学必须寻回天人性命的关怀，文献上的制度礼仪也必须见于实效，这一切都可以从督率躬行的小学做起。这种议论反思了乾嘉之学，颇有宋明前贤放言世事、致用当世的胆气。②

龚自珍的思想与文风，较之魏源张扬。然二者在学以经世方面算是同道。一个问题是，要经世致用、要实现教化理想都需要进入"儒教"建制做官，或上达朝堂，或下主郡县，不是居乡劝善就足够的。在《默觚》中，可以看到魏源对三代用亲不用贤的批评③，也可以看到他对"有安天下之才无安天下之命"的叹惋："天之未定则人胜天，天既定则天胜人矣。"④ 然事天治人之学、相天延天之志，离开特定权位条件，难免不为画饼。《书古微》末尾在接引龚自珍《胎观》之后，发了一段萧瑟的议论：

> 若曰人与天可相通也，人与天地同寿也，天地与人同

---

① 参张勇：《龚自珍在19世纪——关于龚自珍的几则札记》，《清华大学学报（哲学社会科学版）》2007年第3期；於梅舫：《"自改革"的回音：康有为〈教学通义〉撰写缘起与论述旨趣》，《中国哲学史》2020年第5期。

② 魏源：《定盦文集手批·批陈硕甫所著书序》，《魏集》第12册，第743页；并参魏源：《小学古经叙》，《魏集》第2册，第380页。

③ 魏源：《默觚下·治篇九》，《魏集》第12册，第59页。

④ 魏源：《默觚下·治篇十五》，《魏集》第12册，第75~76页。

## 第一章　先进：魏源教化观新研

敝也，则哑然群不信。皆由地天之通绝也。于是释氏之书，专谈六合以外天治之说，又以因果报应通人治于天。而论者犹有取焉，谓其足以辅王政之穷。此上古、中古一大升降阖辟。夫子删《书》，始自唐、虞，以人治，不复以天治。虽天地亦不能不听其自变。①

这段引文的来源《甫刑篇》树立三义：显义为封建世族变于郡县君臣，微义为道德变于功利和天治变为人治。我们已经看到魏源有师三代之心的说法，其实天地虽然变了，三代也有别的东西可以供后世取法。已有论者指出，所谓可"辅王政之穷"的天治，就是在王者不克尚德、教化难行的时候，用佛教的因果报应说辅礼义王政之穷。但此功能在魏源眼中其实不是佛教的专利，道教也有此功能。② 更重要的是，如果仍然停留在国家大事的层面，那么上述引文也不过是文质损益的老话，未见佛说之殊胜也。按龚自珍《胎观》已暗示天为人所立，人天相通、天人同寿也意味着人对人道命运的主宰——天道、天治皆可为我所用。在《海国图志》修订刊行后，太平军声势日大，魏源也尝试以方外之教应王政之穷。

---

① 魏源：《书古微·甫刑篇发微》，《魏集》第 2 册，第 355 页。
② 参孔德维：《为什么我在包容基督徒：十九世纪中叶儒者的宗教宽容》，第 180~185 页；又参魏源 1855 年之《太上感应篇序》，《魏集》第 20 册，第 612 页。

## （二）"逃向"西方

对天治的教化功能持保留态度的姚莹认为，极乐世界就是控噶尔（土耳其）。非要说极乐世界不在人间，那么莲池大师（1535—1615）也不会同意。① 与他相反，魏源认为出世的佛学和经世的王道能够殊途同归，能让人间政教进于理想。另一方面，净土之教总摄万千教理、实践于念佛，是最完备，也是最直截的。② 之所以如此，是因为极乐世界异于人世却又实际存在，将之当下呈现全赖各人心力。《净土四经》（《无量寿经》《观无量寿佛经》《阿弥陀经》《华严经·普贤行愿品》）的编辑按语和叙言是魏源最后的教化论说③，五脏俱全，渐次勾勒了一个"晚年定论"。

首先，魏源大胆删述《无量寿经》的各译本，做出了一个完善直截的会本。之所以要冒武断编经的骂名为此改动④，是因为要使得"横出三界"的净土法门之直接效力获得最圆满的彰

---

① 姚莹：《书西域见闻录控噶尔事后》，《姚莹集》，第304~305页；引述莲池语参《极乐世界在人心》，《康輶纪行校笺》，第608~609页："我见极乐，实无可乐。若见可乐，与若何殊？"

② 魏源：《净土四经总叙》，《魏集》第20册，第315~316页。魏氏的佛教转向及出世与经世的连续性，多年前已有贺广如《魏默深思想探究——以传统经典的诠说为讨论中心》（第220~224页）系统讨论，成庆的论文《被压抑的"乌托邦"——魏源的经世思想与净土观》[《华东师范大学学报（哲学社会科学版）》2015年第1期] 亦涉此。以下承续此种思路，细读魏氏相关叙言文本，略为申述而已。

③ 这些内容收入《魏集》第20册，第315~338页。

④ 例见印光法师对魏源的批评：《覆王子立居士书三》，《印光法师文钞·五三编上》，成都：巴蜀书社，2015年，第530~531页。

## 第一章　先进：魏源教化观新研

显。"横出三界"是针对"竖出三界"而立，后者指涉从发心出家到渐次修行以至觉悟的出世过程，而前者指相对直接的往生净土的出世过程。① 为让辗转欲海的众生明辨真苦真乐，发起往生净土之心，经文就一定要有简明直截、会权归实的力量。② 在关节处，魏氏甚至不惜加入其他经典的文字：

> 过是以往，《无量寿经》亦灭，惟余阿弥陀佛四字，广度群生。(小字：此四句各译无之，今从《大集经》增入。使人知此净土法门，为末法第一津梁，且使人免法灭之惧。)③

《无量寿经》见净土之教大体，是念佛人的本经，此后魏源博采教、禅，用《观无量寿佛经》④ 和《阿弥陀经》⑤ 补充了念

---

① 普度编：《庐山莲宗宝鉴》，收入大藏経テキストデータベース委员会：《大正新修大藏経》资料库：https：//21dzk.l.u-tokyo.ac.jp/SAT/sat-db2015.php，T1973_.47.0313c16-19，访问日期：2022年6月16日。
② 魏源：《无量寿经会译叙》，《魏集》第20册，第317~318页："众生无不有六根，有六根即有六尘、六入。是以目欲极天下之色，耳欲极天下之声，舌欲极天下之味，鼻欲极天下之香，身欲极天下细滑之触，心欲极天下快意之法。……一声唤醒万德洪名。人人心中，有无量寿佛，放光动地，剖尘出卷，自衣获珠。乃知欲为苦本，欲为道本，欣不极则厌不至，厌不极则三界不得出……"
③ 魏源：《无量寿经》，《魏集》第20册，第332页。
④ 魏源：《观无量寿佛经叙》，《魏集》第20册，第335页。此叙所涉天台学可与龚自珍《以天台宗修净土偈》参证，参《龚自珍全集》，第372~373页。
⑤ 魏源：《阿弥陀经叙》，《魏集》第20册，第336页。叙文言"十世古今，始终不离于当念"为禅语，用例参道原纂：《景德传灯录》，《大正新修大藏経》资料库，T2076_.51.0425b03-04，访问日期：2022年6月16日。

佛观心、制心的修行细节。作为《净土四经》最后一经的是《普贤行愿品》，此时"念佛人至一心不乱"，达到"一即一切，一切即一"的境界①，不啻以出世为经世。魏源言：

> 持名至一心不乱，决定往生，而后归宿于《普贤行愿品》。以十大愿王，括无量寿之二十四愿。以每愿末，"念念相续，无有间断，身语意业，无有疲厌"，括《弥陀经》之"一心不乱"。故现宰官、长者、居士身者，持诵是四经，熟读成诵之后，依解起行，须先发无上菩提之心。大之则无边烦恼誓愿断，无尽众生誓愿度，无量法门誓愿学，无上佛道誓愿成；②迩之则广行布施，供养三宝，多刊大乘经典及净土诸经论，使丛林皆于禅堂外别开念佛堂，使出家者皆往生西方，固极顺之势。即在家白衣，未悉朝闻夕死之义，骤睹四经，未必听受。然疑佛谤佛，皆种信根，况蠢动含灵，固皆具佛性乎？夫劝化一人成佛，功德无量；况劝化数十百僧，展转至千百万，皆往生西方成佛，功德可思议乎？③

《净土四经》之前三经言教体与工夫，《普贤行愿品》言净土之教的圆满大用。魏氏指出，持净土法门自修者也要心存大

---

① 魏源：《普贤行愿品叙》，《魏集》第20册，第338页。
② 参宗宝编：《六祖大师法宝坛经》，《大正新修大藏经》资料库，T2008_.48.0354a11-13，访问日期：2022年6月16日。
③ 魏源：《净土四经总叙》，《魏集》第20册，第315~316页。

## 第一章　先进：魏源教化观新研

愿，普度众生。方式则是用世间权能传播教典，能度人则度，能起信则起信，能种信根则种信根。要之，修行人的心力作用，或可影响天下人横出三界。由此观之，佛教的经世之效并不亚于事天治人之教。君子穷达有时，应机设教、化成天下的方式也不局限于经世和出世。①

在魏源整理《净土四经》的1856年，"代天宣化"的太平天国由盛转衰。数年后，胡林翼（1812—1861）见证了庚申之变和太平天国的黄昏，以及飞驰如电的洋人汽轮，咳血，一病不起。此后五年，杨文会（1837—1911）深感魏源经世之学的本源未为人知，故助力重刊《净土四经》，以化成众生。② 又过了三十多年，《康子内外篇》中出现了儒佛互为终始、泰西之学出于印度而印度不振等颇具《海国图志》色彩的论说。③ 学兼新

---

① 这种姿态可与魏源所熟悉的汪缙和彭绍升比较，参成棣：《出世与淑世：彭绍升和清代中期的王学余波》，《新经学》第3辑，上海：上海人民出版社，2018年，第262~299页。魏氏转向佛教的动因有内有外。就内而言，如本节所述，有其教化观之内在理路可见；就外而言，著作被焚、太平军势大、五孙殇、黄河决口等事件对其应有影响（《魏源大事年表》，《魏集》第20册，第776~778页）。限于笔者掌握的文献，未克深论。

② 杨文会：《重刊净土四经跋》，《魏集》第20册，第340页。

③ 康有为的儒教说内容随着其知识、经历与用意的改变，有不少变动。鉴于篇幅、学力所限，本文无法系统复述其说并与魏源的教化观作比较。此处提到的用例可参康有为：《康子内外篇》，姜义华、张荣华编校：《康有为全集》第1集，北京：中国人民大学出版社，2007年，第102~103页。康有为自称此书是其早年定稿的作品，但从所提及的地理知识可知，此书很多涉及新知的内容添加于其去国以后，而且很多从《海国图志》耳食得来的错误地理知识也被修正了。参茅海建：《戊戌时期康有为的"洪水说""地顶说""地运说"——兼论〈康子内外篇〉的写作与完成时间》，《清史研究》2020年第1期。

旧之文廷式（1856—1904），亦衡论世界教门、显扬孔子中道之教。① 在世纪末的革新潮流中，魏源的教化观迎来了响亮的回声。

## 五、结语

论者有言，消极的魏源选择了在人间的时、空以外去实现政教理想，而积极的康有为则会选择在历史世界中展开"三世说"、推进实政改革。② 此偏于刻板。毕竟"三世说"形态的演化观之激进、保守声调，屡随说者政治处境而调整③，所以也不能因此把康氏视为纯然比魏源积极的"今文学者"。在形态上，魏氏、康氏的思想反而有更值得注意的相似性。他们纵览中外古今文明，重视各方教化本末，而又都是为了改变本国，顺应变化的天地气运。只是处士横议的遭际有所不同。有人终身郁郁，有人撞上大运。在进入权力建制核心的前夜，康有为仍被文廷式视为伧夫，被沈曾植（1850—1922）当作出头鸟。④ 新颖的奇思妙想跃入场内变现，常属艰难中的偶然。

本章从教化观角度对魏源思想予以历时性检视，认为其教化观背景是经世致用的儒学。他以躬行实践义理为是，然亦主

---

① 参本书第四章。
② 参考前揭之成庆《被压抑的"乌托邦"——魏源的经世思想与净土观》。
③ 茅海建：《戊戌时期康有为"大同三世说"思想的再确认——兼论康有为一派在百日维新前后的政治策略》，《社会科学战线》2019年第1期。
④ 蔡乐苏、张勇、王宪明：《戊戌变法史述论稿》，北京：清华大学出版社，2001年，第154~156页。

## 第一章　先进：魏源教化观新研

即事见理而非立理限事，故希圣而不废实效事功。尊朱之外，更重船山。相应地，魏氏治汉学亦多采纳船山等宋明经说，从经典中的事相推知圣人用心，考求"事天治人"的理想教化状态。和姚莹、徐继畲等学人一样，魏源在经世史学中融摄新知，且多有独见。基于宗儒之教化观，魏源判摄世界教门，高标中土"事天治人"之教相对于域外各种"代天"之教的优长。在此背后，是魏氏对本国政教在统治实效上优势的认肯。然经世之志困于处士无位，加之步入衰年，政局动荡，魏氏转向了不事天、代天的佛教以代替直接的"经世之教"。前后变化，反映了魏源思想在时代变迁中的能动、受动诸相。从魏源的案例还可发现，涉及天与人、入世与出世等议题的教化之思看似远于事情，但也是学人对政治世界、历史世界用心深至的结果。① 正因如此，在魏源著作中，能读到未就之经世筹划、趋新之"儒教"立场和博物馆化的知识仓库，也能由古知今，读到处士横议的尴尬："任呼茂叔穷禅客，早判公羊卖饼家。"②

---

① 例如20世纪末，曾有学者试图接引魏源、姚莹诸儒所敌视的天主、天方之教的资源，俾国人走出缺乏神性、与时浮沉的旧文化，转向更有张力的天人关系。参 Leopold Leeb, "Translator's Introduction," in Liu Xiaofeng, *Sino-Theology and the Philosophy of History: A Collection of Essays by Liu Xiaofeng* (Boston and Leiden: Brill, 2015), pp. 3~24.
② 马一浮：《简洪巢林论义》，《马一浮全集》第3册，第30页。杭州马一浮纪念馆门口就有此联，可惜不是马氏手书。

# 第二章

# 初澜：朱一新辨正异端的论述

广鲁宗周事不伴，春秋何故记麟游。公羊梦想张三世，驺衍空谈大九州。——马一浮：《咏史》其六

## 一、引言

义乌朱一新（1846—1894）学博识精、享誉一时，所遗《无邪堂答问》作于1890—1892年执教广雅书院之际，倡习经史有用之学，亦属可传之作。① 和维新巨子康有为（1858—

---

① 朱一新的学术概况，可参严寿澂：《经学、史学与经世——朱一新学述》，《传统中国研究集刊》第二辑，上海：上海人民出版社，2006年。有关其外在名声和自我学问定位，可参於梅舫：《学海堂与汉宋学之浙粤递嬗》，北京：社会科学文献出版社，2016年，第238~243页。朱氏学说在清末新政时期的传播可参张淑琼：《朱一新〈无邪堂答问〉之成书及其版本流传》，《肇庆学院学报》2013年第1期。另外，青年时期的张尔田（1874—1945）、夏曾佑（1863—1924）皆才识过人、眼高于顶，非要人要籍不入其批评范围，《无邪堂答问》就算是这样的书，参张尔田：《孱守斋日记》，《史学年报》第2卷第5期（1938年12月），第341页。

## 第二章 初澜：朱一新辨正异端的论述

1927）有深入的口头、书信交流，兼之反思乾嘉汉学流弊，近代思想史的讨论多将朱一新列为要角。① 诸位先进虽取径有别，但已从文献、学理方面做过相当充分的研究。循上述两条理路深思，还可以发现朱氏在清季儒学趋新历程中的特殊位置，从而补充前人的研究。

对康有为经学新论、维新主张的批判性答覆，以及《答问》中反省汉学、申说儒家义理宗旨的内容，都是朱一新持世救偏之意图在学问上的表现。因对诸子和西学批评太苛，他的这种意图会予今人以高度保守之观感。② 但是《答问》在屡言正人心、卫礼教，贬抑异学、异端的同时，又包含对于后者的知识

---

① 比如颇具影响力的近代史研究者刘大年（1915—1999）晚年作有《评近代经学》的长文，在他的阅读、写作过程中，朱一新是依附于康有为议题的学者，参姜涛：《刘大年与〈评近代经学〉》，《近代中国与世界——第二届近代中国与世界学术讨论会论文集（第三卷）》（北京：2000 年 9 月），第 472~497 页。此类视角自然有失偏颇，曹美秀《朱一新与康有为——以经学相关问题为讨论中心》（《中国文哲研究集刊》第 28 期，2006 年，第 219~256 页）一文就是相应的反拨之作。对两人交涉史实的最新研究参吴仰湘：《朱一新、康有为辩论〈新学伪经考〉若干史实考——基于被人遗忘的康氏两札所作的研究》，《文史哲》2010 年第 1 期。此文底稿及所附逸文整理版承吴先生赐下，本章研究一准此本。自反思汉学、衡平汉宋角度考察朱一新学术内涵的努力，已有钱穆（《中国近三百年学术史》第 16~17 册，台北：联经出版事业有限公司，1998 年）、曹美秀（《论朱一新与晚清学术》，台北：台大出版中心，2007 年）的重磅专书在前。

② 傅莉雯：《朱一新经世思想研究》，台湾大学中国文学研究所硕士学位论文，2004 年。此书笔者仅见摘要以及目录，只能了解作者基本观点，所以后文无法开展更多对话。

性了解，以及从实务利害方面对中西政教得失的评估①，这和不知、不言异学，而且不用洋货的保守派例如徐桐（1820—1900）有明显区别。② 考虑到朱一新在甲午战争前不久去世，他的历史位置就显得耐人寻味。因战后新潮之所以大炽于士林，波荡影响至制度、学问等不同层次之趋新，正是实务利害层面上的旧法不足以自守所诱发。③ 则朱氏此前贬抑异学的卫道之谈，似当沦为迂阔不足道者。

然而在此之后，仍有学者把《答问》视为学习新学之要籍。④

---

① 张淑琼：《晚清广雅学人朱一新的西学视野——以〈无邪堂答问〉为中心》，中山大学博士学位论文，2008年。有趣的是，清《国史儒林传》原稿对朱一新的评论，注意到了他的这些利害论说，然《清史稿》一律删去，只保留对其清流气节的记录，不得不说是政治正确的处理，参《朱一新全集》整理小组整理：《朱一新全集》，上海：上海人民出版社，2017年，第1735~1739页。此部分以下脚注省称《全集》。

② 在反思乾嘉汉学流弊的风气下，不少学者主张理学致用，这是和西化的学术趋新风势并行的潮流。此历史趋势显而易见，近人刘咸炘（1896—1932）就曾点出。然而这种致用、有用的提倡者本身差别也很大，此处所说的徐桐一类，就显然跟下文讨论的朱一新不一样（二人保守程度不一，或主要跟徐之旗人背景有关。程朱官学立场倒是其次。兹不深求）。以上知识参考王一樵：《清代中晚期以来方东树诗文著作的流传及其影响》，《思与言》第59卷第4期，2012年12月。我们也难以设想徐桐这样立场的儒者，会和康有为有频繁、真诚的书信口头交流，甚至向康氏借阅西书、求教新学。(参本章结语)

③ 杨国强：《甲午乙未之际：清流的重起和剧变》，《衰世与西法：晚清中国的旧邦新命和社会脱榫》，北京：中华书局，2014年，第258~307页。

④ 潘光哲：《晚清士人的西学阅读史》（增订版），南京：凤凰出版社，2019年，第129~135页。潘书考察《答问》所涉史地知识及其来源甚详。另参前揭张淑琼：《朱一新〈无邪堂答问〉之成书及其版本流传》文，尤其是第48所引革新守旧的张力极化之际，张人骏（1846—1927）评论《答问》兼通中西又有功于世道人心的话。不过可以发现，进入民国时期之后，《答问》主要以其学术史评论著称，作为经世实务之书的面向愈发不显。

第二章 初澜：朱一新辨正异端的论述

盖因旧学趋新的过程并非一蹴而就，《答问》所整理的西学、史地知识，仍有知识上的参考价值。朱氏身后涌现的《西学书目表》一类致用导向的书籍，确实体现出分门别类学习新知之旨趣，然深入西学、脱离"史学"故宅的程度仍有限。《书目表》作者数年后转而为"新史学"旗手，实非无因。光宣士人求新知的学问门径尚未脱离《答问》太远。再者，历史的新陈代谢并非一蹴而就。朱氏评判新知的结论虽较负面，和此后趋新士人比过于保守，但他之分辨中西、抗拒西化出于理智，且直面分析了他眼中的异学以及流弊所化之异端。在"儒教"国家彻底退场之前，对依然以儒术思考新学的读者来说，这些本于理智的论述可算激发思考的媒介。朱一新辨正异学、异端的论述如旧学之礁岩，观察其碰撞新潮所生波澜，能深化学界对清季新学发展过程的理解。

## 二、正人心

朱一新本程朱理气心性之论，以居敬隆礼为事。其义理论说的基本文献、内涵，已在先行研究中得到过不少讨论。① 其论说相对完整的表述，出现在《答某生》长信中，以批判清代反理学先驱颜元（1635—1704）开头，申说五常德性是实非虚，

---

① 较近的讨论参见丘子杰：《朱一新儒学思想研究》，南昌大学人文学院哲学系硕士学位论文，2021年。朱一新的性理教化立场，当然也能从朱子学中得到参照，感兴趣的读者可再行参考朱子《中庸章句》首句"天命之谓性，率性之谓道，修道之谓教"的注文。

以此为玄虚搁置不讲，则教化制度必流于胥吏法术。① 所以培育学生对性理真实之正见，当然是教学之基本。后学对《西铭》性理有疑、汉学者如阮元（1764—1849）又立异说非议程朱仁学，《答问》皆有针对性之辨正。不仅如此，他还在辨正《新学伪经考》完毕后，另与康有为进行性善天生抑或教化所成的探本之辩。这一过程，正好与《无邪堂答问》中相关条目的写作是相应的。② 考察《答问》的有关文本，可了解朱氏眼中正统、异端之学在心性根本问题上的分界。

三者之间的总纲式答问，和庚寅年八月的"西铭之旨不同于兼爱其殊别安在"试题直接相关。《答问》解说天地生人、同具仁心和礼有等差、人伦殊别的问题道：

---

① 朱一新：《答某生》，《全集》，第1358~1368页。李泽厚（《康有为谭嗣同思想研究》（上海：上海人民出版社，1958年，第87~89页。）和龚鹏程（《龚鹏程讲儒》（北京：东方出版社，2015年，第225~227页。）先后分析过此信，一认为是一味保守礼教、落后时代，一认为有明道之识、不务琐细。二者有相反相成之趣。当然，由《颜氏学记》助推而在清季复苏的颜元之学，还有一种为反满革命者所挪用的可能性（在此可能性中，他和程朱官学的所有批评者，乃至赋权"气质之性""人欲"者，都可以被联络为一谱系）。朱一新是否考虑了这种可能性？从义理上讲是可能的，因为他是官学的拥护者。但这从文本中看不出任何明证，姑存而不论。参王学斌：《颜李学的近代境遇》，北京：商务印书馆，2017年，第77~82页。

② 据前揭吴仰湘《朱一新、康有为辩论〈新学伪经考〉之经过》文，此信是在夏末秋初寄出。而根据广雅书院在庚寅（1890）八月有"西铭之旨不同于兼爱其殊别安在"的试题，辛卯（1891）春季有名为"相人偶解"的试题，辛卯七月有名为"相人偶为仁说"的试题（参廖廷相编：《广雅书院诸生课题》，收入张淑琼：《晚清广雅学人朱一新的西学视野》，第134、137、139页），对应下文将讨论的两条《答问》文本。

第二章 初澜：朱一新辨正异端的论述

> 惟其心中肫然有民胞物与之仁，故欲使之老安少怀，各得其所，即欲立立人、欲达达人之意，所谓能近取譬也……理一者，仁之体也；分殊者，仁之用也。理一即乾父坤母，民胞物与之同出一源也。分殊即亲亲长长，茕独鳏寡之各准其量也。盖《论语》言仁，合体用而言之也。孟子多言用，其言明白易解。《西铭》专言体，则易混于兼爱，故程子亟以理一分殊明之……但其用有等，其施有序，专为博施济众之举，而不知尊高年、慈孤弱之差，则从井救人，势且立蹶。墨氏之兼爱，释氏之慈悲，摩西氏之救世，皆是物也。彼惟误认体为用，故其流弊不可胜穷，孟子与宋儒所以辟之不遗余力。不然，墨氏、释氏皆间世一出之人，其意亦无恶于天下，方将进之不暇，而忍距之如此其严哉！①

本论前两段先后解释了体和用的问题。《西铭》是专言本体，解说人之仁心同出一原的事实。而学生希望了解，这一事实如何不背于日用中的亲疏贵贱差别。进而言之，问题乃是，生活在必然有差等之实际生活中的学者，如何看待《西铭》。所以朱一新的首段回答末尾就说要"能近取譬"，下文更离开《西铭》本身，从为仁之方法、仁心之发用的层面回答问题，指明仁心必验于"各得其所"之人伦分殊。同时，第三段效仿《孟

---

① 朱一新：《无邪堂答问》，《全集》，第158~159页。

子》辨正异说，引入了过去（墨、释）现在（摩西氏）的异端案例（有华夷之见存焉），强调为仁之正道在于遵礼教之等差。最后一段是朱氏得意之谈，《答问》成稿后，他放进和王咏霓（1839—1916）的书信中，并且前面总结说："礼教明而仁在其中矣。"① 还可以注意的是，异端讲异端学术救世，就像"从井救人，势且立蹶"一样，有经验事实的强力佐证，这将在后文得到讨论。

另一方面，"礼教明"有本体上的基础，明此礼教需推扩自心之仁，进而总领孝、悌等日用节目。朱一新在另外的教学答问中告诫学生，不能受汉学前儒毛奇龄（1623—1716）、钱大昕（1728—1804）等误导，认为程朱论体之言是忽视常行、求之空虚。② 试题答问之外，有学生提问佛老之"虚无"和儒学的关系。朱氏认为"虚无"二字本非正学所讳言，人心"虚灵"故有妙用，可以感触世间万般实物（非虚无用，以实触实，未有不激者也）。不宜如某些"近人"一般锻炼字词、讳言"虚灵"义理。③ 在这个词语所关联的汉、宋门户争论中，最可能的"近

---

① 王氏来信主"随处体认，始识得'仁'字"，盖实务家与讲学家有仁智之分也。参《复王子裳同年》，《全集》，第1415页。至于二人是否有交流对西方事务的看法？也是很有趣的问题。暂无文献，亦未见《答问》引用王氏旅西日记，难以推断。

② 朱一新：《答林生鹤年问程子性中无孝悌语，钱竹汀谓极有病》，《全集》，第1431~1432页。参钱大昕：《十驾斋养新录》，上海：上海书店，2004年，第44页。

③ 朱一新：《无邪堂答问》，《全集》，第117~124页。

## 第二章　初澜：朱一新辨正异端的论述

人"无疑是阮元。①

阮元与程朱立异，旨在崇实黜虚以明礼教。他有文献上的根据，以及义理上的各种"先驱"，前述颜元便是其一。阮元后学陈澧虽主汉宋兼采、复宗朱子，但是具体的义理思考仍未尽脱阮氏羁范。广雅书院在辛卯年春季和七月，先后由张之洞（1837—1909）和朱一新本人开出了"相人偶解"、"相人偶为仁说"的试题，可谓是阮学在粤的又一波反动。② 按朱氏以史学优长自视，《答问》辨正阮说的文字也呈现出归类谱系的风格，以阮说为义外之学，与墨子、告子无殊。③ 在这些文字中，尤可注意的一条论据乃是：

> 大、小徐释仁从二为兼爱，必非许君本旨。许君言性宗孟子，岂言仁忽宗墨子？大、小徐之说，宜为王贯山所讥。桂氏《义证》引《春秋元命苞》曰："仁者，情志好生爱人，故其为人以仁其立字，二人为仁。"此似

---

① 如方东树（1772—1851）谈及虚灵不昧时，就针对性地与阮元对垒，参《汉学商兑》，《中国近代思想家文库·方东树卷》，北京：中国人民大学出版社，2015年，第40页。上文批评钱氏而提及毛西河，也未必不受阮、方所激发之氛围的影响，参於梅舫：《学海堂与汉宋学之浙粤递嬗》，第121~128页。

② 阮元的思想需专文研究。对阮说传统根脉的最新讨论，可参杨儒宾：《相偶论与一体论》，《清华学报》第52卷第2期，2022年6月。陈澧的学说可视为一种对阮氏不彻底的反动。需注意的是，朱一新出的试题也有"朱子语类日钞跋"（廖廷相编：《广雅书院诸生课题》，第128页），而《日钞》应是陈澧所作，张之洞亦推崇陈澧。可见广雅学风相对于之前的承继性。

③ 朱一新：《无邪堂答问》，《全集》，第49页。

可证相人偶之说。然既云情志好生，则非专以事言可知矣。①

此文使用王筠（字贯山，1784—1854）《说文释例》的研究结论，反驳阮元核心论点之一的"仁必见于二人相偶之事"，上溯至对于《说文》旧注之辨正。据《释例》，《说文》本文的"从人从二"之"二"是仁"以二为声"，不是以"相人偶"为义。② 可是，该书没有说二徐《说文》旧注里面的"兼爱"二字乃是误宗墨子。朱氏此处的行文，实在有借题发挥，强调阮氏谬误之嫌。此后，《答问》又举出看似对于"相人偶为仁说"有利的证据，提示学者：二人相偶之事（用）跟一人心中之"情志好生"（体）犹如仁之两轮，缺一不可，哪一边出错，都有误入异端的危险。之所以辨正阮元的贤者之过不惜拟为告子、墨子，正是为了防范这一危险。康有为和朱一新就性理之学曾经"剧谈彻夜"，又作长信往来。他清楚地意识到，朱氏的宗旨之一在于性善真理"自告子、荀子之论出，乃始与老、庄、释氏相混"。③ 前述

---

① 朱一新：《无邪堂答问》，《全集》，第48页。引用朱一新这段文字的时候，我已经省去作者夹注。
② 王筠：《说文释例·卷三·以双声字为声》，北京：中国书店，1983年，第126页。
③ 朱一新：《答康长孺论性书》，《全集》，第1118页。康有为：《答朱蓉生先生书》，康有为撰，姜义华、张荣华编校：《康有为全集》第1集，北京：中国人民大学出版社，2007年，第330页。1891年秋初，前述《无邪堂答问》的性理学论说可能已经形成，但康有为信中明言当时尚未读到"大著"。

## 第二章 初澜：朱一新辨正异端的论述

《答问》论"虚无"以为儒者心热，有心成物、立言尚仁。佛老心冷者反是。① 在此前来信中，朱一新固知康氏一腔热血，却告诫其热血转冷、逃世败伦只在一线之间。② 所担忧者，正是讲异学者必几于异端的问题：

> 高明者率其胸臆，遂为异端……庄生之书，足下所见至确，而其言汪洋恣肆，究足误人。凡事不可打通后壁，老、庄、释氏皆打通后壁之书也。愚者既不解，智者则易溺其心志，势不至败弃五常不止，岂老、庄、释氏初意之所及哉？③

这段打通后壁的批评屡见称引，结合语境观其本旨，其后果可说是"不信善性天成，不依现成礼教"。在康有为之前写给朱一新的信件中，没有任何有关《庄子》的批判性论述。但此时二人交谈中已提及孔子改制之问题，从后来完成的《孔子改制考》里面，倒是能看到一些蛛丝马迹。其大意是老庄以不仁之道自全，立言足以败坏教化。④ 虽然康氏始终回归性善论、程

---

① 朱一新：《无邪堂答问》，《全集》，第 121~122 页。
② 朱一新：《复长孺第二书》，《全集》，第 1105~1106 页。
③ 同上注。"至确"之"至"，使用了整理者提供的异文（同页），辞意更达。
④ 此据前称吴仰湘整理的康有为致朱一新第一、第二书而言。《孔子改制考》的论述参《康有为全集》第 3 集，第 170 页："老子之学，藏身甚固，运用甚巧，后世多用之……庄子述老子之学，以攻孔子……其颠倒乎是非，谬悖其议论，只顾一时之安，不恤天下之乱，老氏之祸惨哉！彼固知孔子之改制立教，而故为刺谬者也。"

朱学的正路，但他跟朱氏眼中严格意义上的异端还是有距离的。康有为"打通后壁"之后选择了荀、董之说，不像老、庄、释氏那样要背离礼教。真以性恶立教、任智外求者为西人，其法度如观星制历者，皆无裨于人道伦理。① 从康有为处，朱氏借读了《旧约》、了解了不少西教知识。同时，康有为在疑经时所伴生之"视中西为一辙，混儒释为同源"，要比"打通后壁"更加刺耳。② 盖讲异学者昧于性体、源头有差，或尚未在事用方面有伤礼教，异端则有见诸事实的无穷流毒。面对西教化成的众多异端，《答问》从具体实例出发论说中西得失，俾使学者辨清利害、坚守正见。

## 三、议时务

朱一新不喜魏源（1794—1857）微言大义的经学，而肯定他的史学造诣。③ 后者的史学代表作《海国图志》，包含有不少

---

① 朱一新：《无邪堂答问》，《全集》，第 204~205 页。朱一新评论西人以性恶立教的各种说法，参张淑琼：《晚清广雅学人朱一新的西学视野——以〈无邪堂答问〉为中心》，第 63~64 页。革命士人章太炎早岁倡荀学、作"菌说"，以格致禽兽之法格量人性，老来认为："逮及今兹，则谓道德礼俗皆须合于科学，庸者玩物而丧志，妄者纵欲以败度矣。清末始言变法，好奇者乃并风俗而欲变之……（曾子）误以地为平圆，亦自不害其为曾子。儒何必通天地也！"割圆测天固非儒者所务也，此足与《答问》相发，参上海人民出版社编：《章太炎全集·菿汉昌言》，上海：上海人民出版社，2022 年，第 99~117 页。

② 朱一新：《复康长孺孝廉》，《全集》，第 1419 页。

③ 朱一新：《无邪堂答问》，《全集》，第 32 页。

第二章 初澜：朱一新辨正异端的论述

对于西教的评论①，其"儒教"立场和批判角度都跟《无邪堂答问》的相关论述有些类似。辛卯七月，朱一新开出名为《景教流行中国碑跋》的试题，《答问》附有相应长文，使用了《海国图志》论宗教源流的材料②，论述风格、知识来源都让张尔田有"大旨亦不出前人范围"之观感。③朱氏通读了魏氏未有论及之《旧约》内文，又据江南制造局翻译之《四裔编年表》（1847）确定了摩西成书之时间④，但是他的读后感大旨确实跟魏源相当一致，即不许称天立教：

> 夫天一而已，何上帝如是之纷纷。盖各奉一神，即各自以为上帝，矫诬上天以布命于下，必如是而始便其私计耳。⑤

---

① 参本书第一章。
② 例见朱一新：《无邪堂答问》，《全集》，第91页。试题记录见廖廷相编：《广雅书院诸生课题》，第128页。
③ 张尔田：《庋守斋日记》，《史学年报》第2卷第5期，1938年12月。
④ 对该译著的介绍参邹振寰：《〈四裔编年表〉与晚清中西时间观念的交融》，《近代史研究》2008年第5期。
⑤ 朱一新：《无邪堂答问》，《全集》，第92页。魏源说参《海国图志·天主教考下》，《魏源全集》，第5册，长沙：岳麓书社，2004年，第822页："神天既无形气，无方体，乃降声如德之国，勒石西奈之山，殆甚于赵宋祥符之天书。而摩西一人上山受命，遂传十诫，则西域之王钦若也。……圣人之生，孰非天之所子？耶稣自称神天之子，正犹穆罕默德之号天使，何独此之代天则是，彼之代天则非乎？"

朱一新《三山庙碑》以鬼神奖惩为代天宣化者，深表敬重。① 从该文中敬天敬鬼、崇祀报神的"儒教"立场看，"矫诬上天以布命于下"的西教自有躐等天人之嫌。这当然和西人不识天性、不知敬天是相应的。上引文句之后，《答问》广搜博采，助成一西教中源之叙事："摩西—耶稣—天方/天主"出于释氏、释氏出于中土墨家、杨墨为老子流亚，皆以"师心自用""矫诬上天"为趣。《老子》一书道尽异端学理，杨墨释氏又曲尽其玄妙，然"三代政教未分，礼乐明备"，异说不能酿成异端。中国后人虽为杨墨释氏所惑，但是如西教之粗陋也只能败坏西土，中人不信也。又观史事可知，中土政教分而衰退，西土政教分而进步，更见其教之无益。②《答问》又有小字间注论说西人今日之富强，一成于异端之教还政君民，二成于封建共和，西教无与焉：

> 礼制虽繁，虚文相尚，名虽兼爱，实则为我，故人人各保权利之说近日愈倡愈行。弱者肆其诐张，强者奋其牙角。幸而未底于亡者，各国皆自为世仇，人怀好胜之念，互相猜忌，而猝莫敢先发耳。至其政治之可取者，莫善于兴学校、通下情、省刑罚。然刑罚太宽、下情太嚣，亦复

---

① 《全集》，第1325页。
② 朱一新：《无邪堂答问》，《全集》，第107~110页。先行研究讨论参张淑琼：《晚清广雅学人朱一新的西学视野——以〈无邪堂答问〉为中心》，第55~67页。

第二章 初澜：朱一新辨正异端的论述

利害相半。学校今盛于昔，固为振起人才之本。若下情之通不一端，乡官、议院二事，其大要也。乡官惟封建乃能行之，西国犹多封建之遗，故其法可持而不敝，其他政令亦多有因此而类及者。（若选举、兵制之类，皆是也。日本去封建之世未远，故事亦易行。）即如英、美，赋税之繁苛甲于天下，商贾亦多偷漏（见《环游地球新录》），而税司罕闻中饱，由其乡举里选之法行，（议员皆由公举）恐为公议所不容，将自绝于仕途也……近时法人置君如弈棋，民气愈嚣，国势遂弱，尤其明证。西国如意大利为教王所驻之地，而盗贼最多。法郎西为文学久著之邦，而风俗最靡。独德与俄在西土中犹为俭朴，势乃勃兴。觇国者可思其故矣。①

史学可以排比事实，也可以进而较论利害。相比他对世界宗教源流的附会建构来说，朱氏坐井观天式的时务评论更展现其现实主义色彩的理智。上面描述的西方，是一个封建美俗（公议、上下通气等）跟败伦恶俗（无君父、性恶论、人相敌视之丛林状态）共存的社会，在权力均势中苟且运转。这些风俗现象不光是西教多年感化所成，还反映出跟杨墨异端类似的弊

---

① 朱一新：《无邪堂答问》，《全集》，第 108~109 页。标点有微调。他对《环游地球新录》里面关于税关的记载，有借题发挥之嫌，相关内容参李圭：《环游地球新录》，长沙：湖南人民出版社，1980 年，第 78~79、88~90 页。

病。用朱氏的逻辑分析，这是不识天性、源头有差所必然导致的。根据他掌握的世界知识，朱一新还得出了一条值得注意的结论：在德国和俄国，没有教王、人民分君主大权的现象，所以这两国风俗较好、前景最佳，故不得不说君主制度有其优越性。设若一国秩序仰仗共和、公议，其势必不可久，因风俗已不能葆也。甚至还可以说，一国秩序不能仰仗"有道之君"以外的贤相之流。① 如此推论，中国又如何可以洋务富强为借口，把礼教陶冶之良俗变化为西人有利无义之恶俗？②

不过，问题在于如今有法无礼、阴阳错乱、尊卑倒置的西人成功扰动了中华的统治。这好比诸子之教竟有能力挑战儒宗一般，令人嗟叹。③ 在这些异端国家中间，尤其值得注意的是君主之威尚在、法家风格肃然的今之暴秦俄国。对西夷"觇国观风"，最要做的就是针对俄国、翻译他们进贡的史志文献，而不是从江南制造局的译书中了解其他势不可久的国家，乃至耽溺各色器物之小道。④ 至于崛起中的东邻日本，也迟早要成为俄之

---

① 《答问》中存在这样的观点，专为辨正《明夷待访录》而说，参朱一新：《无邪堂答问》，《全集》，第 23~24 页。这一出题—答辩有其必要性，因在同光士林，有关《待访录》之争论已复不少，参蔡纪风：《〈明夷待访录〉在清代中后期的传抄、阅读和接受》，《船山学刊》2022 年第 1 期。

② 马丁路德为西人中之豪杰，改教更化，进于文明，然西人病根在于风俗。路德不知圣人正教，也难以摆脱，参朱一新：《无邪堂答问》，《全集》，第 108 页。

③ 朱一新：《无邪堂答问》，《全集》，第 243~244 页。

④ 对《无邪堂答问》中防范俄国材料的整理参张淑琼：《晚清广雅学人朱一新的西学视野——以〈无邪堂答问〉为中心》，第 68~87 页。

## 第二章 初澜：朱一新辨正异端的论述

附庸，不足深虑，更不足为强盟。① 和朱氏对德、俄评价类似的王韬（1828—1897）也说过，对于俄国，这是一个"方且世济其凶"的幸运时代。② 当然，虽面对强敌乱世，中人也万不可观西人所得便弃"儒教"而学诸子异端。这个选择，同样可以从实际利害的角度得到证成。在回答新疆是否该修铁路的问题时，朱氏言：

> 西俗以商立国，重商务，故重工务。凡矿工、织工之属，莫不毕力讲求，有是货则有运货之路。商贾之道，在乎争先取利，苟事事居人后，则利为捷足者所得，故必造铁路以期利用焉。欧洲方不过数千里，而有大小数十国错居其间，画界分疆，俨同周制，此国之货销于彼国，则此国得利矣。中国大一统，四海之民皆吾民也，以彼省之货运之此省，楚弓楚得，何利之有……矿苗多在深山穷谷，铁路六通四辟，然后可以取利……西国有议院，其下议院皆民间公举之人，众议佥同，则纠资易集。又俗重商务，其富商即其达官，官与民近，公司之利弊易见，故民乐为之，国亦便之。中国事归官办，民不得与闻。商贾惟利是图，难罔以非其道，苟至溃败决裂，而犹欲其踊跃以从事也，能乎不能？今中国所举以办铁路者非他，乃帑藏之财

---

① 《无邪堂答问》，《全集》，第236页。
② 王韬著，陈玉兰辑校：《弢园尺牍新编》，上海：上海古籍出版社，2020年，第306页。

也。财之出于民者无穷，聚于上者有限，以有限之财，办无穷之事，势必不给……矿政本中国常行之事，（小字：自《周官》后，各史志及通考皆详言之。）西人乃用服洋药之法以采之。却疾而服洋药者，聚数日之力于崇朝；开矿而用机器者，发终古之藏于一旦。菁华既竭，褰裳去之，海涸山枯，虽天地不能给其所欲，更数百年，殆不至天柱折、地维缺不止。彼欲取财于他国，他国则既贫矣；欲取财于山川，山川则既竭矣。天地皆穷，彼安得独富？然则彼之所谓富者，亦恣睢一时之富耳。昔周末文胜，忧世者莫不思返之于质，而卒不能，至七雄而澌灭殆尽，至秦政而扫荡无余。汉兴，乃能斫雕为朴，用黄、老以致治，百年而礼乐兴，汉武乃能黜百家以崇儒术。故夫阴阳消长之机，有小阖辟焉，有大阖辟焉。历数千载而始一阖一辟者，固非旦夕之效也。战国诸子，纷纷藉藉，盖莫不应运而生，为儒教之驱除者也。西夷欲谋人国，则必先之以通商。通商之法，亦服洋药之法也。①

---

① 朱一新：《无邪堂答问》，《全集》，第 294~298 页。此问题试题集中未见，然囊括政经教理诸端，当属在问答完包括新疆形势在内的各种洋务、边事之后，即兴而作。没有证据说明这份长篇回答跟朱、康的交流有关，但是观察戊戌时期康有为的上书当中有关铁路、矿务和兴商业的意见，可以体会到朱氏此处议论对康氏变法意见的批判力度。有关上书文献及分析参茅海建：《论戊戌变法期间康有为、梁启超的政治思想与政策设计》，《中国文化》2017 年第 2 期。

## 第二章 初澜：朱一新辨正异端的论述

　　引文所针对者，其实是广义的修铁路呼声，复因铁路涉及发展交通、促进内地矿产资源开掘，所以兼论矿务、评议西人开发自然之得失。三部分先后对修路的暂时必要性（短期致富）、修路在财政上的可能性和修路的长期必要性（开矿富国）进行讨论。前文提到过，《答问》认为西人有封建遗风，同时以相仇敌对维持均势。引文首部分再次谈到了封建遗风的地理基础，又指出敌对态势和国际通商正是相辅相成，遂笔锋一转，告诉学子这不同于中国大一统的境况。中国各方不争商业之利，修路卖货产生不了价值、利益不到人民。加之地广人稀，修路之后的商业勃兴反而可能会影响人民生计。这是 1884 年，朱一新被革除御史职务前一年，上疏所言之清流"正论"里面已有的观念。① 该疏末尾提出的一条建议也跟引文的第二部分是相应的：西人可依赖商人集资办大事，中国无此习俗不可。引文说"中国事归官办，民不得与闻。商贾惟利是图，难罔以非其道"，该疏文结尾也明言：

　　　　然则此时所当急筹者何在乎？仍不外开采煤铁而已。洋布、绒呢非中土所产，亦当兴机器以织之。斯二者，取天地自然之利，而不碍小民谋生之资。李鸿章皆曾建行，众口沸腾，卒无实效，盖其建议则是，而用人则非也。昔唐刘晏理财用士人，谓其名重于利。李鸿章多用商贾，夫

---

① 朱一新：《敬陈管见疏》，《全集》，第 1055~1057 页。

非以士人拙不足用，而商贾习于夷哉。岂知西俗商与士合，其富商即其巨绅；中国之商贾半多专利利己，而其假开矿以攫民财者，尤商贾中之巨猾也，恶可以西夷之法行诸中国？顾为政者当立法以惩奸，不当因噎而废食，欲祛其弊，莫如择廉干之士以任之。①

此论和《答问》引文第二部分非常相似，不同的侧重在于《答问》引文从西人共和（这自然不适合在疏文中谈）、官民不远的角度谈到了西方商人集资的可行性，而疏文则意在引入任用儒士的政策修正现行洋务用人之弊病。总的来说，儒士本位立场和洋务致用需要在疏文当中有所调和。至于《答问》引文的第三部分，或受现实中愈发激烈的新旧冲突影响，朱氏使用吃西药治标不治本的比喻，明确反对了机器开矿和因之而来的铁路修筑。其文矛头指向西人以通商为手段，把中国纳入商业竞争场的企图。也不妨用朱氏自己的话做一推论：西土异端并非由"体"、而是由事用的层面在摇动中华政教。《答问》之所以讲性理之外特重史学，又向学子反复论说西教、洋务之得失利害，正是有见于此。

从"财之出于民者无穷，聚于上者有限，以有限之财，办无

---

① 朱一新：《敬陈管见疏》，《全集》，第1067页。本段对李鸿章（1823—1901）的批评和盛宣怀（1844—1916）贪墨之事有关，各方奏议所构成的文本语境可参考《李鸿章全集》第10册，合肥：安徽教育出版社，2008年，第563~570页。

## 第二章　初澜：朱一新辨正异端的论述

穷之事，势必不给"来看，朱氏应知隆等差、辨义利的"儒教"国家，现前就是跑不过"官与民近""商贾之道"的西国。另一方面，他也未必不明白让当时政府拥有强大的资源调动权力，就会让政府—社会或者说君—官—民的关系发生同样重大的变革。"儒教"国家届时是否能立，就是未知之数。[①] 所以《答问》引文的第三部分，很无奈地把中胜于西之实效寄托在天运大势之上，不免透出一些消极的意味——"儒教"即使能笑到最后，此前是否也应该有那么一段时间，让各路异端之教在中土得志？[②]

当然，朱一新不会给出肯定的答复。《无邪堂答问》多次掊击异端，与康有为之书信中又极力匡正其异学之倾向，心意可知。在朱氏去世前不久、《答问》辑定之际，他仍谆谆告诫门人汉宋之学同天同功，为学下手处在居敬穷理。[③] 此时，功利、趋新的风势已然强大，但朱氏亦有自信说："诸生幸多就我绳墨，以此为教，庶鲜流弊。"[④] 在他身后，趋新思潮不可避免地愈演愈烈。朱氏被广雅学生誉为砥柱[⑤]，恰好见证了沧海横流之前的初澜。

---

[①] 此问题比较宏大，从历史学角度进行分析还需要做很多工作。最新的讨论可参张泰苏之 *The Ideological Foundations of Qing Taxation Belief Systems, Politics, and Institutions*（NY：Cambridge University Press，2023）.
[②] 《海国图志》里面可以找到一个可资对比的案例，参本书第一章。
[③] 朱一新：《答门人孙慕韩书》，《全集》，第 1129 页。
[④] 朱一新：《答龚菊田刺史书》，《全集》，第 1137~1138 页。
[⑤] 参平远：《义乌朱先生文钞序》，见《义乌朱先生文钞》，光绪二十三年（1897）明善社刻本。

## 四、身后之新潮

论者注意到,在清季的儒学趋新思潮乃至民初的变革儒学思潮当中,那些推进新潮的士人,常是"康、梁影响不了的人物,甚至是反对康、梁的人物"。有此意见殊异又同归趋新的群体,清季士人对儒家政教之理解方有真正意义上的整体革新。①《无邪堂答问》辨正今文疑经异学,将之视为西人造作经典、称天立教之中土翻版,自然是观康氏之学有感而生的。但即便在康学声势浩大的时刻,也有像夏曾佑、张尔田这样的学者,在不苟同康氏、亦不排斥今文的情况下,独立而成统系地发展了不同于朱氏正统儒学论述的学问。② 这还是就学理层面观察新潮之横流,在具体事务方面,延聘朱一新主讲广雅的张之洞成了改变程朱学之制度载体——科举的推动者。在此后的教改过程中,另一位"老成持重"的同龄人吴汝纶(1840—1903)扮演了重要角色。③ 一位文章见长的学人,力

---

① 茅海建:《晚清的思想革命》,《历史的叙述方式》,上海:上海三联书店,2019年,第193~213页。
② 张尔田《日记》开头即不赞同《答问》排斥今文的论说。与此同时,张氏反对怀疑经典,却指出此风始于宋学。张氏认为古人谈体用从不支离心物,却雅重佛学,可见独立力学之儒者即便有朱氏赞同之正论,亦不愿以旧范新,参《孱守斋日记》。
③ 对吴氏的评价来自另外一位老成持重却取法东邻的儒者,参胡玉缙著,吴格整理:《甲辰东游日记》,上海:上海人民出版社,2020年,第146页。无论从任何方面考虑,吴、胡熟稔经史、论学朴实,都不是一般游谈无根的新派。朱氏复活,大概也只能责备二位于义理见得不明、为功利风气所转移。

## 第二章 初澜:朱一新辨正异端的论述

图仿效日本考求新制,改变了自己生长于斯的国文教育土壤。更加激进的案例,来自另一名熟悉洋务的清流士人,"帝党"文廷式(1856—1904)。文氏学出东塾、推崇朱子,史学亦有根底,对孔教之优于外教(包括佛教)的论述也跟《答问》暗合。在戊戌政变以后,他却认为"君政必参以民政","朱子之言最利于君上,而不利于臣民。中国五百年一统之安,朱子有以贻之;中国数百年奴仆之酷,亦朱子有以误之也"。① 这自然与文廷式受佛学影响有关,但也未尝不是时代思潮无可遏制的一种反映。发生在朱氏身后十年之内的变化,包括作为新潮导火索之一的甲午战败,都是他无法预料、亦不乐见的。②

在另一方面,朱一新辨正异学的论述所附着之礼教纲常观念,绝不是轻易可被代谢者。晚于《无邪堂答问》一年刻成的讲义《王志》中固守中华经教、拒斥洋务的论说深可玩味。该书明确把经学跟"治事"严格区分开来,指出治事致用的史学逻辑,本身跟礼教经义不可调和。儒者若不用,就该固守经教,不问外间乱象。从这种更守旧的立场来看,朱一新非要经史新

---

① 参本书第四章。
② 清朝对日作战不利,此后又以师日为是,就已经跟朱氏以日本为不足道的态度直接冲突。光绪末年,主张师法日本者有宋恕(1862—1910),他恰好也曾服膺颜元。盖颜氏排斥宋儒、直追三代封建的风格,跟近代反宋学乃至反儒的变革论者有相应之处。参本书第三章。

旧兼顾，诚属自讨苦吃，非真知前史教训、通晓史学者也。① 至于当时相对较开放之人，据陈寅恪（1890—1969）之回忆可知："南海康先生治今文公羊之学，附会孔子改制以言变法。其与历验世务欲借镜西国以变神州旧法者，本自不同。故先祖先君见义乌朱鼎甫先生一新《无邪堂答问》驳斥南海公羊春秋之说，深以为然。"② 诚然，陈氏父祖不必接受《答问》非议矿务、铁路的有为之言，但揣摩此论本意，陈家当是赞许《答问》所蕴之维新而不失审慎的论政之风，以及其后的儒家立场。故而鼎革以后，新文化运动勃兴之际，陈寅恪仍秉此意旨称许"三纲六纪"所代表之文化理想。③ 此外，陈氏尤称宋儒出入佛老、建立人纪之功，以赵宋为中华文化造极之世。④ 早年好讲汉学之张尔田，老

---

① 王闿运著，马积高主编：《王志》，《湘绮楼诗文集》，长沙：岳麓书社，1996年，第493、514、522页："任其侵陵，随机应付。小有耗损，必不破家。……孔子以浮云比不义，初无厌恶不义之心，而有坐观浮云之乐。汉、宋诸儒自成党祸，其亦不知史学之咎与？……今乃并心于矿政，假使金珠成山，枪炮填海，适足藉寇赉盗耳。世人但惩空疏之谈，若今所谓实事，乃反不如空谈犹为近理。士君子在野不仕进，唯通经明理而已，不必留情于无用之俗事。"

② 陈寅恪：《读吴其昌撰梁启超传书后》，《寒柳堂集》，《陈寅恪集》，北京：生活·读书·新知三联书店，2011年，第167页。陈氏揄扬朱一新之言，严寿澂《经学、史学与经世：朱一新学述》一文发挥尤力。

③ 参彭玉平：《陈寅恪〈王观堂先生挽词并序〉考论》，《文艺研究》2021年第4期。

④ 陈寅恪：《邓广铭宋史职官志考证序》，《金明馆丛稿二编》，北京：生活·读书·新知三联书店，2009年，第277页。

## 第二章 初澜：朱一新辨正异端的论述

来亦有类似见解①，又论中西文化之于国人日用曰：

> 凡人之接受他人之物也，有一先决之条件焉，曰"需要"。需要者，今日缺少某物，则接受某物；他日又缺少某物，则又接受某物。如此则其物方能为我所用。为我所用，则其物方能为我所有。未有倾筐倒箧，不择缓急，浑浑而取之者。倾筐倒箧，不择缓急，浑浑而取，则必非需要也明矣……又试与子一造人之家，除洋凳洋榻一二需用者外，起居服御，应对进退，又何者全是西洋文化……若今人之狂奔于西洋文化也，取外人之所有，而享其现成，且不惜自毁其文化，吾无以名之，名之曰"应付外人"而已矣！一旦飞机大炮失其效用时，必有能证明吾言者。②

此讲演稿作于《无邪堂答问》《王志》成稿五十年之后。经历过"机关枪对打"之"文化虚脱"③，讲辞将"起居服御、应对进退"和"飞机大炮"在效用层面上进行对照，申说"儒教"文化尚有不可去者，犹冥契前贤。匪特民国之保守派陈、

---

① 张尔田：《历史五讲》，孙文阁、张笑川编：《中国近代思想家文库·张尔田、柳诒徵卷》，北京：中国人民大学出版社，2014年，第218~219页。
② 同上注，第214页。
③ 对此思想史现象的概括参徐复观：《吴稚晖先生的思想》，《徐复观全集·论智识分子》，北京：九州出版社，2014年，第156~162页。值得注意的是，在张氏讲说此论以后，成为文化主流的还是"机关枪对打"，虚脱问题没有解决。徐文正是有鉴于此而作。

张有此怀古之幽情,参与革命、批判君主制度不遗余力之熊十力,仍有过清末"如行虚君共和或较好,亦未可知"的犹疑,以及从明史中考求"责任内阁"的尝试。① 盖新潮推进之速,人伦日用、国家大体的真正"需要",虽大智大勇之士也难有定论,至有"少喜临川、老同涑水"之犹疑和形形色色之"古议院考"复现。当新潮涌动之际,《无邪堂答问》对垒康氏等异学,称言:

> 圣贤心热,释老心冷。圣人以成物为心,虽晦盲否塞之时,知其不可而为之,犹天地以生物为心,虽严寒肃杀之时,生机未尝绝也。故圣人之书尚仁,老氏之书尚智。《道德》五千言,莫非教人以取巧之术。后人得其精意,则为沮、溺,为孙、吴;得其糟粕,则为清谈、为乡愿。凡此皆聪明用事之人,其与圣贤之道不啻南辕北辙。盖为圣贤、为忠孝者,皆以愚成其智。②

---

① 熊十力:《读经应取之态度》,《读经示要》,上海:上海古籍出版社,2019年,第219、215页:"(《读通鉴论》)曰预定奕世之规,则主张制定宪法甚明。惜乎清末学人太陋,少有能读船山书者。……如行虚君共和或较好,亦未可知","江陵为一有力之责任内阁,延明祚者数十年,而天下犹恶其无君。"

② 朱一新:《无邪堂答问》,《全集》,第121~122页。此论可与康有为送朱一新读过的一部文稿《阖辟篇》相对照(证据参前揭吴仰湘文所附之《康有为致朱一新第一札》),见《康子内外篇·阖辟篇》,《康有为全集》第1集,第99页:"天下之能立功立事者,惟其热气为之也。凡挟才智艺能之人,其下者,利禄富贵之欲必深,其高者,功名之心必厚,寡有能淡泊者,盖其热盛也……毋冷其热,毋散其气,广开功名之路,吾因招而抚之,一二年而风化成,事功立矣。"

第二章 初澜：朱一新辨正异端的论述

放在与康有为论性的语境中看，引文中"愚成其智"之"愚"毋宁说是为人之诚德。诚者进可用智，退则不失其所守，不至热心转冷，所谓"智及仁守"之仁是也。① 前述《答问》已然默认，中国无法与西国异端在器物技艺和一时之利害上竞争。那么此论进愚退智也不得不说是歪打正着，暗示"儒教"生机在新潮中之保存实有赖于愚者。揆诸史实，唐文治（1865—1954）之教学事功、曹元弼（1867—1953）之著书立言，无不是"知其不可而为之"。朱一新诸卫道之语，可谓悬记"晦盲否塞""严寒肃杀"之前了。

## 五、结语

基于前人在文献整理和思想史研究方面的丰厚积累，本章研究了清季儒者朱一新辨正异学、异端的论述，以求补充、推进学界对于清末民国时期趋新儒学乃至新潮整体的认识。首先，本章梳理朱一新1890年至1891年间辩护儒家性善正论的言说，发现他驳正异学，意在从源头上防范墨子、告子等外仁义于天性的异端。鉴于西教正是此类异端之粗恶者，朱氏从性理角度转移到史事角度，辨析西教所伴随之西政西法，在利害上的弊端如何。本章随后考察了相关论述，发现朱氏之辨析利害，意在表达无君不如有君、中国不能行先利后义之商道等看法。他

---

① 陈澧以"肫恳"助成人心之仁德，与朱氏论"愚"暗合，参陈澧著，黄国声主编：《东塾读书记·论语》，《陈澧集》第2册，上海：上海古籍出版社，2008年，第36~37页。

认为西人处于相互仇视的竞逐状态，苟安于均势而已，中国不能为学西法而牺牲现有的纲纪秩序。然朱氏反复申说之余，亦流露出些许听天由命之消极感，因为中国无法与西方异端在器物技艺和一时之利害上竞争。故而本章转向观察在朱氏身后，"儒教"文化本位主义如何浮沉于学习西法、思想趋新之大潮当中。自新观旧，朱一新辨正异学、异端的论述益显保守乃至冥顽。但其之所以还能在不同学人的思想中窥见相应之声，因近代中国思想文化之新陈代谢，本身就是渐进的，其完成时刻是难以确定的。

在向康有为借阅《旧约》读毕以后，朱一新致函答谢，同时表示不信西人古史。另一方面，信中又说："地球绕日之理，发于歌白尼，成于刻日尔，此中西无异说。而来示有毕他固拉创造之言，果尔则其说为极古。足下博览西书，谅必有所本，乞将原书检赐一览，以扩见闻也。"① 求知之诚可见。② 严峻的辨异立场，不应排斥理智的思考，也容有面向普遍的开放之机。

---

① 朱一新：《复康长孺孝廉》，《全集》，第 1419 页。
② 那时候的清季儒士消化新知，实践上、理论上都有巨大的困难，参邓秉元：《发刊词》，《新经学》第 1 辑，上海：上海人民出版社，2017 年，第 1~2 页："作为知识体系的经学，除乾嘉汉学的考史之外，几乎毫无进展，相较于明末清初尚且远远不足。经学的常道，被限制在僵死的历史语言和精神之中。在这一背景下，尽管常州学派把经世致用的精神恢复，也只能是采取一种近乎妖妄的扭曲形式，并在康有为那里达到顶峰。在晚清，希望这种缭绕汗漫的今文经学，官方那种虚伪乖张的假宋学，以及只是长于考史的古文经学，联合起来消化西方近代两三百年的科学与哲学体系，就像螣蛇吞象。"但，诚意是一切可能的开始。

抵达差异会是人们交流、进步的前一站，为了更好地交流而适当地保守差异，亦非迂固之谈。① 朱氏之论如有可取者，或当由此求之。

---

① 克洛德·列维-施特劳斯著，杨德睿译：《神话与意义》，开封：河南大学出版社，2016年，第33~35页。

# 第三章

# 潮音：戊戌前夜梁启超及其学友的激进趋向

> 八福无闻道乃夷，悠悠谁是应先知？君修苦行甘阿鼻，我亦多生困辟支。——谭嗣同：《酬宋燕生道长见报之作即用原韵》

## 一、引言

影响横跨政、学两界的梁启超（1873—1929）出道甚早，而且早在他于《时务报》馆（1896—1897年中）和湖南时务学堂（1897年末—1898年初）的写作、讲说当中①，政治观点之传播和儒学新义之阐发，就是密不可分的。已有研究者发现，梁启超在1901年撰成《南海康先生传》，对其师康有为（1858—1927）的思想笼罩做了一个非正式的告别。② 换句话说，前述的

---

① 本文中出现的时间判定，参考丁文江、赵丰田编《梁启超年谱长编》（上海：上海人民出版社，1983年）以及周明昭《梁启超与湖南时务学堂研究》（上海：华东师范大学思勉人文高等研究院硕士论文，2021年）。
② 参阅茅海建：《康有为与进化论》，《戊戌时期康有为、梁启超的思想》，北京：生活·读书·新知三联书店，2021年，第165页，及其页下注所引参考文献。

## 第三章　潮音：戊戌前夜梁启超及其学友的激进趋向

思想文献，反映的是梁启超在康学笼罩之下的思想，故而在另一方面也折射了康有为的思想，可用于相关研究。① 由此出发，本文着眼戊戌变法前梁启超及其学友的思想，观察儒学趋新之大势在青年士人中相状，闻新潮波荡之雷音。

康学之"潮音"以心性之学为引，将梁启超从考据旧学中震醒，趋知新学之梗概。② 如对照其师与硕学儒宗朱一新（1846—1894）辩论经术、性理时的把柄在我、腾挪自如，可见梁氏戊戌前的言说是散漫的、宣教式的，这是新学在一位阅世未深的青年才俊身上，所表现出的蔓延之相。蔓延意味着某种无定向的活动，故梁启超在1894年，和同样聪慧、忧时的青年夏曾佑（1863—1924）与谭嗣同（1865—1898）同住论学，就产生出了无穷无尽的新问题。"十次有九次我被穗卿屈服，我们大概总得到意见一致"，也展示了新潮当中流质易变的一脉，跟其中审慎实际的一脉川流不悖的景象。因为意见一致不代表某

---

① 尤其是梁氏在湘参与的湖南时务学堂教学所产生的《湖南时务学堂初集》这组文献。前揭茅海建书，蒋明《从万木草堂到时务学堂的〈四书〉教学》（《学术研究》2022年第3期）以及周明昭《梁启超与湖南时务学堂研究》，都在不同程度上动用了该组文献，重构思想史细节。汤志钧先生整理《梁启超全集》，收入了《初集》中涉及梁启超的部分。本章使用的文献文本，基于周明昭文所附的初步整理版。相关文本内容亦见邓洪波、彭世文二先生整理之《湖南时务学堂遗编》（《千年学府文库》（长沙：湖南大学出版社，2017年），乃《初集》之重印本。比较而言，当以周本为据，相关版本说明参《梁启超与湖南时务学堂研究》，第225~226页。

② 梁氏本年（1890）初虽然购入《瀛寰志略》阅读，然所知浅，参丁文江、赵丰田编：《梁启超年谱长编》，第22~24页。

一方能左右另一方。夏之保守固然不改，梁启超尊奉康学、急于求变的意向也未受动摇。至于还要激烈的谭嗣同，就更不必说了。"左、中、右"的新学青年所达成一致者，是既要法先秦、又要法西人之学问共识。① 这两种趋向，又如何川流不悖？

从后来的历史发展来看，后一种趋向压倒了前一种。② 在某些论者看来，梁、谭当时所讲仁学，在遗忘德性政治、拥抱利益政治的意义上，跟西来的民权思想乃是同调。③ 如果顺流而上，当然可以像朱一新那样，从位于梁氏上游的康学里面，发现仁义外铄、无君无父的种子。④ 但这并不是本文的任务。因为新学青年本身所吸收的新知是驳杂无主的，心中想法又是矛盾多变的。康有为这支劲流的纵向影响，其实很有必要予以淡化。⑤ 本章所务，在于加入康学以外的更多纵横向视角，来展现梁启超及其

---

① 梁启超：《亡友夏穗卿先生》，汤志钧、汤仁泽编：《梁启超全集》第17集，北京：中国人民大学出版社，2018年，第319~323页。

② 罗志田：《能动与受动：道咸新学表现的转折与"冲击/反应"模式》，《近代史研究》2022年第1期。

③ 唐文明：《圣王史识中的绝对民主制时代》，《复旦政治哲学评论》第12辑，上海：上海人民出版社，2020年，第141~161页。此文响应的是张灏（1936—2022）对谭嗣同的重要先行研究，也寄托有批评李泽厚（1930—2021）等此前推崇谭嗣同反叛精神之学者的意味。

④ 例见朱一新：《复长孺第二书》，《答康长孺论性书》，《朱一新全集》整理小组整理：《朱一新全集》，上海：上海人民出版社，2017年，第1105~1106、1118页。分析见本书第二章。

⑤ 较近出版的万兆元之专著，就把谭、梁当时粗具体统的学问大厦看作康学流衍，和康有为本人学说做比较研究，参 Wan Zhaoyuan, *Science and the Confucian Religion of Kang Youwei* (1858—1927): *China before the Conflict Thesis* (Leiden and Boston: Brill, 2021), pp. 96~106. 这样的研究取径，多少覆盖了谭、梁持论的能动性。

## 第三章 潮音：戊戌前夜梁启超及其学友的激进趋向

学友论述中的激进趋新面相。盖因湘中诸人之所以奋力与康门辩诤，正在于后者的激进论说跟湖南乃至全国青年士人的要求存在诸多亲缘性。该种亲缘性能够诱发的思想后果，远出康党所标维新之旨以外。①

本章的重心在梁启超，但引述文本多有非梁氏所作者。为突出梁相关文本中体现的公共性，本章所引《湖南时务学堂初集》材料是师生沟通所产生的文献。② 所以，其中包含有学生的问题、札记，以及同任教习的梁启超同门韩文举（1864—1944）所留批语。在谭嗣同的《仁学》和夏曾佑的同期文字当中，也有为数不少新学内容和梁氏有进、退程度上的差别，足资比较申发。横观诸多论述，上文所悬之着眼点"激进趋新"或可具体到"君权民权"一点上，与此相关的文字，亦是梁氏进呈《变法通议》之际刻意保留的内容。③ 朱次琦（1807—1881）、

---

① 同样趋新的湖南巡抚陈宝箴调阅时务学堂答问、札记，就有改变学堂人事的意思（当然也可以说，是在用"炒鱿鱼"的方式保护梁启超等人），因这些文字的内容，已经站在了现实中大多数"不够新"的人的对立面。参见贾小叶：《戊戌时期学术政治纷争研究：以"康党"为视角》，北京：社会科学文献出版社，以及 2017 年周明昭的先行研究。

② 在前及学者以外，黎汉基在最近研究中也着重对新文献的开发，他精读了梁启超在湖南新政时期的《〈春秋〉界说》原本，探求该稿和康学的紧密关联。（《读〈《春秋》界说〉辨证》，《门户以外：〈春秋〉研究新探》，上海：上海古籍出版社，2020 年，第 73～236 页。）本章力求详人所略，并且侧重观察新学之流而非上讨康学、今文学之源，所以在文献方面，并未利用这些先进充分讨论过的材料，而是选择教学问答材料。

③ 茅海建：《梁启超〈变法通议〉进呈本阅读报告》，《戊戌时期康有为、梁启超的思想》，第 290～292 页。

康有为之学脉，心性、经制一体，内、外两端并重。进而言之，博览群书所获的知识可否致用，裁断一视乎义理。① 论梁启超之激进，不妨从其义理观念说起。

## 二、义理新论

论者指出，梁启超等人在时务学堂期间基于中国经义所言之民权，泛指"民"对政之参与，不含西人学理影响下的主权在民义。② 这一现象又反映两方面事实：首先，《四书》是近世儒学大宗——程朱理学之基本经典，康有为借由西来新学重构《四书》解释体系的尝试，还没有实现由中而西的巨大变革。③ 其次，在当时，宗尚科学、民主的欧人富强文明已是事实，西来政理书籍固然未能植入康、梁的思想，康有为却自所闻"科学"之理推拟出了人事大同公理。④ 在这个时期，由于东西文化交流尚待深入，西学并非直接介入理学或儒学的系统性改变。反之，士人实在西学和西化的影响下，出于现时利害的考虑而推进激烈的儒学新释。⑤ 用理学语言来表述，可说是"功利作

---

① 参蔡乐苏、张勇、王宪明：《戊戌变法史述论稿》，北京：清华大学出版社，2001年，第70~76页。

② 周明昭：《梁启超与湖南时务学堂研究》，第167页。

③ 蒋明：《从万木草堂到时务学堂的〈四书〉教学》，《学术研究》2022年第3期。

④ 茅海建：《论戊戌变法期间康有为、梁启超的政治思想与政策设计》，《戊戌时期康有为、梁启超的思想》，第26页。

⑤ 杨国强：《甲午乙未之际：清流的重起和剧变》，《衰世与西法：晚清中国的旧邦新命和社会脱榫》，北京：中华书局，2014年，第258~307页。

## 第三章 潮音：戊戌前夜梁启超及其学友的激进趋向

用"扰乱了三纲六纪之正理。中人看到了西人的"自由平等"现象，萌发对大同公理、天下公有的想象①，过程不是符合西学学理的。其对于旧学之发展，也大大超出了固有学理之范围，时务学堂师生有讲论儒学义理之言曰：

> 李炳寰问：……然则大同之道，起点于心之一字乎？孟子曰："先王有不忍人之心，斯有不忍人之政，以不忍人之心，行不忍人之政，治天下可运诸掌上。"又曰："恻隐之心，仁之端也。"又曰："是心足以王矣！"是心之所推，其终至大而不可穷，其始必小而不可穷。……
>
> 教习梁批：不忍人之心为仁之起点，仁为大同之起点。仁字推到极满，至于天地一大父母，民吾胞，物吾与，岂非大同之极效乎？然此中条理甚多，须就条理上着想为是。大同二字不过名号，思所以能使世界尽变为大同者，必有实理，非空言也。②

察见不忍之心、存此趋向，即立为仁之志、存养仁人之心。立志养心和读书（格物）穷理，都是时人熟悉的理学教法。在

---

① 孙宝瑄：《〈六斋有韵文集〉序》，胡珠生编：《宋恕集》下册，北京：中华书局，1993年，第1078页："盖自由平等之说流入我华，人人抱大同思想，皆知天下公有，不得私家一家，是以改帝政为共和，其捷且速也若秋风之扫败箨，夫何假先生之言。"这是跟文中所及诸人都有交往者的持平之论。

② 梁启超等：《湖南时务学堂初集》，周明昭：《梁启超与湖南时务学堂研究》附录（以下引用省去出处），第25页。

加盟时务学堂之前，梁启超曾仿照《长兴学记》为《万木草堂小学学记》，列读书穷理于立志养心之后、经世传教之先，颇有深意。① 进言之，穷理就学问而言，在体、用之间；就实践而言，在自治、治人之间。扩充仁心、外推仁行，是梁启超承袭宋明理学的地方。② 而一个人只有在看到了中西交通新变所生的各种条理以后，才会产生不同于前人的，对于"实理"的新认识。时务学堂的一位学生对于《孟子》所论性善之理难以信服③，结合时事和师教，他还提出了"人兽相食是否就是天理"的问题：

> 李洞时问：昨闻梁先生言混沌初开三世递嬗之义，谓西人考草木世后为禽兽畜类之世，禽兽畜类世后，然后人类始盛。信哉斯言也。然不必西人考之也，即今相食之理推而知之，夫今之禽兽畜类何以食草？人何以食禽兽畜类也？意者盛极必衰，泰极必否，天之然也。天厌草木之盛而欲易之，故使禽兽之类食之；天厌禽兽之类之盛而欲易之，故又使人食之，其理然否？
> 
> 教习梁批：此言生人生物之理，指未有制作时而论。

---

① 梁启超：《万木草堂小学学记》，《梁启超全集》第 1 集，第 277~279 页。下文《湖南时务学堂学约》也遵循这一次第，参《梁启超全集》第 1 集，第 294~298 页。
② 梁启超等：《湖南时务学堂初集》，第 73 页。
③ 周明昭：《梁启超与湖南时务学堂研究》，第 149 页。

## 第三章 潮音：戊戌前夜梁启超及其学友的激进趋向

若既生之后，已有制作，则以强吞弱，以大弱小，此又一世界，不得混看。此理西人有《天演论》极发明之。①

论者已发现，梁启超宣讲的三世递嬗之义，并不是顺严译《天演论》之学理而来。② 引文中"此言生人生物之理"指的是三世递嬗进化的总义，当然也包括前面的《孟子》仁学义。区分天之制作先后，判定先天之理是性善，后天之理包括了弱肉强食之不善，其实是一种非常传统的手法。这种调停之论，与其说是为了包容《天演论》义理，不如说是受了《文史通义·原道》的启发，抬升实务之条理相对于经传所示之条理的地位。③ 从引文中的调停看来，梁启超对弱肉强食现象之于儒学的冲击，还不能够给出圆满的响应。在别处的批语里面，梁氏更多是单方面强调发明新学如何能顺应时势、保教保国。④ 这样的论说方式，迫使他和学生不断附会儒书，发明仁心外推所实验之各种条理，也就是从有制作之后的事势变化之中，找到通向世界大同的条理。

---

① 梁启超等：《湖南时务学堂初集》，第35页。
② 茅海建：《康有为与进化论》，《戊戌时期康有为、梁启超的思想》，第165页。
③ 章学诚著，仓修良编：《文史通义新编新注》，杭州：浙江古籍出版社，2005年，第94~95页。
④ 梁启超等：《湖南时务学堂初集》，第58页。梁启超当时保教保国的论说还存有保种的意涵，该类思想具有尖锐的革命气味，前贤如张朋园已有梳理。基于新文献对此激进面相的进一步分析，当留待日后。

受梁启超的教育，学生发现了《公羊》、《孟子》、《礼运》和《西铭》在大同公理认识上面的相通之处，其薄弱的论说基石是"天地所生，非一家之有，有无当相通"一语。① 甚至附会所及，《墨子》之兼爱尚同，也和孔子同义。在孟子有护教攻墨之需，今日讲习大同之理则应尊墨。② 按康学三世之论本身存在小康、大同的区分，教学中又往往模糊二者界限，故常常表现出无礼无君的激进趋向。③ 其流波至于谭嗣同《仁学》，会通之气象尤为廓大：

> 由是张横渠有"太和"之说，王船山有"一圣人死，其气分为众贤人"之说；其在耶，则曰"灵魂"，曰"永生"；在佛，则曰"轮回"，曰"死此生彼"……夫不生不灭之以太，通天地万物人我为一身，复何亲疏之有？亲疏且无，何况于乱？不达乎此，反诋墨学，彼乌知惟兼爱一语为能超出体魄之上而独任灵魂，墨学中之最合以太者也。④

---

① 梁启超等：《湖南时务学堂初集》，第75页。
② 梁启超等：《湖南时务学堂初集》，第102页。
③ 茅海建：《论戊戌变法期间康有为、梁启超的政治思想与政策设计》，《戊戌时期康有为、梁启超的思想》，第41页。康有为早期著作《内外篇》主旨还是讲儒家圣人的礼教制度如何损益人的天性行为、助成文明建设，但他又明确认为兼爱没有错，就带有模棱两可的意味——尤其是跟下文谭嗣同的看法对比。参康有为：《康子内外篇·人我篇》，姜义华、张荣华整理：《康有为全集》第1集，北京：中国人民大学出版社，2007年，第307页。
④ 谭嗣同：《仁学》，汤仁泽编：《中国近代思想家文库·谭嗣同卷》，北京：中国人民大学出版社，2015年，第18、20页。谭嗣同从何处看来"一圣人死，其气分为众贤人"的船山语录？对应的原文是什么？都有待深入考察。

## 第三章 潮音：戊戌前夜梁启超及其学友的激进趋向

谭嗣同《仁学》的本体论基石乃是新知"以太"，此新知用以助成固有的仁心感通之学，建立"天地间亦仁而已矣，无智之可言"的根本立场。① 由新旧混合的立场出发，《仁学》的重要对话对象和论述指向，又主要是当时笼罩在旧学中的儒士和前面所述的大公、大同之境。张、王二氏都是持论森严的儒者，和墨家、佛教保持了严格的距离，但是在谭嗣同笔下，他们都成了"本体不灭、人生不死"的同道。在和朱一新的争辩中，康有为端出受教之民性中有智无仁的论点。其根据在于，人民可教之以利害，难教之以仁义道德。② 用康学语言来讲，这正是以据乱世之弱肉强食言人性。而谭嗣同基于大同世的人我一体立场，得出人性原即同体大公之仁理。两者所言性理，都是理学眼中的异端大偏之见。

新潮鼓荡之下，趋新思想常见不约而同之相。喜欢批判汉后儒学（尤其是程朱之学）的宋恕（1862—1910）自称康梁崛起之际自己的志气已经灰冷，而康梁、谭嗣同不切实际的"惟心论"学说也让他反感。③ 可是在他同期写作的文稿中，还能看

---

① 谭嗣同：《仁学》，《谭嗣同卷》，第9页。
② 康有为：《答朱蓉生先生书》，《康有为全集》第1集，第329~330页。
③ 宋恕：《又致次饶书》（一九〇九年五月八日），《宋恕集》上册，第652页："及南海、新会出现时代，衡之志气已向灰冷，而尚有议论兴。弱冠以前，虽见与南海派离合参半，弱冠以后，极端主张惟物论，与彼派主张惟心论（小字：吾乡孙籀顾先生之哲学亦属惟心论。）益不能合。而当道乃以'彼党'二字见坐，戊戌、庚子间几不免者屡矣！（小字：谭氏《仁学》，惟心派之哲学也，故其大处与衡不合，昔曾与面争屡矣。谭颇能虚心，惜天不假之年也！）"

到跟《仁学》多有契合的内容。① 宋恕主张上探周代儒学，康梁同样以此为事，刻深言之，都以反叛当局文教体制和其后的理学传统为事。同此立场，宋氏"惟心论"所指涉的，更可能是后者不切实际的一面。明言实理而阴寄之以预言，观韩文举批复学生札记可知：

> 虎哥公法分例法、理法二种，亦有深意。公法家云例法，有出于各国会意者，为明许之例法，有出于各国习行者，为默许之例法。二者有不合之处，只以理法为准则，而举以例法焉。虎哥创分为二种，盖已知交涉日广，事故日多，例法必不足，故又为一种理法，以备取则也。亦知公法日变日善，有理法以范之，虽万变皆不能离其吾理法也。此虎哥之巧，亦虎哥之苦心也。②

虎哥指的是 Hugo Grotius（1583—1645），他的议论在时务学堂的教学中屡屡出现，但康门师生并不十分清楚其人其学，梁启超甚至把他分裂为虎哥、果鲁士西亚两人而称。③ 结合梁启

---

① 《佛教起信篇稿》，《宋恕集》上册，第 262~269 页。
② 梁启超等：《湖南时务学堂初集》，第 162~163 页。
③ 梁启超等：《湖南时务学堂初集》，第 14 页。康门对此的知识可能来自传教士著作如《中国古世公法论略》之类。跟此处所引论说把格劳修斯打作两截相比，欧榘甲（1870—1911）却又明白虎哥果鲁士西亚指的是一个而不是两个人的名字，可见其时其党知识形态之无定。欧说参茅海建：《康有为与进化论》，《戊戌时期康有为、梁启超的思想》，第 191 页。

## 第三章 潮音：戊戌前夜梁启超及其学友的激进趋向

超的批语，可知孔子、虎哥的公理之学，具有预言后世事相条理，以及超乎具体条理之上的大同公理。① 宋恕同样偏嗜西方政教思想，但他是否会判断孔子跟西方圣哲同样预言了大同之实现？难以确定，更可能会是以"惟心论"斥之。友人章太炎（1869—1936）跟宋氏都有研究历史的爱好，又因不喜"教主""符命"之说，在戊戌之前就和《时务报》馆中的康门决裂。② 直至日后论学，对于国史不可抹杀、不可造作的红线，也再三致意，其背后的征实精神早在对峙任公一党之时就已表露。③ 反观任公在时务学堂教学中的两条批语，日后臭名昭著的"正史家谱"论已肇其端。④ 盖理事界限之模糊，不但表现为以功利作用论理，也表现为道理先行、以事实就己：

> 有君史，有国史，有民史。西人近专重民史。中国如"九通"之类，可以谓之国史矣。然体裁犹未尽善也。若二

---

① 梁启超等：《湖南时务学堂初集》，第172页。
② 章太炎：《与宋恕》《与谭献三》，马勇编：《章太炎全集·书信集》，上海：上海人民出版社，2017年，第28~31、14页。
③ 刘巍：《"今古文辨义"：康有为、章太炎的经学争议与现代人文学术》，《中国学术之近代命运》，北京：北京师范大学出版社，2013年，第130~154页。
④ 此论著于1901年所作之《中国史叙论》，至晚年（1922）《中国历史研究法》亦未放弃，参《梁启超全集》第2集，第310页；《梁启超全集》第11集，第282页。针对梁启超这种"正史家谱"论的批评甚多，一条著名的批评参见章太炎：《历史之重要》，章念驰编：《章太炎全集·演讲集》，上海：上海人民出版社，2015年，第490页。1933年讲。从太炎的演说可知，"正史家谱"论影响甚广，太炎已不将任公当作靶子，而是对准论点本身批评了。

十四史，则只能谓之廿四家谱耳！无数已往人与骨皆朽化矣，而斤斤记其鸡虫得失，而自夸曰史学、史学！岂不谬哉！

《春秋》一切皆用代数，习于代数者，一望而知为某代数。如"王"字，恒为"公法"二字之代数；"中国""夷狄"，恒为"文明""野蛮"之代数，此七等皆代数之元也。

盍搜历代史汇，记其杀人之数，看某代杀人若干，亦一大奇书也。①

《朱子语类》论及读史，已有先经后史，否则玩物丧志之说。其意固在于批评当时的功利之风，兼以对垒浙学。② 对典制的重视，亦从朱学而来，其中还能看到朱次琦的学脉传承。③ 九通卷帙浩繁，难以阅读。④ 梁启超或有意识，故以"体裁犹未尽善"敷衍过去。然原其史裁眼光，如用代数、观杀人之数等，不免以今人之是非掩史实之探讨，可以煽动士民于一时，但未能真服学人之心。毫不让人意外的是，梁启超和时务学堂师生

---

① 梁启超等：《湖南时务学堂初集》，第114、127、155页。
② 黎靖德编：《朱子语类·吕伯恭》，朱杰人、严佐之、刘永翔编：《朱子全书》第18册，上海：上海古籍出版社；合肥：安徽教育出版社，2010年，第3850~3851页。
③ 蔡乐苏、张勇、王宪明：《戊戌变法史述论稿》，第70~73页；康有为本朱子之论而立圣王变法教化蛮族说，参《教学通义》，《康有为全集》第1集，第49~50页。
④ 张舜徽：《清人文集别录》，武汉：华中师范大学出版社，2004年，第435~436页。

在论及义理实效的时候，也出现了很多迂阔之谈，其后的政教观念更是虚浮不经，非真能致用者。

## 三、政教新论

1897年5月，在前往湖南之前，梁启超有写作《说群》的计划。该书后来未见，观其序言，无疑是有感于君权国不敌民权国而作："独术与独术相遇，犹可以自存，以独术与群术相遇，其亡可翘足而待也。"① 由此，正文残稿之中，出现了很多鼓吹变革的论述，也反映了其师康有为当时尚未公布的激进教谕。前称康门教法，穷理之后当继之以经世传教。群理和群术二者，可以分别对应穷理的学问和经世的学术两段，就当时世界局势来看，传教其实又是经世的先行环节。在李炳寰受韩文举激赏的一则札记中，可以看到这样的话：

> 夫和衷共济，匡救国难，力行仁义，发明圣教，则中国之勃兴可立而待。然先利中国可矣，独利中国则非大同之道也。圆颅方趾、黄白红棕之人，皆戴天履地者也，香、澳、台、澎之民何罪而为奴虏，波澜、印度之人何罪面[而]为鱼肉，越、缅降为附庸，暹、韩贫弱不支。欲视为大同，纳之衽席，固非孔、孟之徒莫能语此。然大同之道与大同之法究何起点？万不至束手无术，徒若耶苏之身钉

---

① 梁启超：《〈说群〉自序》，《梁启超全集》第1集，第196~197页。

十字，释氏之苦行雪山，而终无益于苍生也。①

本段引文末句乃是《大同书》相关内容较早的表述，只是尚未指明代孔孟宣化的当代教主就是康有为。② 引文所反映的传教致治之理想状态，起点是孔孟之教。就其推行过程来看，各国独立受益，但又全都趋向于大同终点的宏观格局。前文提到，《墨子》所言义理含有大同成分。在梁启超看来，美国的例子，证明了《墨子》所示义理在各国独立致治、通向大同的过程中可以起到作用："昔墨子非攻而专言守御，华盛顿兴美以后，定国律不侵占人国，而惟养兵二万以自守，真仁智兼用之大贤哉。"③ 美国非但能证墨学，亦能证孟子所言以德不以力之仁政：

> 观毕战问井田以后更无下文，则滕当时必未尽行孟子之言明矣。行孟子言者谁乎？今日欧美诸国是也。美国远在西半球，而欧洲之民襁负归之；瑞士弹丸黑子之国，而西国凡有大政事皆会议于此焉，所谓为政于天下者非耶！④

---

① 梁启超等：《湖南时务学堂初集》，第63页。
② 《大同书》中的表述，就显然有了舍我其谁之意，参《康有为全集》第7集，第25页。
③ 梁启超等：《湖南时务学堂初集》，第51页。
④ 同上注，第44~45页。

## 第三章 潮音：戊戌前夜梁启超及其学友的激进趋向

严格来说，梁启超并非不承认乱世之中弱肉强食之道的存在①，从前述区分制作先后的答问也能看得出来。但是他教学的主旨，在于说明大同之道和趋于大同的种种条理，确实在丛林世界中发挥作用，故大同一定能够实现。以美国之偏、瑞士之小，顺应作为政治之理体现的公法，就可以成为国际政治的运转中枢所在。引文中的论述，还应该跟康有为对于瑞士弭兵会作用的执着夸饰关联起来看。② 根据梁启超所说，时务学堂的学子应参考《公法会通》注解里面的史事作为理解公法的证据。③ 在韩文举的批点中，可以看到引用《公法会通》卷九十五注解所述史事的教师示范。④《公法会通》的注释是该书作者伯伦知理（Johann Caspar Bluntchli，1808—1881）所加，经由丁韪良

---

① 梁启超等：《湖南时务学堂初集》，第 38 页："《周官》不尽周公所作，多本于《管子》耳。且即使果为周公之书，亦未有守千年之古法，而可以治千年以后之天下者，此安石所以致乱也。商鞅善变，真才士矣。"

② 参考茅海建：《论戊戌变法期间康有为、梁启超的政治思想与政策设计》，《戊戌时期康有为、梁启超的思想》，第 103~104、128 页。康有为在现实层面上的考虑（成为参会代表，争取政治资本），重于在学理上推崇美国瑞士的意图，参茅海建：《康有为与"弭兵会"——兼论翁同龢荐康有为说》，《清史研究》2022 年第 6 期。

③ 梁启超等：《湖南时务学堂初集》，第 151 页："公法家言理者，所以证其何以立此公法也，如《公法会通》之注是也。今日读《春秋》亦当如是，既已明其各条之为公法矣，更深求其何以立此法之理，斯可以大通矣。"

④ 同上注，第 84 页。经查对哈佛燕京图书馆藏 1880 年同文馆译本，相关史事表述全本下文丁译《公法会通》，然未确定梁韩诸人所读版本，不宜在此定论。

(William Alexander Parsons Martin，1827—1916）翻译①，学堂诸人是否能准确理解其中史事和相关人物、制度？又如何以之佐证自己的观点？这大概是非常困难的，而且在更多的时候，他们连这些知识也无暇参考：

> 李炳寰札记：公法后《春秋》数千年，瑞士丁抹等国，法而成大同矣。《春秋》大同之理，与大同之道竟数千年湮没暝晦，无有发明之者，亦自为记事之书害之也。
>
> 教习韩批：近儒又倡为六经皆史之说，尤易惑众而蔑经。谓《春秋》为史，而《春秋》之晦二千年，今谓六经皆史，恐六经尽晦矣！故邪说不可不辨也。②
>
> 张伯良札记：《公羊》多言礼，盖孔子曰"能以礼让为国"，又曰"为国以礼"。礼者，信所以为国也。夫外则为礼，而内之即为仁。横渠张氏礼仪三百、威仪三千，无一物而非仁也，此公法之所以原于性法也。横渠又云："天之生物也有序，物之既形也有秩，知序而后经正，知秩而后礼行。"盖因其先后小大高下之适，然以收道器相资之妙，而推于根天根地，斯乃所以仁物也。因老幼贵贱贤不肖之分，以制为长长尊尊贤贤之节，此所

---

① 傅德元：《丁韪良主持翻译〈公法会通〉新探》，《河北学刊》2008年第2期。梁启超和伯伦知理思想的问题，研究者一般从《清议报》时期讲起，其实这里的蛛丝马迹也有待深入考究。

② 梁启超等：《湖南时务学堂初集》，第65页。

## 第三章　潮音：戊戌前夜梁启超及其学友的激进趋向

以仁人也。即人人往来之道为诸国交际之规，借以平情息事，欲天下无大兵革，此即泰西之礼，乃所以为大仁也。人知泰西礼法划一，而不知人人竭其死力、得其欢心者，其本原固自有在也。

  教习梁批：横渠穷理极精，使生今日，则格致之功，必不让西人。言地质学者，谓万物俱有定例束之，如欲试验何事，必按万物一贯之理为之，差以毫厘，即无所成。近时研精格致，益知极远之恒星亦为比例所辖，故算学、光学、热学、力学、质点学，莫不各有其一定之界说。必明于此，然后可以知天下万物之公理。据公理然后可以制公法也。①

  上引两段师生交流，分别从人事和哲理角度讨论了公法的问题。首段引文中的札记未援引任何具体史事，径言小国瑞士、丹麦因习公法而强，旁观者看来自是一头雾水。察其用意，在于说明《春秋》不仅仅是记事之书。韩文举的批语也证明，李炳寰胪列案例之目的只是佐证《春秋》超越史事、面向万世，证据的真伪是非在所不计。在第二段引文中，《公羊》礼说未得到任何的具体事实性解说，被任意地和张载（1020—1077）之宏大论述勾连到了一起。其后的文字，更显示作者未脱理学之羁范，"公法之所以原于性法"更像

---

① 梁启超等：《湖南时务学堂初集》，第77页。

是"率性之谓道"的一种时髦表述。不仅如此，梁教习的批语也没有建议学生广引事实，而是添油加醋，指出张载的这些论述根植于他的科学知识。科学知识是对天下万物之公理的了解，又是制定公法的根据。这些答问虽然都和西化改革有关，但更多是学堂师生头脑中的西化。① 清季新学的先驱郭嵩焘（1818—1891），曾多次表达泰西文明有本有末、有三代之风，其用意在于说明西人有可学之处。② 但在第二段引文的师生答问当中，旧学理想中的本原、三代和新学理想中的公法、科学，都是空洞无实的。

康梁尝试引领并推动的改革运动，以西方化作为目标。研究者着重观察他们在西学上的重大缺陷，是非常自然的想法。③ 但是二氏的中学之不足，以及此种不足背后轻视事实、"六经注我"（贬义）的态度，对于改革的障碍，跟西学上的问题同样的大。敢于为了致用而"考证辨伪"，非但不能致用，也直接关联

---

① 此处的举证选了师生答问中尤其武断空疏的例子分析，读者可能疑心会有攻其一点、不及其余的问题。实际上，时务学堂教学活动的其它记录中，存在师生广引中西事实，讨论公法、条理的诸多案例。算上那些材料，同样不会影响此处的判断。参茅海建：《戊戌时期康有为"大同三世说"思想的再确认——兼论康有为一派在百日维新前后的政治策略》，《戊戌时期康有为、梁启超的思想》，第205~209页。

② 李欣然：《处变观通：郭嵩焘与近代文明竞争思路的开端》，北京：北京大学出版社，2020年。

③ 茅海建：《论戊戌变法期间康有为、梁启超的政治思想与政策设计》，《戊戌时期康有为、梁启超的思想》，第114~115页。

## 第三章 潮音：戊戌前夜梁启超及其学友的激进趋向

到是否能如实学习西方，甚至能否免于学无定向、无宗主。① 这种风气的杀伤力不可小觑。跟当时的梁启超同样善变，但是更加激越的学友谭嗣同，从不具名的论者（很可能是康门）处得来《论语》亦受窜乱的看法，以佐证"废古学而改今制"的激进孔子形象。② 这是比《周官》作伪说更加刁钻无谓的立论。趋新之思延伸所及，东西古今的宗教名相都为大同之仁理所遮覆：

> 以《公羊传》三世之说衡之，孔最为不幸。孔之时，君子之法度，既已甚密而且繁，所谓伦常礼义，一切束缚钳制之名，既已浸渍于人人之心，而猝不可与革，既已为据乱之世，孔无如之何也。其于微言大义，仅得托诸既（隐）晦之辞……惟佛独幸，其国土本无所称历代神圣之主，及摩西、约翰、禹、汤、文、武、周公之属，琢其天真，漓其本朴，而佛又自为世外出家之人，于世间无所避就，故得毕伸其大同之说于太平之世而为元统也。夫大同之治，不独父其父，不独子其子；父子平等，更何有于君臣？举凡独夫民贼所为一相钳制束缚之名，皆无得而加诸，而佛遂以独高于群教之上。时然也，势不得不然也，要非

---

① 钱穆（1895—1990）拟康廖为考证学中之陆王，明在感叹清代朴学破碎中空、一至于此，未发之意也是不满民初学风之空疏、善变，参《中国近三百年学术史·康长素》，《钱宾四先生全集》第 17 册，台北：联经出版事业股份有限公司，1998 年，第 850~852 页。
② 其人以《述而》本作《默而》，"述而不作，信而好古"乃古学派伪造，参谭嗣同：《仁学》，《谭嗣同卷》，第 25 页。

可以揣测教主之法身也。教主之法身,一而已矣。□□□曰:"三教教主一也,吾拜其一,则皆拜之矣。"①

在本段引文前后的论述中,《仁学》以孔、耶、佛三圣分应《公羊》三世。这比较接近孙宝瑄(1874—1924)在1896年夏私下和梁启超讨论过的一种看法,后者限于师说未及,故终没有接受。② 其实可以视为一种比康学的大同三世说更加普遍化,或者说激进的文明史图景,因其淡化了儒家入世精神和中国政教历史经验的重要性。引文还认为虽然所处治乱不同,各教主所契仁体却无殊别,故有"三教教主一也"的结论。另一方面,历史上变乱孔子教法的荀子之流,乃至东西圣人所历之世间强权,作为晦暗大义的束缚,而今讲明仁学就都该扫荡不顾。中国政教之实际和士人理想的高度脱节,是莫之致而至者。谭嗣同的上述思想,

---

① 谭嗣同:《仁学》,《谭嗣同卷》,第37页。末句引文刻意隐去说者姓名,有保护学友之意。该句语气,近似宋恕(宋平子)。

② 本段日记从《梁任公先生年谱长编稿本》中抄出,旧版《忘山庐日记》没有收录,所以较少受到注意,参中华书局编辑部编,童杨校订:《孙宝瑄日记》,北京:中华书局,2015年,第1378页:"梁卓如过谈,论公羊三统。三统之说无定名,凡事大小精粗皆有三统,如孔子、耶苏、佛,大三统也,而一统之中又有三统,以大包小,可类推也。卓如云,孔子之三统,一曰天子,再曰天,最上曰元,故《春秋》首言元年,春王正月,以元统春,春即天也,以天统王。余谓,书法之意尚未敢决,而按诸大三统宗旨,实不谋而合,所谓天子者,即孔子君主之统也,所谓天者,即耶苏民主之统也,所谓元者,即佛氏无主之统也。孔子以君为天子,而民皆君子,故每以君持教;耶苏谓人人皆天子,悉主于天,君不能主,故以上帝持教;佛谓人皆自主,无主之者,虽天不能主,故以明心悟性持教。其究也,孔子之民属于天子,耶苏之民属于天,佛之民属于元。"

不会是康学、西学或旧学的任何一种所主导发生的。对于上述脱节，须得找到另外的不同案例深入观察其实相。

## 四、新学异调

梁启超、谭嗣同这样的年轻人是流质易变的，而且在同样急变的外界影响之下，可能脑中同时存有几个截然不同的想法。他们笔下的三世、三统之说，用来解释中国之外的各国事实，不可避免地会遭遇种种理论上的问题。为包容、解释外部世界的差异和自家思想世界中的差异，将它们糅合进入中国先圣所启示的政教理想当中，适当的学理创新乃是必要的。梁启超在学堂教学时强调了大小两种三世的概念，小三世指中国由春秋乱世至于大清太平的历史过程，大三世指世界各地乱离之邦共同达到太平国家程度的理想历程。① 暂时未见证据表明这种两三世说是得自康有为，还是任公自己的创造。但是考虑到前述和孙宝瑄的争论，可以推测，这一创新具有肯定普世发展规律之余，也承认中国历史独有价值的意图。这是出于梁启超自己内心的矛盾？还是当时康门回避"保中国不保大清"嫌疑的考虑？② 不得而知。至少跟谭嗣同所转述的一种两三世说相比，任

---

① 梁启超等：《湖南时务学堂初集》，第 78 页。
② 这种质疑在 1898 年中，梁启超离开湖南时务学堂之后，方才正式出现，并且在维新失败后才频繁出现。此处只是挪用为形容词。参八百谷晃义：《晚清"保中国不保大清"说的生成与传播——从文悌严参康有为之事说起》，《台大历史学报》第 68 期，2021 年 12 月。

公的说法是显得拘谨的：

> 吾尝闻□□□之论乾卦矣，于《春秋》三世之义有合也。《易》"兼三才而两之"，故（有）两三世。内卦逆而外卦顺……至于"用九，见群龙无首，吉"，天德不可为首也。又曰"天下治也"，则一切众生，普遍成佛。不惟无教主，乃至无教；不惟无君主，乃至无民主；不惟浑一地球，乃至无地球；不惟统天，乃至无天；夫然后至矣尽矣，蔑以加矣。呜呼！尊教主者，宁教主之愿也哉？有恶劣之众生，而后有神圣之教主，不愿众生之终于恶劣，故亦不愿教主之长为神圣，此推穷治理，必以无教为极致矣。①

引文略去了逆顺三世说的内容论述，其大意是：从草昧开辟到君主国建立阶段，是退化之逆三世，然而有教主兴起和君主强权对垒，在中国为太古到三代；从教主兴起救君主国之乱直到众生解脱无需教主，是进化之顺三世，在中国为孔子至今，尚未走完。这种怪谈接近前引孙宝瑄之论，也能在夏曾佑后来的著作中找到痕迹。②

---

① 谭嗣同：《仁学》，《谭嗣同卷》，第63页。
② 夏曾佑认为，老子就是反对周君专制的教主先驱，孔子继承老子，在破坏旧宗教之余更有创造，参《最新中学教科书·中国历史》，杨琥编：《夏曾佑集》，上海：上海古籍出版社，2011年，第808~829页。人类文明演化经历三世的学说，我们今天最熟知的可能是康门的公羊三世说。但这顺逆三世说，唯独就不太可能来自康门，因为《孔子改制考》直接从顺三世的开端孔子讲起，全不考虑此前黄金古代的存在价值。顺逆三世说具体来自何方？留待专门研究。

## 第三章　潮音：戊戌前夜梁启超及其学友的激进趋向

不仅如此，引文后半部分的"无教"理想，亦契合前揭《大同书》之说，这反映出当时不同的趋新思想呈水乳交融之相。激进所至如谭嗣同，无分中西新旧、出世入世，对符合大同、仁、自由等群理的学说照单全收，中西孔佛之人在他笔下也是相互印证、泯绝畛域。事实来源是否可靠，常常忽略不计。① 对此，有必要观察戊戌前后夏曾佑的言说，他是梁、谭、夏三友中压舱石一般的稳健派。

夏曾佑长期关注中西新知（西学、佛学、子学）。② 除了梁、谭二人，他和前面提到的孙宝瑄、章太炎、宋恕，全都有不浅的交往。上文所说的顺逆三世说所含有的西周专制、教主世主对立观念，在1895年的宋、夏通信中，已由宋恕表达过。③ 从后者回信的诸多措辞来看，当时夏曾佑还颇受《新学伪经考》的影响。其论孔教的特出之处，一在于荀子启秦政焚书之端，

---

① 例如《仁学》对 Henry Olcott（1832—1907）传播佛教、影响世界的称述（《谭嗣同卷》，第49~50页），就很可能辗转听自杨文会，杨或得之南条文雄的陈述（参李四龙：《"阿尔格尔"考：杨文会的弘法理念与国际视野》，《世界宗教研究》2010年第3期。南条的陈述，很大可能是书信形式，了解此事真相还要留待新材料的发现），其曲折程度不亚于前述康门的世界史知识。这恰好又是《仁学》论证世界文明发展最后归宿在佛教的一条重要论据。

② 这方面情况已有扎实的研究可以参考，见梁苍泱：《新学、新眼与近代文人新知识统系的建构——以夏曾佑的阅读记录为中心》，《中华文史论丛》2021年第3期。

③ 宋恕：《致夏穗卿书》，《宋恕集》上册，第526页。鉴于宋恕在谭嗣同写作《仁学》的过程中跟他有过深入沟通，（参杨际开：《清末变法与日本：以宋恕政治思想为中心》，上海：上海古籍出版社，2010年，第83~92页）也可以怀疑顺逆三世说来自宋氏。

一在于"经世之教通于出世之教"。夏氏还非常实效主义地说：只要承认君主民主有循环嬗替之机，所见不同也不妨各行其是。① 这都成为日后《仁学》所吸纳的养分。1897年的时候，宋恕与友人通信，认为夏曾佑归罪荀子是跟康有为批判刘歆一样刻意为异说，但又赞许他是超过康有为的"宗教家"。② 当年，夏曾佑执笔《国闻报》，连载雄文《本馆附印说部缘起》，可证此誉不诬。

《本馆附印说部缘起》解释小说之于社会的价值，视之为记载英雄事业、帝王教主的正经正史之材料来源。这一地位至少有两大意义：其一是在政权、史权遭到控制的情况下，为文化界争取新的空间；其二是让读书人能在史外之史、史前之史的新空间里面，探索政教改良的事实基础。在该篇长文中，夏曾佑模拟龚自珍（1792—1841）《胎观》③，陈述了"天生人，生英雄，生帝王教主"的历史过程，题目宏阔庞大而行文有条不紊。④ 当时好龚文者甚多，然精巧神似如夏曾佑此文者绝属罕靓。宋恕以"开门见山"、"分风擘流"和"深林独啸"形容梁启超、夏曾佑、章太炎三人的文风。⑤ 如说梁文以直截胜，章文

---

① 夏曾佑：《致宋恕书》，《夏曾佑集》，第445页。
② 宋恕：《致王六潭书》，《宋恕集》上册，第567页。
③ 参龚自珍：《壬癸之际胎观第一》，王佩铮编：《龚自珍全集》，上海：上海人民出版社，1975年，第12~13页。
④ 夏曾佑：《本馆附印说部缘起》（1897年11月10日、11月13日、12月8日至11日），《夏曾佑集》，第20~23页。
⑤ 宋恕：《与陈介石书》，《宋恕集》上册，第612页。

## 第三章 潮音：戊戌前夜梁启超及其学友的激进趋向

以幽远胜，那么夏文无疑是以其识断理趣胜。《缘起》职在说明，稍显拖沓。1898年刊出的《论近代政教之原》一文，更见夏曾佑文思的特点和魅力。

此文同样存在模拟前揭《胎观》的内容，而且是夏曾佑给汪康年（1860—1911）《时务报》的唯一一篇文章。文后附有编者附语一段，"性恶""公理"等表述富于康学风味，亦相当精彩。考虑到梁启超此时已经跟汪康年交恶，脱离报馆编写工作，这段附语的出现就显得比较特殊。可以认为，这是出自康门如梁启超之手，经夏曾佑、汪康年默许而附在文后的重要参证。①以下用省略号区别夏氏正文和编者附语，二者合观，益显"分风擘流"和"开门见山"之同归与殊途：

> 有鬼神魂魄与上帝矣，有豪杰出，明鬼神之情状，辨魂魄之行受，阐上帝之意旨，以为此出于天而传于民，是之谓教。创教之人谓之圣，纪教之书谓之经，文之于事谓之典礼。天下之民，其言与行合乎教旨者，谓之善，谓之贤智；其言与行不合乎教旨者，谓之恶，谓之愚不肖。凡为善者，必设一境以乐之；为恶者，必设一境以苦之。如是者在上操之，谓之刑赏；

---

① 廖梅：《汪康年：从民权论到文化保守主义》，上海：上海古籍出版社，2001年，第83~91页。汪康年受到康门思想感化、虽然合作破裂但也加上这段附语的可能性，并不是很大。笔者推测这段按语仍是梁启超所加，因为夏氏在致信汪康年谈到自己这篇文章的时候，专门提到了梁启超来天津却未克成行的事情，参上海图书馆编：《汪康年师友书札》，上海：上海书店出版社，2016年，第1201页。

在下受之，谓之荣辱。是非明矣，政体立矣，群可以保矣。蚩蚩之氓，饮食男女生老病死于其间，未尝不可图数千年之温饱，始则安之，继则忘之，以为天地之大、古今之通，尽于是而已矣，不如是者放而黜之可矣。夫如是，故旧俗不能即去，而新智无自渐加，逐渐凌夷，遂不若古；及其不若，信古愈坚。当此之时，使此一种之人，不与别种相通，而自为其风气，犹可苟且旦夕耳，设与别种遇，未有不大败坏者也。夫以人心之灵，何以致未败而不思防，既败而不自悟哉？则因守其旧俗，以为此天理之自然，而不复上讨其根源，下穷其究竟也……政教相依而行，秦法依于性恶，斯言也，殆信而有征矣。大抵人类之递嬗，治乱万端，蔽以二途：曰公理，曰私智而已。奋于公理则安，竞于私智则危；奋于公理则强，竞于私智则弱。今举亿兆之众，竞逐于私智，其弱且危也。宜哉！故外人之论中国者，曰：号曰一统，犹万族也；号曰兆民，皆独夫也。私智之害至此，而莫之或悟。寻某君之言，庶几回公理于销亡之后，由教术而政术，化危弱而安强者，将在此乎。①

本文的主旨在于批评君主政治，和前述"独术与群术相遇，

---

① 夏曾佑：《论近代政教之原》（1898年6月9日），《夏曾佑集》，第30、32页。编者附语的文风，可对比梁启超：《〈说群〉自序》（1897年5月12日），《说群一·群理一》（1897年5月17日），《梁启超全集》第1集，第196、199页。《时务报》第63册，光绪二十四年四月二十一日（1898年6月9日）署名"某君来稿"。

## 第三章 潮音：戊戌前夜梁启超及其学友的激进趋向

其亡可翘足而待"之论一致。文章的另外部分，点明中国人之灵明现下为秦法所困，故抉出近代政教的荀学秦法之原。同时由荀、秦上溯，又可见引文中所述的原中之原。附语作者读后为之振奋，判断此文能够"回公理于销亡之后"。仔细看来，两位君主制批判者的立场可通，思路却未必一致。夏氏的论述一本于实际，在旧教致治之时，何尝没有天理存在？何尝不可图数千年之温饱？但他又说：此理是在政教多年化育以后所生，而政教又是豪杰因治民之需所设。从具体需要来看，不管是愚昧信古，还是民权衰弱，皆有存在于据乱世界的道理。这是从公理返回常识的论说，不是复见公理以指导经验的主义。行文亦细密，无怪乎受"惟物论"者宋恕称许，又让梁启超"十次有九次被屈服"。

梁、夏在争论中达成了反对"独术"的一致立场，后者对荀子、秦政的厌恶可能也主要由此而生——毕竟上面对政教起源的考察，和《荀子》是如此相似①，最大的不同是在看问题的立场上面。在戊戌前夜，夏曾佑和梁启超，以及"孔教"观、西学观非常不同于康门的严复都有连续的交谈。和任公"谈不相契"。② 在立场一致的前提下，他此时对任公的激进倾向有什么

---

① 荀子原著，杨倞注，王先谦集解：《荀子集解·王制篇第九》，济南：山东友谊出版社，1994年，第313~350页。尤其是本篇中段，有关人何以能群、何以超过动物，群何以需要君主、君主何为的论述。

② 夏曾佑：《日记》，《夏曾佑集》，第708页。根据蔡元培（1868—1940）的转述，夏氏本来跟康有为一样主张保教，受到严复天演论学说的影响后，转为攻教以保国，参蔡元培：《孔子生日纪念会演说辞》，《政艺通报》1904年第18号。蔡氏的看法，也许简化了夏氏转变的动因。

具体的不满？已无法考见。① 现有文献显示，在停置科举制度可能导致"寒门不幸，谋生无路"的问题上，戊戌时期的梁、夏二人不约而同地表现出来过相当的乐观态度，主张速速改革。② 但是，这已经是夏曾佑最为激进的时刻。庚子事变之后，他在和汪康年的通信中称：

> 所恶于守旧者，为其所持之术，不适于世也。而稗贩西学之人，其术仍不适于世，则亦一守旧耳。（小字：有人作答南皮文中，深言"自主"一条，南皮之言固陋矣，而答文又何其客气。③ 盖"自主"二字，为欧洲自希腊、罗马以来所争于政界上之一关键，而中国则绝不以此为关键也。

---

① 只鳞片爪参见夏曾佑：《论变法不宜操切》，《夏曾佑集》，第38页。

② 梁启超等：《湖南时务学堂初集》，第33页；夏曾佑：《论八股存亡之关系》，《夏曾佑集》，第35页："因各处学堂尚未大兴，故先改科举．与天下更始，数年之后，学堂林立，人材蔚起，取人之法，必将再变……而以中国今日所欲变之法观之，则强半起于中古，并非与教规相涉。而自古为然也，且正所以障教者焉。"夏氏此处持论颇勇，反而近似任公。联系下文可知，戊戌到辛丑之间的变化影响了他对于变革的积极态度。

③ 这指的是张之洞（1837—1909）1900年9月写定，分咨各省及出使各国公使的《劝戒上海国会及出洋学生文》。参吴剑杰编著：《张之洞年谱长编》，上海：上海交通大学出版社，2009年，第648~649页。兹录张文关键语句如下："检阅来往逆信，其持论宗旨无非袭康、梁唾余，曰人人有自主之权，曰不受朝廷压力，曰流血以成大事。"夏信中答复张文的新派，具体所指推测是沈翔云（1888—1913），其答复见《复张之洞书》，张枬、王忍之编：《辛亥革命前十年间时论选集》第1卷，北京：生活·读书·新知三联书店，1960年，第769页。原夏氏之见，一方面觉得沈文对于张之洞的武断粗暴还回以理性分析，实在太客气；另一方面，又觉得沈文抬高了自主问题对于中国政治前景的积极意义，不可取。

## 第三章 潮音：戊戌前夜梁启超及其学友的激进趋向

即"变法须流血"一语，与中国形势亦毫不切，阅世深者，自能知之。今有一语总括之曰：万国人之性情，即其祖宗所经历之事之见效，若欲使之为性情本无之事，则必不成就。）然而恶果实维康、梁创之，不得不谓之谬种也。和议既成，当有小变化。我等总以二面均绝不与闻为长策耳。①

"变法须流血"一语不必出于康梁之笔，但在梁、谭的好友夏氏看来，祸根确已伏于二氏所舞新潮之中——他竟同意了张之洞的武断评论。言自主不惜流血，主保国保教不顾时势，至有辛丑之事。此时的夏曾佑判断，中国民智三百年内不能开，民主亦无望。汪康年开时务报馆助成任公的新潮闻人事业，等于是坏了他读书成学的正路。② 论者分析庚子辛丑之际夏曾佑等士人的言论以为："士出于救国之忧，有许多方案，而终无可避讳的，是与民的隔阂。"③ 其时推进自改革如立宪，已经显得太迟。而此后不过数年，趋新儒士如国粹派诸人兴起，继之以鼎革，不至流血而不已。④ 所谓"我等总以二面均绝不与闻为长

---

① 夏曾佑：《致汪康年书·六十》，《夏曾佑集》，第474页。此函下文称叶瀚（板鸭）在辛丑之际处境窘迫，未详所指，留待高明发覆。
② 夏曾佑：《致汪康年书·六十六》，《夏曾佑集》，第477页。
③ 戴海斌：《庚辛之际趋新士人的时局因应——偏于"言"的部分》，《新史学》第27卷第4期，2016年12月。
④ 甚至流血也不是一朝一夕之事，此乃章太炎《对二宋》所感叹的一段历史，参上海人民出版社编，朱维铮点校：《章太炎全集·〈訄书〉初刻本、〈訄书〉重订本、检论》，上海：上海人民出版社，2014年，第612~617页。

策",正十余年间新潮波荡下,士心无归而退藏于密之表现。①

## 五、结语

戊戌前夜的梁启超参与了强学会、《时务报》和湖南时务学堂的活动,已成为士林之闻人,是相关趋新思潮的重要推手之一。他的思想主要来自其师康有为的传授,但是在具体的活动,以及跟不同年龄读书人的交流当中,呈现出了不同的流动相貌。跳出康—梁干流观察梁氏及其周边的思想状态,可以看到这个时期趋新儒学愈发激进而又虚浮无根的状况。根据湖南时务学堂的相关文献,结合梁氏学友谭嗣同、夏曾佑、宋恕的作品、言说,本章试探了上述状态。时务学堂的教学以理学为义理背景,却有意以公理、实理文饰对自家眼中的实效之追求,进而表现为道理先行、以事实就己。由此,他们相关论述中的理想之政教状态,是中西思想资源的颟顸调和。其中西学是浅薄失真的,中学是服务于变政治、张民权意图,可随意阐发、黜置的。和梁启超相熟的讲友谭嗣同与夏曾佑,从激进、稳健两个角度跟他形成对照,呈现出趋新思潮固有的一种流动肌理。诸位后劲的学思,在康学、西学、儒学、佛学等大小先河的笼罩

---

① 如果说此时的夏氏只是求一息之安,那么梁启超所见以醇酒自戕者,就近乎自为棺椁、寝眠待化者,参顾颉刚:《夏曾佑》,《顾颉刚全集·顾颉刚读书笔记》第13卷,北京:中华书局,2011年,第186页:"至一九二一年,予在北大研究所国学门工作,开会时始识其人,则携一酒瓶自随,每历数分钟辄饮一口,终席未发言,知其人已精神颓唐,不可能有任何新著作矣。"

## 第三章 潮音：戊戌前夜梁启超及其学友的激进趋向

之下，呈现出不同程度的批判君主制、反思理学的激进趋向。

在大小三世之外，梁启超还有横竖三世的表述曰"竖三世者，日日所言者是也；横三世者，如今日阿州，方为据乱，而欧洲已升平，美洲已近太平是也"①，更能反映他当时崇西蔑中的思想底座。② 清季青年以讲学寄托改制，和他们时常谈论的龚自珍、章学诚、颜元（1635—1704）和黄宗羲（1610—1695）等前贤已经不同。③ 不但能托周改制，还能称西改制。④ 由此，改变的标准是更难了解的，也是浮动不定的。思想脱出故宅之速超过绝大多数人预料，戊戌之后旧派的反扑足够猛烈，却只是昙花一现。下一个二十年，乃是新旧诸人都感到"两头不到

---

① 梁启超等：《湖南时务学堂初集》，第167页。
② 题外话：晚清另一有影响的横竖三世论是净土宗信徒魏源（1794—1857）提出的，意在说明念佛往生的横出三界，比起坐禅修观的竖出三界要简易有效，参本书第一章。如此来看横竖三世，几乎有了鼓动听众移民美国的意味。
③ 这一传统当专门研究，初步讨论参钱穆：《中国近三百年学术史·自序》，《钱宾四先生全集》第16册，第15~17页。
④ 李蕾论当时变法（Changing Referents，取义甚有巧思）有锐评曰："此时主张变法者所慕西学的相貌，已深嵌入思想与实践的联动体系之中。早先的托西法中源以改制之见虽也能触及这一实践关切，然此时的士人更有待留心那些正迫使中国宗主泰西的物质、社会因素。"(The "Western Learning" they aspired to grasp now appeared deeply implicated in larger systems of thought and practice, an insight suggested by the earlier claim about origins but one that required more sustained attention to the material and social conditions underlying China's continued global subordination.) See Leigh Jenco, "Why Learning from Others Is Political, Not (Only) Epistemological Arguments for 'Changing Referents' (*Bianfa*)", in Jenco, *Changing Referents: Learning Across Space and Time in China and the West* (NY: Oxford University Press, 2015), p. 92.

岸"的、漫长的过渡时代。① 日后重访程朱理学者回顾当年史事，归狱龚、魏与《时务报》，不为无见②，然亦不能据后见之明申说"本该如何"才能到岸。"渡水不知身是影，量沙真见海成田"③，途中冷暖变化之利害权衡、神州众人之思想光谱，后来人固不易测知，身在其中者同样难晓。④ 在本章所及新派诸子之外，在前之朱一新，同期之《翼教丛编》守旧学人，在后之国粹派革命学人，都是此后研究的重要对象。

---

① 杨国强：《两头不到岸：二十世纪初年中国的社会、政治和文化》，香港：香港中文大学出版社，2023年，第 i-xxix 页。观此文论述，可知漫长的过渡时代，也是梁启超在1902年的感受。他是否知道友人夏氏觉得他传播了谬种？抑或已有相应之悔意？殊难了解。

② 马一浮：《致沈敬仲》，《马一浮全集》第2册，杭州：浙江古籍出版社，2013年，第566~567页；《黄仲弢丁酉湖北乡试元墨改本跋》，《马一浮全集》第2册，第75页。

③ 马一浮：《灯夜后作》，《马一浮全集》第3册，第231页："远树江村散晓烟，来云去梦自年年。已从空谷逃人外，尚觉春光在眼前。渡水不知身是影，量沙真见海成田。华镫羯鼓忽忽过，后夜明窗月半弦。"

④ 荀子、秦法、独术，到底打倒没有呢？甚是难言。《亡友夏穗卿先生》所记"酒酣掷杯起，跌宕笑相视。颇谓宙合间，只此足欢喜"，是趋新学友"精神解放后所得"的乐与痴，参梁启超：《亡友夏穗卿先生》，《梁启超全集》第17集，第320页。

# 第四章

# 变调：论文廷式之政教说

> 岛夷史读《吾妻镜》，清庙书传《我子篇》。写取君诗图我壁，自夸上下五千年。——黄遵宪：《岁暮怀人诗·文芸阁编修》

## 一、引言

萍乡文廷式（1856—1904）以词人而为学人，并与晚清甲午—庚子时期（1894—1900）的政局变动关系颇大。① 其人虽享寿不长，然遗文之富、涉及之广，都令人侧目。或以为杂家，或以为是"菲薄儒术之流"，或以为是"博学无所

---

① 参文廷式著，汪叔子编：《文廷式集（增订本）》（本章以下省称《文集》，并省略作者名字以及册数，仅标页码。），北京：中华书局，2018年，第2012~2013页。文氏生平参同前引，汪叔子《文廷式传略》，第1929~1939页。文廷式在政局当中的重要性，尤其和他甲午前后的活动有关，参汪叔子：《文廷式年表稿》，《文集》附录，第1954~1963页。他本人也特重记录政治内幕，如《文集》第三册之《志林》的内容。史料文献生产者的身份，使文廷式在政治史研究中的位置更加重要。

成名"而独精史学的儒者。① 也许正因文氏著书博涉多方,加之遗稿数量不少、整理程度不高②,对其学术思想的研究尤显薄弱。③ 鉴于近年推出的《文廷式集(增补本)》《文廷式年谱长编》极大改善了文献的利用条件,结合《纯常子枝语》,本章尝

---

① 文廷式:《文集》,第 2013、2005 页;沈曾植著,钱仲联编校:《海日楼文集》,广州:广东教育出版社,2019 年,第 211 页。钱仲联称许文氏乃《淮南》《吕览》式的杂家,非务博无根者,然依文廷式所言,此类杂家亦有所本,如《淮南子》当入道家。参赵铁寒编:《纯常子枝语》,《文芸阁(廷式)先生全集》(后文省称《枝语》,并以随文注标示引用页数,不另出注),台北:文海出版社,1975 年。本文取沈氏意见,将文氏视为儒家。

② 文廷式博览中西新旧,撰作多下己意,他的遗文多为如《枝语》一类有待整理的笔记。后来早逝的学者刘咸炘的遗稿也有这种特点。但刘咸炘的遗稿有其家人整理为《推十书》,后辈增补标点为《推十书增补全本》,其思想统系经脉明晰易知。文氏则不然,他的心血之作《纯常子枝语》在去世近四十年后才由汪兆铭出资刻印,且未能忠实于稿本(今流传较广的续四库本和广陵书社本皆本此,本文写作因而依据文海影印的稿本)。赵铁寒先生编纂的《文芸阁先生全集》,以聚拢、披露文献为主,少整理系年之功。参文廷式:《文集》,第 1898~1901、1914~1915 页。可以说,是汪叔子先生增补推出的《文廷式集》决定性地改善了文献上的困难。整理《文廷式诗词集》的陆有富先生所编《文廷式年谱长编》更是解决了许多文字的系年问题,见陆有富:《文廷式年谱长编》,北京:中华书局,2020 年。本章所用文献系年基本根据二位先进的研究成果,文氏 1896—1899 年的行迹,则以戴海斌考述为准,不一一注出,参戴海斌:《文廷式晚年行迹考述——从丙申到己亥(1896—1899)》,《史林》2019 年第 5 期。

③ 例如王煜、胡迎建的短篇论文,只能算是简短的评介,后文参阅价值更大,然仍嫌疏浅。王煜:《清代江西儒学:李绂与文廷式》,《书目季刊》1989 年第 4 期;胡迎建:《文廷式政治思想与学术成就述评》,《江西师范大学学报(哲学社会科学版)》2010 年第 3 期。钱钟书对《纯常子枝语》体会颇深、称引亦多,但他属于"接著讲",并未对文氏做思想史研究。参孙甲智:《钱钟书读〈纯常子枝语〉:笔记与征引辑录》,《萍乡学院学报》2018 年第 2 期。

## 第四章 变调：论文廷式之政教说

试从文氏政教论说的角度，探讨其人学思的义理构造和历史意义。

粗略地说，政、教对言，分主一国法制纲纪、风俗道德，对应今日所说的政治、宗教。中国的儒释道三教与外国诸教也可以放到宗教范畴内互相比较，这是包括文廷式在内的众多熏习"二西之学"的新派学人所共有的看法。① 从政教说的角度看文氏之学，能在横向上联系更多学人的思考，适于观察一时之风气。另文氏论政教，尤许中国教不离政、教不远人的实用、人本特质。他认为一般而言，"政治家当言赏罚，宗教家则言吉凶"（《枝语》，第1351页），然孔子侧重赏罚，寄志《春秋》。盖因"立教者不言前知，不足动天下之耳目；而既言前知，则适以愚天下之耳目"（《枝语》，第670页），"预揣不可知之事"终无裨治道。文廷式以此进退世界百家之言，探求诸教统系，折中于中国之教，又以出世之佛教济治世政教之未及，将自己的义理观念充分呈示。另一方面，他的政教说与康有为（1858—1927）同期，上承魏源（1794—1857）、王韬（1828—

---

① "二西之学"指佛学和西方新学，是钱先生《谈艺录》的提法。康有为不待言，表彰其孔教思想的论著很多，例如唐文明：《敷教在宽》，北京：中国人民大学出版社，2012年。在康有为来到北京之前的新派学人里面，文廷式、黄绍箕、陈炽、沈曾植无不有将儒教与世界别教对比看待的说法，新派学人名单参张元济：《戊戌政变的回忆》，《张元济全集》第5卷，北京：商务印书馆，2008年，第232页。另外黄遵宪、夏曾佑、张尔田等年齿不同的学人，皆对儒教之为教有深入讨论，见本书前三章所论。

1897）之宗教源流说，下接章太炎（1869—1936）之五乘判教说①，在近代思想史上颇具意义。

文氏学思受旧学滋养，亦面向新学而不断扩张——《纯常子枝语》的创作始于1892年，至晚年尚未写定。② 研究文氏思想的表达、变化，不妨以撰写时间较确定之文本为主，辅以《纯常子枝语》等创作时间浮动的文本。在近代诸多日记、文话

---

① 魏源的相关议论见魏源著，魏源全集编辑委员会编校：《魏源全集》第7册，长沙：岳麓书社，2004年，第1787页。王韬专门抄录过《海国图志》的相关部分，参王韬：《弢园文录外编》，上海：上海书店出版社，2002年，第172~173页。相关的研究可参本书第一章。章太炎此处所言五乘判教观念的一个体现，参见章念驰编订：《章太炎全集·演讲集》，《在槟城极乐寺演讲佛法平等》（1916年11月11日），上海：上海人民出版社，2015年，第235~236页。必须说明的是，这反映的还是辛亥前后章太炎博采东西华梵思想的状态。他在戊戌前后开始消化欧、日新知，钻研佛典，和文廷式、宋恕、夏曾佑诸位接受新学的士人相比，研究和思考要更加严肃而且深入。但在此年以后，面对新潮给传统社会制度、道德观念带来的冲击，以及长期无法走向秩序的国内政局，太炎选择悬置从认识真谛的角度分判诸教之尝试，著力弘扬固有礼教、保护道德常识，这种退守儒教的姿态跟后文所说的文廷式晚年之儒学观念异同何在？个案研究可参彭春凌：《人兽之辨的越洋递演：从沃德、岸本能武太到章太炎》，《清华大学学报（哲学社会科学版）》2021年第2期。

② 《枝语》之撰作，一开始就和文廷式对佛书的阅读是共时的，参文廷式：《文集》，第976页。1894年4月12日。至文廷式去世之前，他还以宗教类条目示以老友陈三立，参陈三立著，李开军整理：《文芸阁学士同年挽词六首其五》，《散原精舍诗文集》，上海：上海古籍出版社，2014年，第132页。尚未写定的《枝语》条目，存在"以中摄西"的明确意图。《枝语》如果成书，应该也是往此方向整合而成，参文廷式：《文集》，第1400~1406页。前注提到，《纯常子枝语》的刊行很有些坎坷。虽然该书之存在为人所知，但具体内容并未在文人小圈子之外流传开、起影响。如陈三立此处虽然看了部分条目，但不见得很相契，惟作诗漫应之。

第四章　变调：论文廷式之政教说

类文献中，文廷式频繁出场。不过这些材料多属零散掌故，研究当中仍需以上述文氏著述为主，以零散材料为辅助。以下先从文廷式受学陈澧（1810—1882）之经历讲起，观察文氏根柢儒术、侧重史学的学风如何形成。

## 二、渊源

（一）史法与儒术

文廷式风光无限的士人生涯，始于在广州学海堂就读时的"四季大考全第一"，以及1872—1882年间，在本地菊坡精舍从游晚年陈澧的十年时光。文氏1892年所作忆旧五言，专门提及陈氏并重郑玄、朱子的折中学风。在其上学期间所作之《国朝经学家法论》中，亦能看到此种务求平实、不落偏宕的风格之影响。① 正如陈澧宗朱亦非全然从之②，在阅读《论语集注》时文氏又注意到："皇氏颇有胜朱子处，且非邢《疏》所及。如'慎终追远、信近于义'等。"③ 东塾之学的影响以外，文廷式

---

① 参文廷式：《文集》，第1929、149页。《畅志诗・其二》："吾师陈京卿，履蹈清且醇。浓哜康成菆，清挹紫阳芬。匪徒作调人，盖为君子群。十年依函丈，于学未识津。皇皇事三《礼》，纫缀徒殷勤。"同前引，第259页。

② 例如陈澧在未公开的研究笔记中对虚灵不昧的思想就有批评，参陈澧著，黄国声主编：《陈澧集》第2册，上海：上海古籍出版社，2008年，第592~593页。

③ 文廷式：《丙子日记》，1876年3月20日，《文集》，第1524页。按皇、朱对"慎终追远"的解释尤其不同：前主"丧尽其哀以慎终"，"尽其哀三年"而后"去亲转远"，故"祭尽其敬"以追远；后则以"丧尽其礼""祭尽其诚"分说，不仅没有（如孔安国、皇侃一般）刻意贴近人子丧亲之哀情，也不特意为之贯串疏通。于此可见文廷式在情、理之间的取向。

139

也有自学《潜研堂集》而得的史学门径。① 史法与儒术,是早年文氏治学的基地,也影响了他后来的学思发展。

据1876年3月前后的日记来看,文廷式所读诸书不少是史部著作,包括《明史》、《海国图志》和《大清会典》等,还有《几何原本》这样的新学著作。规模、种类都反映其卓绝的精力与才力。② 文廷式之史学有强烈的对现实或者说对西学的指向,在与密友的书信中,文氏不无自信地说:"谈洋务者,大半犹是外行。"在信中,他又说当日谈时事者多"经术既浅,忠诚亦薄",则学识与心术,正不可偏废。③ 由此,宋儒之书虽"多浮辞支辞",然其切磋三纲之道、教人于本原处致力,足称儒术正宗。④ 在后来的《知过轩谭屑》中,文廷式回顾光绪十年(1884)的论者不敢于言"主德"而乐于互相倾轧,又说今日儒林之无耻,在明季大儒看来,恐是"四夷交侵,实由于本实先拔"。⑤ 此种现象,在乾隆盛世已

---

① 据1893年8月21日《南轺日记》中的记录,文廷式对此书的兴趣也与陈澧相投:"余幼时学无师法,读钱辛楣先生《潜研堂集》,乃得门径。今途中复读此书,服其用力之勤,见闻之博,非洪景庐、王伯厚之所能及,无论余子也。记陈兰甫师云,辛楣先生舆地、职官之学,不独前无古人,兼恐后无来者,岂不信然耶?"《文集》,第1618页。
② 《丙子日记》,1876年1月26日到3月21日,《文集》,第1515~1524页。
③ 《致于式枚书·三十三》,《文集》,第957页。如下文所言,心术多与特定的儒家文化立场不可分割,可参文廷式在后来未知时间所记笔记《志林》:"马建忠全家皆入天主教,人荒谬无匹,而合肥保举之,曰素行谨伤。欺侮朝廷,一至于此,可为发指!"《文集》,第1043页。
④ 《致于式枚书·十》,《文集》,第934页。
⑤ 《知过轩谭屑》,《文集》,第1052、1066页。

## 第四章 变调：论文廷式之政教说

有病根："纪文达老于世情，略得柱下之意。"① 依文氏之见，从学术上对治这些问题，更需尊重宋儒。如戴震者所论虽有是处，但后学不宜生风扬波、排诋宋儒。② 在当时士人交际中，文氏也每以义理标榜。和王闿运交恶一事，便是例证。

1882 年中举后，文廷式交游益广。1887 年 2 月，文、王在湖南相识。无论王闿运的感受如何，文廷式觉得王是不同流俗之"可爱人"。③ 然相交不过一年，基于学术趣味的内在矛盾④自然暴发，文廷式在聚会上"面斥其鄙"：

> 重伯招饮，王壬秋、俞恪士、陈伯严、罗顺循（正钧）在坐。壬秋语不离势利，余面斥其鄙；罗、陈诸人，王氏之仆隶也，闻之极为不平。席散后仍与星海宿伯严家。伯

---

① 《文集》，第 1066 页。类似的讥讽乾隆时期及以后士大夫的话，可参《芸阁偶记》，《文集》，第 1137~1138 页。但是此《偶记》成于辛丑前后，语气更为激愤，对迫于时势不能自保的士人不再有恕辞。1900 年文氏还写有《闻尘偶记》说："清初禁讲会、兴大狱，挫折士气，良有以也。"对驱使士大夫"老于世情"的体制，也不再有保留。

② 《南轺日记》，1893 年 9 月 3 日，《文集》，第 1626 页。类似言论亦见《枝语》。然而在《枝语》当中，文氏侧重肯定戴氏对"以理杀人"的批判，因当时尊长确实利用朱子学多行不义，反映了文廷式本人的思想变化。

③ 《致于式枚书·一》，《文集》，第 925 页。

④ 可参 1886 年 5 月前后文廷式在《南旋日记》所附笔记中对王闿运的批评："其经学殆犹不及啖赵，而好为新异，遂令其徒党皆蔑前人而舍成说，此谬妄之尤。徒以稍能诗文敢于自恣，古人所谓'小辩破道'，盖此类矣。"《文集》，第 1159 页。

严词多悖谬，余以故交聊优容之。①

根据王闿运的说法，他是谈到了"与醇王（奕譞）倡和"，谈中文廷式心曲②，使之恼羞成怒。王氏指出在场诸人以为文廷式意气凌人、无礼之至。然在文廷式看来，苦心经营、接近亲贵的努力自是出于公心，看客如此戏谑，将自家甘苦和其他士人的仗义执言置于何地？王闿运的这类评论，并非小小过失（参前注）。不仅如此，连同席的老朋友陈三立（1853—1937）都不明义理，更使文氏不快。文廷式谈时务、洋务一本儒术义理的风格，还可以从日人冈千仞（1833—1914）的记载中找到：

① 《湘行日记》，1888年4月30日，《文集》，第1603页。又参当天与次日之《湘绮楼日记》："至重伯家，会梁星海、文道溪、陈子俊、伯严、顺孙，看饮酒杂谈。……夜得重伯片，言文道溪无礼，众皆不然之，未知何故。书生聚会，意气相陵，牵率老夫。责人正礼，徒示我不广也。既欲泯其迹，遂不复问。……陈子浚来，言文以余言与醇王倡和，疑其讥己，故盛气相陵，若是则余戏谑之过也。但余意初非谑之，谈中其隐故耳。此与对俞鹤皋言汴四先生事同，皆多言之咎。"王闿运：《湘绮楼日记》，长沙：岳麓书社，1997年，第1448页。

② 醇亲王奕譞乃光绪帝之生父，1884年后兼得西宫信重，煊赫一时。文廷式与光绪瑾、珍二妃及其堂兄志锐伯愚皆有旧。1886年4月13日前后，太监李莲英随醇亲王奕譞视师天津，文廷式此时有联络志锐、谏止此事的行动——自然是未果。而且当时弹劾李莲英的朱一新，后来也遭降职处分。参《志林》，《文集》，第1046页，同第亦专门记录王先谦劾李莲英之事。面折王闿运以后，文廷式乃确定他代表了当时名士之劣者："然莼客秉性狷狭，故终身要无大失，视舞文无行之王闿运要远过之。"《闻尘偶记》，《文集》，第1098页。

## 第四章 变调：论文廷式之政教说

[文廷式]曰：欧、米戎事精练，工艺巧妙。唯伦理纲常，东洋自有万古不可易者，不可一日弃我而取彼。

余[冈千仞]曰：伦理纲常，圣人之所以继天立极。我东洋各国之卓出万国，实在于此也。此外东西互有长短，平心夷考，东洋短所十中七八，西洋短所十中一二。此敝邦之所以取彼长而补我短也。

……道希有俊才，好论时事，反复究论，言言剀切。唯涉外事，茫在五里雾中。余正辞直答，彼愈激。……盖中人死执经书，若悬空论事，则纷然驳击；退引经书一二语折之，不敢妄争。①

这场对话发生于文、王交恶前的1885年。数日后，冈千仞的反思之语也很值得玩味。冈千仞与王闿运年龄相仿，面对意气风发的文廷式，他选择了另一种回应方式：引经书一二语折之。而文氏之所以吃这套，不仅在于两人有对"东方伦理纲常"和"经义"的共识，也在于当时的他对涉外事务仍然"茫在五里雾中"。正如前引书信所示，文廷式非常不满时人谈洋务却不懂洋务的现状。只是此时（三十前后）的文氏，同样缺乏谈论洋务所需的知识。从1886年与趋新学人杨聪（1845—1898）、皮锡瑞（1850—1908）讲论的记录看，

---

① 《与冈千仞笔话》，1885年1月18、25日，《文集》，第1841~1842页。需要注意的是，文廷式在此前对中原之外的史地知识都有留意，只是就此观之，这些知识或尚不足以成就《纯常子枝语》当中那样雄辩的议论。

文廷式的一大兴趣点在于发明"九流之长皆萃于孔氏之门""儒家实为九流之先"的义理。发明这种义理的方式，是寻章摘句、揣摩源流，也是史学化的考辨。① 这一兴趣在后来形成了《黄帝政教考》（疑作于1890—1891年间）和篇幅较短的《轩辕氏征闻》《伊尹事录》《逸书》。② 跟文氏后来所作涉及宋明以降事务、二西之学的笔记相比，规模委实不大。盖因承担时务、洋务的热忱，以及趋近权力中心的境遇，让文廷式转以史法去处理更多晚近、外来的问题。由1886年的日记、笔记可知，这种发展也伴有他对儒、佛义理日益亲切的体会。③ 文氏根本儒术的立场，在直面时务之际毫无动摇。

（二）理时务之要

1890年获进士功名，是文廷式走向政治生涯高点的一大标

---

① 《南旋日记》，1886年6月14日，《文集》，第1566页。与皮锡瑞的对话参本日记所附笔记，皮锡瑞当时还告诉文廷式："宋以后皆以申韩之学制治天下，故君之于臣有荣辱而无性情；又道学之说便于君上，故行之最久。"这一观点值得一提。《南旋日记》后所附笔记，《文集》，第1160页。

② 《黄帝政教考》多用今文家宋翔凤之《过庭录》，牵和黄帝与老子之教，参《文集》，第826、846、866页。该书对经学文本仅作历史材料看待，可算是一种史学著述。值得说明的是，文氏史志类著作中最长的《补晋书艺文志》，主体部分形成于1881年前，远早于《黄帝政教考》。

③ 而且后来儒、佛并尊的取向，在此时已然展露。参《旋乡日记》，1886年8月13日，《文集》，第1587页。《旋乡日记》后所附笔记，亦主"朱子亦不全谓轮回为无"、"孔孟之学，盖不言生之前、死之后，欲民之安于不知耳。不必定谓无轮回、无知觉"，与钱大昕持论不同。《文集》，第1163页。十年后，文廷式又说无论就儒佛或西学而言，"人之心学，非自证自悟不足言"。《罗霄山人醉语》，《文集》，第1191页。且空疏不实之害，不能单独归咎于二氏。盖此后终身抱此义理自得、儒佛并尊的态度。

## 第四章　变调：论文廷式之政教说

志。在此之前，文氏已有感："高攀龙每至山深林密之处，辄有所悟。余秉性较杂，课功不勤，比之古人，愧悔无地。从此以后，拟当脚踏实地，勇猛精进，了一大事。"① 课功所指为上节所言之义理、本原。在1890—1891年，文氏春风得意之余，复研读《大智度论》与《朱子语类》，颇有心得。其读《大智度论》，则摘录隽语、故事，偶为比傅；② 读《语类》，则侧重体会朱子穷理工夫、精神风貌，以及朱学与佛、老之关联。③ 1892年后，或是读书有得，文氏《纯常子枝语》已录有九册之多，且屡向朋友荐读佛书。④ 本于自修的义理之学也往往有现实的面向，或为教化，或为救度。文氏习闻此道既深，论列时务也常有把柄可握，如论太谷学派有言：

> 天下无道，言有枝叶，岂不可怪！泰州之学，旧为弟言，以"心息相依""转识成智"为主。上句出道家，下句

---

① 《旋乡日记》后所附笔记，《文集》，第1162页。
② 此书全本通读时间为1890年8月至1891年9月15日，参《释典札记·〈宗镜录〉札记批语》，《文集》，第1466页。观文氏摘录的许多（基本所有）内容，实为《大智度论》文字。或许是文氏遗留的笔记题为"宗镜录札记"，而将两者混入，汪叔子、陆有富二先生有所未察。
③ 《旋江日记》，1891年6月11、14、18、21、24日，《文集》，第1608~1612页。此际读《朱子语类》的一些心得也见于同《知过轩日抄》，《文集》，第1252~1257页。
④ 例如他向友人推荐自己在读的《释禅波罗蜜次第法门》，参《致于式枚书·五十一》，《文集》，第976页；《南诏日记》，1893年8月19日，《文集》，第1617页。后来见此书未得于氏积极反馈，又推荐了理趣丰富的《宗镜录》和《大智度论》，参《致于式枚书·五十二》，《文集》，第976~977页。

出《坛经》。虽非其所能，尚属有本。然察其处心积虑之处，则别有在也。《明儒学案》凡有一人，必立一二字以为宗旨，其源皆出于台教之"止观"；其流弊则为安清道友、大乘教之乱民矣。①

文廷式当然不是反对儒者言理有宗旨，或者释子用功讲止观，而是担心有"处心积虑"的人物以此大开讲会，助成"天下无道"的局面。结合《纯常子枝语》所记可知，他认为儒、佛入世出世之教，个人自心所证与既存的名教规矩，不能不有一明确界限。② 且教门以"止观""宗旨"迷惑士夫乃偶然现象，多数时候是以吃斋念佛煽动愚民，不足为惧。与西教相比是不同级别的威胁。1894年，文廷式距离权力中枢已很近，故议论重心也放在了关键问题上：

> 洋人交涉之事，虽曰"和议"，实兵机也。其欲挠我之权、夺我之利者，皆兵家之术也。夫兵家之要，在于

---

① 《文集》，《致于式枚书·三十五》，第960~961页。值得注意的是，会通孔佛的《仁学》当中，恰好有赞同在理教的文字，又以转识成智为仁学关窍、倡导平等，正与文氏此处论调完全背反。后文的分析，将说明文廷式庚子后的立场跟此处不同，更加激进，稍稍向《仁学》那端滑落了一些。

② 《枝语》："世间法至孔子而集大成，不容有一字歧出。释氏之言皆出世法也，无一字可以比附者……宋以后竟争心法儒释纷然，尤可不必矣。"（《枝语》，第373页）

## 第四章 变调：论文廷式之政教说

"知己知彼"而已。今世之持论者，必欲事事效之，此不知己之说也；或以为一切仍旧，可以久安，此又不知彼之说也。

中国立国之根本与西人异，尚礼义而绌诈伪，重公分而抑私情，此数千年治法之防大，不得与洋人合者也。民情达而无不伸之气，政事实而无虚饰之文，此洋人之所长，而中国所当略采其意者也。至于工艺器械之精利，营阵步伐之整齐，则中国古制颇与之同，相时制宜，去损取益，固不必震而惊之矣。

今总署办理洋务既深闭固拒而恐人知，士大夫又若事不切于己而置之不讲，及一旦有事稍出于意计之外者，则茫然罔措。①

文廷式指出，洋人之和议可谓攻取之延伸，属"兵家之术"，而攻取所用"工艺器械之精利，营阵步伐之整齐"亦为中国古制所同。进言之，中国当保立国根本不失，而后与洋人周旋，不必事事效之。那么，高标礼义大本的文廷式，此时会如何回应冈千仞式"唯涉外事，茫在五里雾中"的诘难呢？在数月后的另一份奏折当中，文氏称言："今之办理夷务，则非深通学问者不足以济其穷。……又，候选道员黄遵宪，规模远大，

---

① 《敬陈管见折稿》（1894 年 7 月 6 日奏），《文集》，第 6 页。

明练有为。前曾充出使日本参赞,深知倭人情弊……"① 也就回到了以上引文"中国所当略采其意"的一栏。朝廷通达民情、伸张人气是侧重情感的表达,要以伸张士民之气并且"政事实而无虚饰之文",就要让士大夫不再缩手缩脚,其中第一步就是让心术、知识过关的士人进入"总署办理洋务"的封闭空间。②这是文廷式眼中办理时务的关键。

《日本国志》乃是新派士人以史学应世的典范之作。此外,黄氏对日本的西化维新乃是"用墨"的判断,以及中国新政应"孔必用墨、墨必用孔"的主张,又很契合文廷式的儒者立场。③文所说的工艺器械、营阵步伐可摄于黄遵宪(1848—1905)所论墨、管之学,而攻取议和又是兵家之术——洋人所长,无不可会归于孔氏。甲午既败,文氏在痛恨海军失律之余,也强化了通上下之情更要于购置枪炮舟车的观念。西人"其教非至善之教,而其政实暗合乎三代之政","故不言防海国,治中国而已矣。治中国无他术,用三代之经术而已矣"。④ 此种政教论说,在文廷式后来对诸教统系的考察中得到了充分表达。

---

① 《军务紧急敬举人材以资器使折》(1894年10月10日奏),《文集》,第41~42页。

② 例如分享必要的信息,让儒士学以经世。在与友人通信中,文廷式强调了《筹办夷务始末》的史料价值,认为可以据此做出将来《西域传》之长编,参《致于式枚书·六十六》,《文集》,第989页。具体时间不详,根据信文内容,推测是在1895年1月中旬(12日以后)或者下旬。

③ 黄遵宪的观点会在结语中讨论。

④ 《读〈海国图志〉书后》,《文集》,第203页。

第四章 变调：论文廷式之政教说

## 三、表达

(一) 诸教统系论

对世界宗教的源流、谱系问题，魏源《海国图志》已有探讨。文廷式对此书早有阅读，而且有继承意识。[①] 虽不见明证，但文氏后来形成的耶稣之教源出印度婆罗门教、婆罗门教与"儒教"相近、佛教主出世不主治人与"儒教"有别等观念，都和《海国图志·南洋西洋各国教门表》相契。进言之，从下文讨论可见，文廷式虽然能看到远比魏源、姚莹等人更丰富的外教文献，但他立足旧学，以相关词汇、系统去比附、收摄外教的取向，跟前人还是类似的。晚年文氏有《过祆祠》之作，言简义丰，体现了他以婆罗门教统摄西教的观点：

> 索诃世界久成尘，三一从何示妙身？大食兵传唐景教，休屠王祭汉金神。蔷薇花落军容淡，薛荔[②]阴繁鬼语新。独策青牛关外去，当时望气可无人？（小字：休屠王所祭金神，乃自在天像也，释典中多可证。后世以为佛入中国之

---

① 光绪十六年前文廷式写的《元史西北地附录考》对《海国图志》有承继意识，其书稿本始于引证《辽史》，定本大量调动了元制《经世大典图》等魏源无法充分开发的文献，参《文集》，第780~782页。另外，《纯常子枝语》注意到了《瀛寰志略》有关摩西的内容。

② 据汪叔子，文氏稿本注明，此处本意是用薜荔，亦即佛书所谓饿鬼。

始，误矣。耶稣之教，与婆罗门之一因宗①同。景教即犹太教。余别有考。)②

文廷式用"祆教"代指基督教，在当时不算十分独特的用法。但因为有相对丰富的西教知识，文氏又以祆祠勾连"耶稣之教"和犹太教（他认为是《景教流行中国碑》里面的景教）、拜火教，归纳出他们对印度造物主"自在天"的崇拜以及作为婆罗门教支流③的特性。《纯常子枝语》大量摘取佛书文句，推拟比对，印证这个看法。④ 文廷式认为祆教大系（休屠王金神）

---

① 这一用法和文廷式阅读佛书、出游日本的经历有关，他在《枝语》中说："自在天外道，佛经谓之一因家。岛田蕃根云基督教即释典所称自在天外道。"（第1838页）并参文廷式熟悉的《大智度论》："善男子。诸佛身亦如是。从无量功德因缘生。不从一因一缘一功德生。亦不无因缘。有众缘和合故有。诸佛身不独从一事成。"《大智度论》，《大正新修大藏经》，T1509_ . 25. 0745b10-13。

② 《过祆祠》，《文集》，第332~333页。景教是犹太教的考证，文廷式没有在笔记中留下特别长篇的专论。其考证思路是他惯用的想象为主、对音为辅，文氏曾在日本向高楠顺次郎、白鸟库吉等学者屡次谈过他的考论，自然是未获太多赞同，参《东游日记》，1900年3月18日，《文集》，第1655页。

③ 祆教源出婆罗门，是文廷式据《西溪丛话》所载"祆为佛经之摩醯首罗"深入辨证而来。他认为祆教应该与婆罗门教区分，是里面的一个支派。苏鲁支与佛陀作为春秋时期的人，要后于整体的婆罗门教（《枝语》，第1390页）。

④ 例如文氏《枝语》批《大智度论》"摩伽婆罗门为天主。三十二人为辅臣"。曰：婆罗门教即天主教，西洋人屡变其说（《枝语》，第132页）。《大智度论》，T1509_ . 25. 0458a27-28。又据智者《维摩经略疏》，重复上述判断。《维摩经略疏》，《大正新修大藏经》，T1778_ . 38. 0581c28-a01。另，根据《大般涅槃经》"所谓梵天自在天八臂天性时微尘法及非法。是造化主世界终始断常二见"的资料，文廷式下了总持性判断："造化主为天主，自在天、梵天特其异名。"《大般涅槃经》，《大正新修大藏经》，T0374_ . 12. 0466b06-07。

## 第四章 变调:论文廷式之政教说

早于佛教入华,具体的天主教堂①当始于唐代,不过当时中国"未尝听民从其教"。②除了这种中国之政应当管束祆教的论说,文廷式以祆教统摄亚伯拉罕一神教③,复以婆罗门教统摄祆教的说法,还有在义理上进佛退祆的考量。这不无捍卫中国政教大本位置的意味。这种考量在《过祆祠》当中体现出来,就是据缘起性空睥睨一神造物,拟匈奴、大食为饿鬼不得解脱。尾联又以老子化胡说隐喻中国政教的本原地位,寄托确实不小。

据上引诗作和笔记了解文廷式对西教统系的总体看法和用意,不妨再看他在掌握资源的时候,力求学以经世的实践。早在1893年为乡试设计考题之际,文廷式就加入了"婆罗门为梵书,其支别为西蕃书"的问题。④ 1895年,文廷式在北京强学会主持译述《新译列国政治通考》。此书编纂的背后,是文廷式

---

① 使用佛教语言格义后,文廷式认为天主教与新教是耶稣之教里面的他力与自力两宗。
② 他认为休屠王金神(径路神)"盖亦祆神之类",据《两京新记》"西域胡天神,佛经所谓摩醯首罗也",判断中国天主教堂始于唐代,后文乃言:"唐时祆庙虽多,而未尝听民从其教也。"
③ 《纯常子枝语》旁征博引,探讨耶、回、犹太同源、前两者出犹太的史实,又以宋育仁《采风记》为佐证充实自家论说。但因为只能使用汉文等材料,文廷式也从不回避自己在辨识细节时产生的困惑,认为宏观所得,尚难判断各教优劣。本章下文会提到他的困惑。
④ 《光绪癸巳恩科江南乡试策问拟答稿》,《文集》,第180页。

影响帝王以推进洋务之学的计划。① 该书衡论各国教门之政教，与文氏论说大旨相应，可反映其人当时经世之志的表达：

> 原波斯之初教，盖源与印度之婆罗门，本与儒教相近。故其国势隆盛，法度礼仪有可观者。及回教兴，舍旧从新，惑之甚者也。以至残忍酷虐之风，千载如一日，弑君父，戕骨肉，无所顾忌。呜呼，岂非奉教之失哉！
>
> 天生烝民，作之君，作之师。君也者，所以保育无方；师也者，所以教养兼至。皆使之归于至中至正，而人人赖以立命。
>
> 上古，以圣人而在天子之位，故国常治，而民常安。自后世判为两途，道统既分，而学术亦殊，于是各教兴焉。
>
> ……今各教之在天壤间，有盛有衰，有兴有灭，亦随人事世运互为消长。更数千百年，天主、耶稣两教，未知其何如。总之，道以人而立，人以道而存。人不绝，则道亦不灭。人外无道，道外无人。道者，一而已矣。数千百年之后，各教合一，而道乃大同。……

---

① 《外交日繁请编类成书以资典学开治法折稿》，1896 年 1 月 25 日上，留中，《文集》，第 123~124 页："前代帝王之学，以经筵进讲为重；国朝圣学，则以开馆编书为先。……三藩之变，噶尔丹之变，罗刹之侵边，第巴之毁教，其事体皆足以震撼一时，而不蘼不悚，旋踵底定。……国家太平之盛在乾隆，而识者溯厥渊源，金谓康熙一代君臣，上下以学相资，讲习编摩，积而成此。……臣之愚计，窃愿皇上遵列圣之宏规，修百王之坠典，特开文馆，汇纂西书。"

## 第四章　变调：论文廷式之政教说

美国学士鲁苏及浮特勒耳，皆有书数万言，痛诋教士。徒以积习相沿，无术以善其后。

窃谓：天主教士，至于今日，已成强弩之末。教事与政事，已显判两途，不足以把持是非。仅传教各方，以尽厥所司而已。①

如前所述，文廷式厌恶诸教门各立宗旨，影响政教大局稳定。他据此理念评判各教分化之是非。② 道出于一、各安其位的政教是理想的，此在中国为"儒教"，在西方是印度之婆罗门教。然世运推移，人间不得不出现诸教并起的局面。文氏判断，包括公教、新教在内争斗的世界诸教，最后会走向大同。只是，其间权势转移所生积习（典型如回教），以及教士对政治生活的错误干预，尚待执政者力为革除，以及在下诸人细密商量的学问之功。③ 1896 年 3 月后，政治上的失意、经营煤矿的劳瘁困

---

① 《新译列国政治通考·宗教门》（节录），《文集》，第 1787~1789 页。因文廷式次年被杨崇伊弹劾致永不叙用、离开北京，此书当时未能刊布、发生影响。据文氏 1902 年所作序言，可知其书能反映他当时的思想。《文集》，第 1662~1663 页。末尾一段改写自郑观应《盛世危言·传教》（1889 年作），参夏东元编著：《郑观应年谱长编》上卷，上海：上海交通大学出版社，2009 年，第 245 页。

② 在文廷式从日本人处了解了东正教发展史以后，也有感慨该教因尼康改革导致一部分人不服国家、危害稳定大局的评论。

③ 据《钦定石峰堡纪略》，《纯常子枝语》就提出了问题："回人有红帽、白帽，新教、旧教之名……闻新教所诵之经亦与旧教无异，而何以从新教者必至于叛逆？当质诸习于回教事实者，非细故也。"（《枝语》，第 592~593 页）

顿，都未能障碍文廷式在笔记《罗霄山人醉语》（1896年题记）发展自己的政教论说。一方面，在家乡经营煤矿算是在朝办洋务不成的替代选项；另一方面，在朝、在野办洋务又是实践同一种学理的结果：礼失而求诸西人，复中国三代圣人富国养民之古法。① 当然，这些实践想要获得最大化成功，仍有待一个贤明君主所培育的政教环境。虽不能在朝一伸志气，但文氏的忧国之想并未断灭：

> 执一成不变之说者，法家之弊，不足与言经世之大训也……
>
> 武事足以致霸，文教足以治民，自然之理也。
>
> 若两国各有教化，则受灭之国其教难于自存。罗马灭诸国而诸国之本教尽亡，回教入欧洲而欧民之旧教几变，皆其验也。
>
> 百世之后，言语文字处处皆通，圣哲挺生，详察天人之故，总持各教，诱掖斯民，可以启三千年太平之运。过此以往，非所知也矣。②

面对自成流派的西教和武事竞争的天演，保卫中国政教显

---

① 可对比下野前后的《条陈养民事宜折》《罗霄山人醉语》。《文集》，第132~133、1212~1213页。
② 《罗霄山人醉语》，《文集》，第1212~1213页。

第四章 变调：论文廷式之政教说

得特别迫切而有价值。① 总持各教，采择九流之长，是后来圣王的任务。有关总持、采择的标准是什么，基于对世界诸教的认识，文廷式也有独到的思考。

（二）折中于夫子

文氏之师陈澧以排遣汉宋门户闻名，实则他私下面对文廷式，还有回护阳明学之语，以及不满批评阳明过甚的张履祥（1611—1674）入祀的态度。② 这种对"儒教"内部立场之争的斡旋，当然影响了文氏的政教观。《纯常子枝语》反对以有无圣典区分人教、国教，主张以各国政治和平为指归、寻求诸教共识：

> 礼俗所存即教法所寓，原不必凭文字，亦不能分人、国也。凡教之得行，必因其国俗之本然与人心之同然，其事与立政无异。若考历代之因革损益、列国之异同离合，表而出之。各师所长，不攻所短，亲如兄弟，和如友朋，其诸持世者亦有乐于此乎。（《枝语》，第669页）

引文中教法不凭文字观点，或受前述义理自悟的体会而来。

---

① 文氏以为儒者不可泥古不变乃孔门要义，见于《墨子·耕柱篇》所载叶公子高问政于孔子。而面对物竞天择的逻辑，《中庸》并育而不相害之理，又显得尤其珍贵。

② 陈澧认为阳明学得黄道周、刘宗周阐发，则无可攻驳。又认为张履祥持论过激，入祀孔庙会诱发日后的儒学内部争端。

155

对行教与立政同等重视的态度,以及"国之盛衰兴废系乎政者十之七八,系乎教者十之二三"的历史洞见,引出了文氏包容世界诸教的政教观。① 但若悬置中体西用的现实考量,从列国诸教和而不同的理想出发考求各派异同,也可得出孔子之教最胜的结论:

> 佛书称大梵天王受法,是以天为弟子。耶稣则称天之所生,是以天为父。回教则称上帝钦差,是以天为主。惟《中庸》称孔子之德曰可以赞天地之化育,曰凡有血气莫不尊亲,故曰配天、曰赞、曰配,不求诸杳冥而实得先天不违、后天奉时之理,洵乎谊纯而道大也。②

据前文讨论,耶、回、佛三者都是"西方之儒"印度婆罗门教之后出现的宗教。耶、回事天,佛则超出天外。在儒者文廷式看来,三者之中自然佛说最精,然而就维持现世政教而言,还是孔子之教更胜一筹,原因就在于各教对"天"的态度,分寸感皆不及孔子之"配天"。宗教同源于敬天③,而佛教为歧

---

① "国之盛衰兴废系乎政者十之七八,系乎教者十之二三"(《枝语》,第 996 页)为反驳佛教弱国耶教强国而发。况且今日欧洲之富强有赖格致、政法之学在中世纪后兴起,此非有回教保存之功不可。故而基督教道德之训可与中国儒释道会通,今日教士以富强之效说教,舍本逐末矣。

② 《枝语》,第 665~666 页。孔子所传的主流,当然是后世的儒学,但文廷式会刻意回避用"以儒为教"来概括居于九流之上、传承尧舜的孔子。所以他会说孔子之德、中国之教、中国之名教,而不说中国之儒教。只是作为思想史观察者,不必因此刻意割裂文氏和他尊奉的孔子与"儒者"身份的联系。

③ 《文集》,第 2461 页。

## 第四章 变调：论文廷式之政教说

出。佛教以天为弟子，失之不能"先天不违、后天奉时"；婆罗门教的两大直接支流，又失之奉天太过而"求诸杳冥"。配天说反映的是中国政教过人的现实感，《纯常子枝语》即"中国名教"将崇高的上天与事理，都用可以征验的"名"来表达："《说文》名从夕口，夕者夜也，夜不能见人，故以口自名。是见则以目验，不见则以耳验，皆实接于官骸而形质周备者。而后设教以理之六经，言天学主盖天。非不知有南极诸星也，目之所不见则不说也。……凡事皆用其中、无过不及，即最文明之政教也，中国之称为中者殆在此乎？"①相比切实、中庸的中国之教，"西人之教，由天以及人，故其说宏大，而每失之幻"。②虽然都本敬天立教，但据政教效验观之，中西之高下益判：

> 凡民之生，皆知敬天，五洲所同，非独中国。惟自一神而衍为多神者，亦各国皆然。中国则以礼范围之，因民之俗而不革；摩西、基督、穆罕蓦德，则专祭天神而并黜诸祀：此其异也。
> 
> 然西人之祭司长，往往擅作威福、干预政事。而中国

---

① 《文集》，第 2044~2046 页。笔记下文认为，儒者言五行、不言佛教之四大，因五行可目验实证，才能施之政教；用当下可知不求神教的预言之知，则极高明而道中庸；民可使由之不可使知之，即中庸圣人同民之所能知，不加造作。（第 2046~2048 页）

② 参庚子后所作之笔记《伐山取材》，《文集》，第 1363 页。

> 自三代以后，神道设教之旨微；而巫教之支流余裔，亦荡泆而不可止。如田单之复齐，托于神言，则善用之者也；陈涉之乱秦，兴于篝火，则误用之者也。①
>
> 西洋之人，又称东方为祖先教。按万物本乎天，人本乎祖，乃不易之常理。今西方之教，于物本乎天之理，可谓阐发无遗，而于人本乎祖之理，则或有所未尽。
>
> 中国以教孝为百行之先。孟子所谓人人亲其亲、长其长，而天下平。有子所谓其人孝弟，鲜好犯上作乱。盖深有关治平之事，而为内圣外王之要道也。
>
> 顾中国之教，既列圣所规画而非一人之所私，故可广容异教而无所争竞。自秦、汉而神仙之说炽，自后汉而释氏之说兴，虽与儒流或有龃龉，然其间兼习者有之，调停者有之。即或著之文章，亦不过辨难之词，未闻以教事至于凶残斗杀也。②

此段引文来自文氏所著《周官政要》的相关篇章。该书结集于1901年秋冬之际，是当时沟通南北、人脉广阔的盛宣怀（1844—1916）联络费念慈（1855—1905），后者敦请孙诒让（1848—1908）所主撰之《周官政要》的一部分。虽然跟《列国政治通考》一样未能成为推动新政议程的学术燃料，但其中的

---

① 《周官政要·巫恒》，《文集》，第227页。
② 《周官政要·布教》，《文集》，第231页。

## 第四章　变调：论文廷式之政教说

宗教大同论、宗教包容论等元素，也反映了文廷式长久以来的思考。① 由于文本具有现实指向，和笔记中的论说风格不同，文廷式此处突出中国之教的殊胜，又特强调教权干政现象的原始巫教性质②，这让人联想到他此前书信中的言说。丙申之革职，戊戌之被牵连③，庚子之目睹乱象，似皆未摇动文廷式期待贤主重现"道出于一"的理想。当时的局面距离理想政教的境界当然是很远的，除了西教强势、难以管束，本国的名教也因"拳乱"失色。在这样的氛围中，与儒流并存的释老之教对士人来说有特别的意义，因它们有辅翼"儒教"的功能。以下将从文廷式对儒、释的理解入手，试探其晚年政教说之变动，尤其是对中国政教看法的变动。

---

① 参胡珠生：《胡珠生集》，合肥：黄山书社，2008 年，第 670~680 页。《知过轩随笔》有与前引《巫恒》文字十分类似的论述，未知时间，参《文集》，第 1304 页。

② 其实《纯常子枝语》虽然多以天主教源出婆罗门教，也会说它是上古巫教支流。又言"三代以前之巫官即西方古时之祭司长也"，"自巫之教托于二氏，而三代以前之巫祝已不复存矣"，可见引文的论说也非完全脱离平时学思。

③ 需要说明的是，文廷式不仅在政治策略上不满康氏，觉得自己离京后康氏之激进会影响新政（参戴海斌：《文廷式晚年行迹考述》，第 112~113 页），政教观也是格格不入的，如："有睹欧洲之修教，而愿为孔教之路德者。不知六经具存，立说偶有参差，而教规毋庸区别，徒为识者之所笑耳。见耶稣之教堂众则欲广营孔庙，睹西俗之礼拜行则拟增加祭期，此与儿童之争饼饵何异？"《罗霄山人醉语》，《文集》，第 1224~1225 页。

## 四、变动

(一) 儒释之间

文廷式认可道家、道教,他好读《老子》《庄子》,与道教行者郑观应(1842—1922)交好且认可后者在出世、经世方面的平衡。① 《纯常子枝语》涉及道家、道教的内容也不少。但文氏对佛教的推重和研习无疑更甚。前文述及文廷式研究佛教义理有得,其实在他考辨各教流变、试探婆罗门教宗统之时,佛典也是非常重要的材料来源。② 丙午去职还乡之际,文廷式对有别于儒家"以直报怨"的佛教之"冤亲平等"、耶教之"爱及雠仇"都有新的感受。③ 在日本时,文氏广读佛书④,关注中西⑤、中日⑥的佛教交流,所用精神几与关注政事的心力相侔。

---

① 《郑陶斋观察六十寿序》,《文集》,第 223~224 页。此序颇有同情之理解。郑观应的道教信仰可参黎志添:《郑观应"仙道"与"救世"的思想和实践:兼评其对清末民初道教发展的影响及意义》,《中国文化研究所学报》第 67 期,2018 年 7 月。

② 文廷式自称性格不适合阅读大部头的义学论典,有言:"我等性根,似皆近宗门。"《致于式枚书·五十三》,《文集》,第 978 页。但他频繁使用《华严经随疏演义抄》《华严经合论》辨正译名。参《芸阁丛谭》,《文集》,第 1236 页。

③ 《致于式枚书·四十六》,《文集》,第 972 页。

④ 例如他读了服部天游以历史主义批判大乘非佛说的《赤裸裸》,觉得诚可谓博雅。

⑤ 《东游日记》,1900 年 3 月 28 日,《文集》,第 1657~1658 页;《伐山取材》,第 1369 页。

⑥ 《东游日记》,1900 年 4 月 4 日,《文集》,第 1659 页。

## 第四章 变调：论文廷式之政教说

其人晚年游弋儒释之间，两家教理也在他的学思中呈现出合而分、分而合的样态。

《纯常子枝语》记有文廷式与陈澧的对话，二人判断体用、能所皆出自佛书，认为释教于中国儒者的义理思考裨益不浅，正不必讳言挪用也。① 盖历史上有儒者出家翻译佛书，又有儒者未出家而钻研佛书之客观现象。两家辞汇互渗，实属自然。戊戌政变后，文廷式遭受牵连、在湘躲避，一度狼狈，读《易》以自遣。当时文氏所作笔记，卷首抄录了孔颖达对六朝以内外、能所释经的佛化儒学之批评，卷末则说：

> 释典言四大，儒书言五行。四大者，出世之学；五行者，入世之学也。入世之学，专就人事而言，非有所不备也。
>
> 若近世用电、用以脱，则在五行之外；此古今之不同。释典又有地、水、火、风、空之说。电与以脱，其归真空欤？②

这段引文的主旨是从不同的宇宙论要素方面，强调儒、释作为入世、出世之教的差异。结合卷首所录的孔颖达之言，可

---

① 不讳言挪用更多是文氏的观点。事实上在他看来，陈澧之于义理之学恐有未达，例如对朱熹带有顿悟色彩的"豁然贯通"说的含糊评论，《东塾读书记》就是错误的，全不可从。《文集》，第1407~1408页。
② 《撷芳录》，《文集》，第1513页。

知文廷式肯定这种差异。在《纯常子枝语》中，还可以看到批驳混同儒佛的论说，他尤其反对从各教雷同的道德教训穿凿、推求各教在根原上的一致性。① 那么是不是就可以说，基于五行、可以征实的名教（如前文所论），就完全高于释教呢？文氏认为，从实用角度看，当然是名教所立五行说更胜，但是"推生人之理，物化之原，则以五行言之未必胜于四大之说"（《枝语》，第1323页）。而且"古今不同"，在"电"与"以太"概念西来的今日，佛学的上述优势更不可泯。文氏认为，在根本义理方面混同儒、释两家义理，和强调两家彻底对立的论说，都是不可取的：

> 宋明儒之攻释氏者，皆曰"吾儒本天，释氏本心"，此说亦不尽然。儒说固敬天，然未尝事事推本于天，如婆罗门加特力等教之说也。孟子书引太甲曰："天作孽，犹可违。自作孽，不可活。"是天作不如自作之重矣。《易·文言》曰："先天而天不违，后天而奉天时。"是圣人之心可与天相后先矣。释氏之言以一切惟心者，究亦何殊？②

文氏认为释氏固然本心，但这不构成儒者能用"本天"批

---

① 他针对的是宣城吴肃公（字雨若，1626—1699）"地水火风不出乾坤六子""五行生克不可信"的观点，批评"凿而深之，归诸心性之源、天人之表"之语亦见于《枝语》（第298~299、1782页）。
② 《文集》，第1407页。标点有改动。

## 第四章 变调：论文廷式之政教说

评他们的理由。中国名教的敬天之论并非事事推本于天，以为本心教义跟自家的本天教义水火不容。反之，宋明儒的辟佛之举有误入墨者、西教的风险。① 离开这种推求根本的迷障，那么佛教一切惟心的义理，跟先秦圣贤强调自力、人力的看法是可以互通的。退一步说，告诫学子扫除私心的理学，也可以从佛教的"清净本然"义理当中获得助力。恰好，"明人理学大半兼禅"的历史事实还是当时黑暗的朝廷政治驱使而成。② 不单是在消化西学方面，在如何应对浊恶时局的问题上，儒释亦可互通有无。"人道有极"而"天道无极"，"儒教"所重在于肉眼知见的"有极"之事，而佛教之精微义理，涉及"无极"者较多。③ 处人道困穷之际，不妨济之以天道，用"推生人之理，物化之原"的思维发现维新人事的活力：

> 凡等者起于人事，即事世界所由安立也。
> 顾等差如是，分别如是，而平等之谊即在于是。尧舜以迄孔子，相传之道，曰"执中"。执中者，平等之极也。如衡物焉，左右如一；如衢路焉，前后各半。斯之谓"中"。……

---

① 《文集》，第2539页。
② 文廷式读《传习录》有感，认为主张荡涤私心的理学已经和食色性也的古代儒学义理不同，那么不如"径改曰清净本然，较良知二字为直指本体也"。对学术与政局的评论，参《文集》，第312页。
③ 《罗霄山人醉语》，《文集》，第1195页。

> 君上尊矣，而谓聚数千人之身家性命，任其死亡颠沛，而无一人敢议君权者，可乎？《尚书》曰：天视自我民视，天听自我民听。《孟子》曰：残贼之人，谓之独夫。夫各任其职，则自有常尊；处非其据，则比于茕独。凤凰、麟麟，异于凡禽；而五帝以来，尧、舜之官骸，不殊于众庶。不谓之等，岂可得乎？不得其平，不亦过乎？
>
> 积一以成万。万之数，多矣，晰之，则仍一一也。积小以成大。山岳巨矣，而晰之，则仍小小也。无一则无万，无小则无大。故事理之极，小与大等，重与轻等，始与终等，无与有等。能知无与有等，则离言绝待之理，乃昭然于理世界，而于器世界、事世界固一一无碍也。①

以上引文来自辛丑前后写定的《平等说》，为多条笔记结撰而成。本段议论勾连佛理，对儒家的执中义理作了民主化解读，认为阶级等差乃是人事中的不同因缘和合而成，有待基于执中大义做出调整。这是文廷式思想中"处世""出世"两端的一次碰撞、融会。② 佛化的平等观，既不坚执"乾元统天"的差等秩序，亦不取"爱无差等"的墨家式平等。③ 庚子前后，文氏的政

---

① 《平等说》，《文集》，第 221~222 页。文中引述的华严法界观，是否可与谭嗣同、章太炎和马一浮等人的政治论说中所挪用之华严思想作比较？这应该是专文处理的问题。

② "中国教法，以《孝经》《论语》为极，故处世之理无不备。佛教以《华严经》为极，故出世之法无不圆。"《罗霄山人醉语》，《文集》，第1209页。

③ 《罗霄山人醉语》，《文集》，第 1223~1224 页。

第四章 变调：论文廷式之政教说

治态度颇显浮动，暂时很难得到保皇、反清、反君主的精确定位。① 他对君主制虽有不满，但对民主革命的发生应是更加敬而远之。② 以下利用其笔记中涉及革新君主制的相关资料，观察他对中国政教可能有的新看法。

（二）复古以革新

据前文所述，文廷式很重视洋务、新政当中通上下之情、发挥士人能动性的意义。一朝受挫，思想有些变动也是自然。中国政教当中，君臣之纲占据基础位置，上引《平等说》的矛头就对准了君主。戊戌政变后，文廷式意识到孔子以《孝经》垂世教，以《春秋》遗政范，结果"以孝垂教，有人心者莫之敢非；而政则质文递嬗，王霸相承，世不一姓，多取便已者而用之"。③ 受此前办理煤矿经验之影响，文氏对中国政教的论说呈现出保教、变政的趋向："今为中国计，惟君民共主，广用各国之

---

① 这一问题尚待戴海斌等学人的进一步研究。此处仅举两例，说明文氏在1900年间的模糊态度。1900年4月，文廷式和他眼中有"分裂中国"倾向的孙中山在日人席上会面，出了主意。同前引，第1206页；内田良平著，丁贤俊译：《中国革命》，庄建平主编：《近代史资料文库》第7卷，上海：上海书店，2009年，第131页。文廷式自己的日记，毫无意外是没记此事（《东游日记》，《文集》，第1658~1660页，4月1-14日皆未见此事）。而另一方面，他本月又有反对进步党的论说，言之凿凿，参1900年4月15日的《东游日记》："日本近时政策，不论东方大局事有应办与否，但先以抑进步党为主，其他皆可缓也。进步党之意见，亦不论东大陆之事能办与否，但可以倾政府者，无不为也。故余在东京不敢谈时事，固由不在位不谋政，亦知诸君之无暇及此也。"《文集》，第1660~1661页。

② 《枝语》："变古为今者，芦锁氏之力盖居第一焉，而其毒之惨亦未有如芦锁氏之甚者也。"（第1359页）

③ 《〈孟子注疏〉札记》，《文集》，第1478页。

人才，兼采各国之政术，举二千年来否隔之气而通之……诚以工商之事，使民自为之，则一手一足，其成效必无可观，不如以天下之财济天下之用，可以兴大利而贻万世也。"① 又维新之事，仍赖学术。从西方的经验来看，即便能行泰西君民共主之政，"使其学术颓废，人心苟且，则亦未见其无敝"。② 就中国的历史而言，学术、人心的问题更有两千年之积弊待理。按君主、民主意旨，不在中国古学以外③，复古以革新之说，亦非迂远之谈：

> 日本人谓中国中六经之毒。夫六经为盛治之文、大中之道，即今日泰西之富强，岂能出六经之外哉？中国所中者帖括之毒，其读六经，不过备考试之用而已，大义日湮，微言愈绝，酿成人心风俗之害，而交侵之祸不可胜穷。以此归咎六经，不任受也。
>
> 议院之设，于《易》义得之。乾者君德也，上九则亢龙有悔矣。悔之道，贞元递嬗。是以用九则见群龙无首也。群龙无首，乃合天德。坤之上六，龙战于野，其血玄黄。盖民政之极，则君政将兴；君政之极，则复行民政。然君政必参以民政，乃能无咎。故乾之上六有亢龙之悔，而坤之用六利牝马之贞。④

---

① 《罗霄山人醉语》，《文集》，第 1220~1221 页。
② 《罗霄山人醉语》，《文集》，第 1214 页。
③ 《枝语》，第 439 页："荀子所言，君主之国之定法也。墨子大旨近民主矣。"
④ 《罗霄山人醉语》，《文集》，第 1198 页。

## 第四章 变调：论文廷式之政教说

从首段引文看来，对冈千仞中人迂腐、保守经义的看法，熟悉了洋务的文廷式是不接受的，因为今日泰西之富强也不出六经之外。回到中国政教的根本，是可以解决当下的政治问题的。鉴于六经大义为君主所施设的科考题目所掩盖，第二段引文解读了《周易》中的乾坤两卦，以发明中国君主政治之本义。乾卦最上一爻告诉后人，君政发展至极必见群龙无首之象，让众民成为权力主体，由此可以补益君政。① 坤卦最上一爻告诉后人，民政张扬之极不是"群龙无首，乃合天德"，而是"其血玄黄"、"其道穷也"（参本卦《象传》）的困境，这时候的人需要守臣子之贞、静候新王出现兴起君政。在这两种极端之间，还应有一段论述，也就是君主不知"亢龙有悔"的时候，民人有权根据义理否定他。《罗霄山人醉语》另一处引述《抱朴子·诘鲍》所批判的上古社会无君说，指出这种思想可以会通西人民主以及议会制衡君主的精神，并且评论："有君以守法，胜于无君而无法，然君权无限，则几与无法者同。历代以来，视人君暴虐之时，与天灾流行无异。"②

出于这种革新性格的君主制理解，文廷式还批评了《劝学篇·明纲》（1898），认为该书诋毁民权，鼓吹的是法家式而非

---

① 或受梁启超影响，文廷式据伯伦知理（Johann Kaspar Bluntschli, 1808—1881）《国家学》的论述称公权普及之际民方知有国家，拥有了能动性，则"国家之威力弥盛"、"裨补君权不浅"（《枝语》，第1176页）。这是把国家的主权者等同于君主。

② 《罗霄山人醉语》，《文集》，第1211页。

儒家式君臣纲常。① 此批评背后，是文氏政教说复古以革新的趋向，与两千年来的"儒教"主流，尤其是当时程朱之学的冲突：

> 百世之后，教术迭盛迭衰，未可预测，然必有教而后政成。立政者欲张教权，则恐其不利于己；不存教党，又不能行之于人。
>
> 惟朱子之言，最利于君上，而不利于臣民。中国五百年一统之安，朱子有以贻之；中国数百年奴仆之酷，亦朱子有以误之也。呜呼！吾于程、朱之功罪，可谓持平之论已。②

在这段引文中，文廷式未再反对教派乱政，反而侧重说"立政者欲张教权，则恐其不利于己"。因为复古以革新之事，必然会让时王意识到本来之教不利于自己当前的弊政。近五百年来的"一统之安"在文氏看来，肯定不是圣人主政的理想政教状态，但表面上也做到了"道出于一"，实现了安定。比上不足，比下有余，变革"中国数百年奴仆之酷"和朱子之教，代价不能是让各路教门和进步党上位。文廷式批评王夫之

---

① 更详细的论说，如："网则系于纲，而纲岂其害网哉！乃张孝达《明纲篇》未知字义而为之说。且其言曰：'知君臣之纲，则民权之说不可行也。'夫《白虎通》言'君为臣纲'，固未言君为民纲。著书以训世而舞文以欺人，不其异欤！……法家之君臣与儒家之君臣异，此谊不明二千余年矣。"（《枝语》，第1559~1561页）

② 《罗霄山人醉语》，《文集》，第1207页。

（1619—1692）为了维护差等秩序下的安定，不惜"推秦过于三代"。① 然如何走出船山所面对的治乱循环？文氏和当时的许多士人，或尚不能给出任何确定的答案。

## 五、结语

文氏从未拥有严格意义上的得君行道机会，无所用其学。类似的西学墨源和孔教最胜等中西格义论说，以及类似的无所用其学之处境，还可以在同期别的士人那里看到。② 他们的政教论述，可视为道咸以降本土学问基于本有义理，主动回应世变的体现。③ 在留有相关议论的同辈当中，一个特别值得比较而论的案例，是稍晚于文廷式去世的黄遵宪。

黄遵宪较文廷式年长，又早有外事经历。两人至晚在1889年相识。早在1880年的《朝鲜策略》当中，黄遵宪就有贬抑天主教，将新教视为中朝"儒教"之友的奇特论述。该篇结语，

---

① 《罗霄山人醉语》，《文集》，第1217~1218页。
② 例如他的同乡好友陈炽。参陈炽著，赵树贵、曾丽雅编：《陈炽集》之《庸书》和《圣道》，北京：中华书局，1997年，第139、140、142页。早在20世纪上半叶的研究中，陈登原就把朱一新和陈炽的比附归为一类，参陈登原：《中国文化史上》，《陈登原全集》第2册，杭州：浙江古籍出版社，2014年，第19~20页。有关陈炽无所用其学的处境，参孔祥吉：《晚清史探微》，成都：巴蜀书社，2001年，第134~136页。
③ 对新学风气的总括性讨论参罗志田：《能动与受动：道咸新学表现的转折与"冲击/反应"模式》，《近代史研究》2022年第1期。

是引进西方器物，以备非常之需。① 在翌年的一封书信中，黄氏又判断西方器物之学乃至政教之道，都出于《墨子》。② 此后数年成书的《日本国志》发挥了这一思路，以日本西化之新政为用墨，而中国新政必以儒术为本、参用墨学，庶几可免日本在道德教化方面所遭遇的问题。③

戊戌政变后，黄遵宪谪居家乡。1902年夏，他和断绝通讯数年的梁启超（1873—1929）恢复联络，讨论中国政教之前景。黄氏的两封书信，透露了"孔子为人极不为教主论"的写作计划，其中不少内容与文廷式类似：孔子立人道之极，国人不必模仿耶教、"袭人之唾余以张吾教"；"儒教"天论，异于佛而近于耶，然儒主配天化人，较佛、耶、回皆不同；孔子"包综万流，有党无仇"，行教本人类固有需求而为之，非如西方教主之强人就己、党同伐异；中国骤变为民主不可，有必要找到"君权、民权两得其平"的路径。④ 这些内容尤其值得注意的还有：

> 吾读《易》，至泰、否、同人、大有四卦，而谓圣人于

---

① 陈铮编：《黄遵宪全集》，北京：中华书局，2005年，第254~255、256~257页。
② 黄遵宪：《复中村敬宇函》，1881年9月17日，《黄遵宪全集》，第332页。
③ 黄遵宪：《日本国志·学术志一》，《黄遵宪全集》，第1409~1410、1414~1415页。
④ 黄遵宪：《致梁启超函》（1902年5月），《黄遵宪全集》，第426~430页。其中第二点，黄氏自承是戊戌时期讲于南学会，究竟是他影响了文氏，还是文氏影响了他，尚难以确证。

## 第四章 变调：论文廷式之政教说

今日世变，由君权而政党，由政党而民主，圣人不啻先知也。……所尤奇者，孔子《系辞》曰："方以类聚，物以群分，吉凶生矣。"此非生存竞争、优胜劣败之说乎？在天成象，在地成形，变化见矣。此非猴为人祖之说乎？试思此辞，在天地开辟之后，成男成女之前，有何吉凶变化之可言？而其辞如此。若谓品物既生，有类有群。此类此群，自生吉凶。由吉凶而生变化，而形象乃以成。达尔文悟此理于万物已成之后，孔子乃采此理于万物未成之前，不亦奇乎！往严又陵以乾之专直，坤之翕辟，佐天演家质力相推之理。吾今更以此辞为天演之祖。①

这是黄遵宪研究西学，阅读了包括《天演论》和《国家论》（文廷式亦读过）等书之后的想法，他认为这绝非简单地"以西学缘附中学"（参引文下文，《致梁启超函》，第 429 页），而是从天演原理角度所作的实际观察。在去世前半年左右，黄氏再作长信与梁启超，以为："自周以后，尊崇君权，调柔民气，多

---

① 黄遵宪：《致梁启超函》，1902 年 5 月，《黄遵宪全集》，第 428 页。黄遵宪此处提到达尔文（Charles Robert Darwin，1809—1882），不意味着他清楚知晓、完全接纳达尔文的进化论观点，而严复所介绍的社会演化观也跟达尔文进化论有差。当时如康有为、章太炎和夏曾佑对天演观念的容受，多呈现出驳杂（对西学只是有限度地认知）、自主（选择性接受并掺和自己的想法）的特性。下文所说熊十力亦然。而且需要指出的是，文廷式与他们不同，对中国文化和天演的问题想得不深。这或许跟文氏没活跃到辛亥之后，更多地感受新潮冲击有关。

设仪文阶级，以保一家之封建，致贻累世之文弱，召异族之欺凌者，实周公之过也"；"若我孔子，则综九流、冠百家，不得以儒术限"。① 在中国政治进入新局的时刻，黄遵宪像文廷式一样，希望最大限度扫除两千年来的政教积弊（尊崇君权、儒者柔弱等）以融摄西潮。变政之际，"能把孔子保住"②，此土政教的未来就仍在中国文明史的轨道之上。

《易》象预示后来的政治进程，《系辞》冥契天演进化之理，都是比前述文廷式诸说更加激进的中西格义。《天演论》《仁学》的读者熊十力（1885—1968），在文、黄过世的半个世纪以后撰写面向未来的《原儒》，其间不乏新学格义之遗音。③ 这种纵贯多年的影响，还可见诸其它案例。④ 要之，文廷式的政教说乃是清季新学回应西学与世变的案例。它不仅根植于深厚的本土思

---

① 黄遵宪：《致梁启超函》，1904 年 8 月 14 日，《黄遵宪全集》，第 454~455 页。

② 牟宗三：《熊十力先生追念会讲话》，《牟宗三先生全集》第 23 册，台北：联经出版事业股份有限公司，2003 年，第 289~290 页。

③ 熊十力曾言："大地上凡有高深文化之国，其发明辩证法最早者莫有如中国。羲皇画卦在洪古期，岂不奇哉！""学者由此可以窥见，天纵之圣，远在古代，而已立定改造世界之宏规大计，其前识高远，岂不奇哉？""孔子演《易》，以生产资具之发明与改进，为群道变动之所由。其天才卓绝，前识远烛，万世无以易也，岂不奇哉！""门下三千之众，高材七十子之徒，多来自远方诸国，其领导民众之热诚至深厚，感召力至伟大，不独在中国为出类拔萃，即在世界史上亦罕有其伦也。孔子破除阶级，倡导民主，与创明天下一家之治纲，远在三千年前，岂不奇哉！"熊十力著，萧萐父主编：《熊十力全集》第 6 卷，武汉：湖北教育出版社，2001 年，第 318、421、472、477 页。断句有改动。另参本书第八章。

④ 例见本书第七章。

第四章　变调：论文廷式之政教说

想传统，也时常呈现出明确的普遍主义色彩。在和而不同的以中格西和以西格中之间，所出现的种种一厢情愿和一知半解，都属文明交流之初难以避免的问题。① 另一方面，在旧的政教、文教建制逐渐退场时，胸怀天下的旧学家式新学，注定会愈发不合时宜。② 新潮迭起，世运变化之快不啻沧海桑田。《桑田吟》草成之际，或已有感。③

---

① 以文廷式和李提摩太为例。文廷式觉得后者翻译《大乘起信论》（此书文氏在读毕《朱子语类》之后看过）是"东方智慧西传"的讯号，可李提摩太自己的译述意图，更多是要在东方的混沌中发现那位隐秘的上帝。《文集》，《东游日记》，1900 年 3 月 28 日，第 1657~1658 页；龚隽：《译经中的政治——李提摩太（1845—1919）与〈大乘起信论〉》，龚隽、陈继东：《作为"知识"的近代中国佛学史论：在东亚视域内的知识史论述》，北京：商务印书馆，2019 年，第 439~467 页。

② 在新的格义语境里面，经学是地方的（provincial）而非普遍的（universal）。这也是为什么作为前代余波的廖平，越老越显得怪诞，显得脱离历史主流。（Joseph R. Levenson, *Confucian China and Its Modern Fate: A Trilogy*, vol. 3, Berkeley: University of California Press, 1968, p. 15）廖平经学所迸发的玄想和他所建构的系统，虽然很多也是附会，但其全面和深入程度都在享寿不永的文廷式所作《纯常子枝语》之上。魏彩莹：《经典秩序的重构：廖平的世界观与经学之路》，台北：联经出版事业股份有限公司，2018 年。康有为出游列国以后所著诸书（他对自己此前的世界想象做了不少修正，例见茅海建：《戊戌时期康有为的"洪水说""地顶说""地运说"——兼论〈康子内外篇〉的写作与完成时间》，《清史研究》2020 年第 1 期）亦然。不过虽然程度有高下，但三子之努力皆不够"入时"而脱离 20 世纪中国的现实，恐怕是一致的。

③ 《文集》，第 290~291 页。有趣的是，文廷式的儿子文公直是一位积极参与革命的愤怒青年、民族主义者，始终对中国不能适应新潮的现实抱有不满。他自己的思想、人生，也无法很好地适应这种新潮。参复寅：《一个陌生女读者的来信：胡适与龚羡章、文公直"夫妇"交往钩沉》，载《掌故》第九集，北京：中华书局，2022 年。

# 第五章

# 夕照：刘师培《周末学术史序》述论

> 异域多奇书，石室难尽藏。……鹴鹅巢深林，所志在稻粱。——章太炎：《东夷诗十首其七》

## 一、引言

仪征刘师培（1884—1919）是清季民初时期有数的儒家学者，也是以趋新好变、为时转移①著称的文士兼政论人。在他遗世的诸多已刊、未刊文字中，《周末学术史序》的影响未必最大，价值必不最高②，但确有开风之意义。作为对旧学"始条

---

① 此特征的最新研究可参张仲民：《"以学殉时"：洪宪帝制期间的刘师培》，《史林》2019 年第 2 期。
② 在刘氏自己看来，最有可传之望的研究当是民国初入川后（1911）用力最多的三《礼》类著作，参叶国良：《刘师培〈礼经旧说〉的写作宗旨及其诠释上的问题》，《台大中文学报》第 31 期，2009 年 12 月。

## 第五章 夕照：刘师培《周末学术史序》述论

理"的先驱研究，《周末学术史序》是整理国故的前奏。① 凭借对西来新学分科之法的认识，刘师培做了不少有旧学积累的学人想做而未做之事，因而成名。②《周末学术史序》刊于《国粹学报》1905年首期，连载至于第五期。在刘氏的时间表里面，此前有《中国民约精义》之作，此后更有大量述论学术史的文章以及《教科书》多种问世。③ 1905年初的刘师培，是"离家出走"④ 来沪不过三年、及冠未到两年的年轻书生，而《周末学术史序》，恰好是这位天才拥抱新潮的开始。

限于接触新学的时间较短，《周末学术史序》和《中国民约

---

① 钱玄同（1887—1939）是《国粹学报》的读者，后来也对刘氏的学问十分景仰。我们找不到他对于《周末学术史序》的具体看法，但是可以参考他后来对于胡适（1891—1962）整理国故，写作系列《中国xx史》计划的评论，参《致胡适十三》，1925年5月10日。刘思源主编：《钱玄同文集》第6卷，北京：中国人民大学出版社，2000年，第115页。胡适自己研究诸子学的初心包括"to find the congenial soil in which to transplant the best products of occidental philosophy and science"。参见 The Development of the Logical Method in Ancient China，季羡林主编：《胡适全集》第35卷，合肥：安徽教育出版社，2003年，第316页。这跟《周末学术史序》当然有可比性。值得注意的是，本章研究最后会说明刘师培的著述与其说是整理国故，不如说是疏通国故，详后文。

② 例见黎锦熙（1890—1978）的感受，参李孝迁：《〈周末学术史序〉：中国第一部以"学术史"命名的著作》，《华夏文化》2001年第3期。

③ 参陈奇：《刘师培年谱长编》，贵阳：贵州人民出版社，2007年，第121~181页。此后的两汉学术发微诸论，《古政原论》等作，在材料、思路上对《周末学术史序》有推扩（上推三代、下推汉宋）之效，这是研究刘师培整体思想变化的工作，此不赘言。

④ 参杨丽娟：《扬州新见刘师培早期生平史料考略——以刘葆儒〈三叔廿岁前"形势"〉一文为考察中心》，《扬州大学学报（人文社会科学版）》2015年第3期。

精义》一样，拿来主义色彩浓厚。但那本身也是一个中国"新化"尚待深入的时代，到处都是有待新化的空白。论者已发现，《周末学术史序》不光是接受新学名词，在某些方面还有首创之功，例如"文字学"。① 故更多研究刘师培的学者都注意到《周末学术史序》，将之作为由西学新知整理诸子学的先锋作品，尤重其越出考证藩篱、发挥诸子义理的特质。② 其时如孙德谦（1869—1935）、张尔田（1874—1945）者亦讲诸子义理之学，但他们更多是内在于旧学语境中的"新"，而非相应于西方分科之学之新。③ 在刘氏所用新的论学形式的背后，是他激进趋新之政治文化立场。④

当时的新词汇"论理"指的是"逻辑"，然而大刘师培一岁，当时同为激进青年的马一浮（1883—1967）在抱怨汤寿潜

---

① 邓章应：《"文字学"术语的早期使用》，《汉字汉语研究》2018年第1期。

② 注重发挥诸子义理，是刘师培本人的表述，参刘师培：《周末学术史序·总序》，万仕国点校：《仪征刘申叔遗书》第4册，扬州：广陵书社，2014年，第1460页。先行研究参李帆：《刘师培与中西学术：以其中西交融之学和学术史研究为核心》，北京：北京师范大学出版社，2003年，第74~75页；左玉河：《从四部之学到七科之学：学术分科与近代中国知识系统之创建》，上海：上海书店出版社，2004年，第430~432页；孙青：《晚清之"西政"东渐及本土回应》，上海：上海书店出版社，2009年，第301~303页。以上学者未刻意相互引用、对话，可算是面对原材料，不约而同地注意到了这一点。

③ 大小新学之辨，可参罗志田：《能动与受动：道咸新学表现的转折与"冲击/反应"模式》，《近代史研究》2022年第1期。

④ 新的学术科分还有相应语词的引入，本身就致使政教大纲和新化之学问分开，参章清：《会通中西：近代中国知识转型的基调及其变奏》，北京：社会科学文献出版社，2019年。尤其是引论和第三章的内容。

## 第五章　夕照：刘师培《周末学术史序》述论

（1856—1917）无法理解其激进言论的时候，却说他的劝告"不合论理"。① 这多少反映出，缺乏义理甚至根本"没讲道理"的旧思想，就表现为不合条理、不合逻辑的旧话。也正是在新的表述中，孔子的权威、皇帝的权威和程朱的权威，都在学者的理性面前获得了与此前不同的估量。在青年刘师培笔下更具体的表现，就是论史谭学不必宗经、人性不必内具五常等。在清季仍主传统儒学（如作为官学的程朱之学）的学者看来，这无疑是一种抽调了义理基础的"尊古"。此种尊古，在性理、政理等重要方面都会使得儒学之价值让位于新输入的各种思想。② 刘氏此后持论的急遽趋新乃至虚无化走向，在《中国民约精义》等先行文本中的根脉，都可以由此得解。③

中西新旧学问的整体性在新潮中炸裂的剧变，只需要几年就能发生在刘师培一个人身上。他并不是怀着这种预见在写作《周末学术史序》，对话严复（1854—1921）、对话孔教论者、对

---

① 马一浮：《一佛之北米居留记》，吴光主编：《马一浮全集》第5册，杭州：浙江古籍出版社，2013年，第47~52页。需要注意的是，马氏在辛亥前后深感国事无可措手，风气浊恶难救，决定远离舆论界。激发他最后公开发声的正是报人王钟麒（1880—1913），此人也是当年在扬州引刘师培入新学圈的先导之一，参陈奇：《刘师培年谱长编》，第42~43页。

② 分见林丽月：《刘师培的史学》，《教学与研究》第1期，1979年2月；许浒：《刘师培人性论之渊源及其现代转型》，《台湾师大历史学报》第51期，2014年6月；陈壁生：《两种"六经皆礼"》，《中国哲学史》2022年第2期。其实不光是陈所言之曹元弼（1867—1953），前面所提到的张尔田的宗经尊孔意识，也很值得跟刘氏比较研究。

③ 杨贞德：《从"完全之人"到"完全之平等"——刘师培的革命思想及其意涵》，《台大历史学报》第44期，2009年12月。

话各位尚在乐观比附中西思想的学人。刘书因此更像是一种动乱行将来临之前的和谐,其中富有张力,但还不算是剧变之明兆。鉴于这部作品尚未获得整体性考察,且其中所涉及的与同代人之交流也少有论者注意,下文会对该组文本进行补充性研究。此后,将之置入清季民初趋新儒学的语境中,说明趋新儒学在辛亥革命前已面临的思想困境。

## 二、以国故通新学

章学诚(1738—1801)有言:"官师治教合,而天下聪明范于一,故即器存道,而人心无越思。"① 讲的虽然是周代,但用来看盛清也未必不合。就《清儒学案》编者看来,在康熙(1654—1722)开启的盛清之治时期,过往中国政教分立、学在于下的状况有了很大改变。周代"上者则正谊明道以风化其下,下者则审端致力以扶护其上"的理想几于实现。② 反过来说,在帝王不再能用强大的个人理念统制、形塑朝野政教风貌时,个体士人学以淑世的意图或能得到更大的自由施展空间。且夫学"问"重论理,学"术"重致用。非有开阔之致用空间,则学术断难繁盛,这是《周末学术史序》的立场。该作开头即对照西事,指出周代官学体制崩解,造就了和西方学术脱离教权、自由发展的类似盛况:

---

① 章学诚撰,仓修良编注:《文史通义新编新注》,杭州:浙江古籍出版社,2005年,第101页。
② 徐世昌等编纂,沈芝盈、梁运华点校:《清儒学案》序,北京:中华书局,2008年,第1~2页。

## 第五章 夕照：刘师培《周末学术史序》述论

> 民间才智之士，各本其性之所近以自成一家言，虽纯驳不同，要皆各是其所是。则学兴于下之效也。①

以古证今可知：伴随学术勃兴而来者，是在下之民人与固有的"教""政"大权之辗转周旋。《周末学术史序》一书此后的论述基点，也落在"纯驳不同"，"各是其所是"上面。人从个体之具体经验出发，平等地探索学问。在中欧学术发端之际，内心所验、身外所接的事物，具有同等的研究重要性，所以古人皆"趋重实际，崇尚实行"。② 此后格致之学蹈虚不返，儒家不能无责：

> 古代学术以物理为始基。……儒家者流虽侈言格物，然即物穷理之实功，茫乎未之闻也。（小字：孔子以道为本，以艺为末，故儒家虽有"格物"之空言，无"格物"之实效。）……格物穷理，兼擅其长。惜书籍失传，而一二伪儒致以"格物致知"之学悉该于"穷理"之中，此科学所由日晦也。（小字：近人喜以中国旧籍与西国科学书相证，如《格致古微》诸书是也。然附会之谈，亦颇不免。

---

① 刘师培：《周末学术史序·总序》，万仕国点校：《仪征刘申叔遗书》第4册，扬州：广陵书社，第1459页。以下引用省去作者名姓，简称《遗书》。又本文引述刘书，标点断句根据个人理解确定，或与万公之整理本有出入。

② 《周末学术史序·心理学史序》，《遗书》第4册，第1461页。

未能妄为牵合也。)能勿叹哉!①

"一二伪儒"显指奉《大学章句》之朱子学者,如果溯源的话,那么《论语》已有的本末之论,也不失偏颇。保存不同个人面对实事物理本身的探索结果,此诸子学术所以可贵也。在诸子格致之学大多失传以后,刘师培观察当日学者反拨旧学格致颓波之努力,尤其是其中涉及周末学问义理的内容②,判断它们已难以重光古学之盛。故《周末学术史序》一书持崇古之名义,检讨诸子民主、征实的宝贵义理,以端正近古风气。其论伦理学比较《孟子》《管子》有言:

> 契作司徒,敬敷五教,(小字:即《孟子》所言使"父子有亲,君臣有义,夫妇有别,长幼有序,朋友有信"是也。)则又由齐家之道推及社会国家,(小字:西人讲伦理学,于家族伦理后有社会伦理学,复有国家伦理学,所以

---

① 《周末学术史序·理科学史序》,《遗书》第4册,第1495~1498页。
② 他对于这些努力有很多保留,因为《格致古微》的作者,还有用《管子》论富强之术的学者(参李欣然:《中西异同视角下的"西学中源"说——兼论晚清"《格致古微》时代"的思想光谱》,《文史哲》2020年第4期;《经世关怀下的晚清学术危机——何如璋《管子析疑》的思想史意义》,《社会科学研究》2017年第6期),年龄上都大他很多。刘师培这个年纪,理应是非常激进,不同于这些同光新党的人。但因为他出道太早、旧学很深,反而又没有全然脱出前人语境。前面这些学者的著述,还会出现在《学术史序》当中。

## 第五章 夕照：刘师培《周末学术史序》述论

明个人对社会国家之义务也。)① 此伦理学发明之秩序也。……孟子以"仁义礼智"为四端。(小字：则又谓伦理基于心理。)……《管子》重视四维，稍近儒术。(小字：又《管子》言少相居、长相游、祭祀相福、死丧相恤、居处相乐，为使人亲睦之本。盖以人人交相亲爱，以保人群之幸福，是为伦理之极则也。故《管子》颇杂儒书。)②

细玩此论，明面上肯定儒家子学之社会伦理构想，却强调以《管子》之学助成《孟子》之义。那么没有《管子》的帮助，《孟子》的伦理学是否会有什么缺憾呢？答案藏在这里的"伦理基于心理"之中。《论理学史序》认为论理学探讨的是心、事（物）相应的学问，而中国的《荀子》正名之学，就是我们今日学习西方新学的土壤。反之，《孟子》说理则"不合论理处尤多"③，盖因重心术而忽事实也。后之儒者或多不免于此，故研究事实，又往往不能觉察其后的一般规律：

美人葛通哥斯有言："社会所始，在同类意识傲扰于差别览，制胜于模效性。""象"训为"分"，是为差别；

---

① 此当参考梁启超1902年出版的《新民说·论公德》，参梁启超著，汤志钧、汤仁泽编：《梁启超全集》第2集，北京：中国人民大学出版社，2018年，第539~540页。
② 《周末学术史序·伦理学史序》，《遗书》第4册，第1463~1465页。
③ 《周末学术史序·论理学史序》，《遗书》第4册，第1468页。

"爻"训为"仿",是为模效。故社会家言,其旨近于《大易》。①……《大圣》之篇,其持论也必先验小事小物以至于无限。(小字:如先言中国九州,旁及瀛海九洲。今西人言社会学,非合世界全体研究之,则其说不成。)盖阴阳家言执一理以推万事、推显而阐幽、由近而及远、即小以该大,乃社会学之分析派也。②……特道德家言多舍物而言理,阴阳家言复舍理而信数,此其所以逊西儒也。后世此学失传,惟史学家言侈陈往迹、历溯古初,稍近斯学。然治化进退之由来、民体合离之端委,征之史册,缺焉未闻。此则史官不明社会学之故也,可不叹哉!③

刘师培此刻的西学知识,尚多源于梁启超、章太炎的转述。为找到这些知识片段在中国古代的同道,其论述风格也相当主观化,不讲所谓今古文门户。此处引文甚至拟邹衍推验之法为西方社会学,仅取其博物广知、分析事相的粗糙相似之处,其意无非在于尊崇周末之学以激励今人接受西学——尤其是有关历史演化的新知。在后来读书人的眼中,此处对历史学的独特关切,引向了 James Harvey Robinson(1863—1936)《新史学》

---

① 参考章太炎:《〈社会学〉自序》,马勇编订:《章太炎全集·译文集》,上海:上海人民出版社,2015年,第45页。
② 参考岸本能武太著,章太炎译:《社会学》,《章太炎全集·译文集》,第53~55页。
③ 《周末学术史序·社会学史序》,《遗书》第4册,第1469~1472页。

## 第五章 夕照：刘师培《周末学术史序》述论

的介入。① 同样在讨论格致类学问的章节，《学术史序》极力表彰周儒对社会演化规律的认识，可以补充上述引文的判断：

> 《大易》《中庸》发明"效实""储能"之理。（小字：斯宾塞尔《群学肄言》曰："一群之中，有一事之效实，即有一事之储能。方其效实储能以消，而是效实者又为后日之储能。"其理甚精。盖"储能"即"禽以合质"之说，"效实"即"辟以出力"之说也。② ……《中庸》又云："君子之道费而隐。"郑注以"无道则隐"之义称之，非也。朱注云："费，用之广也；隐，体之微也。""用广"则近于效实，"体微"则近于储能。宋儒言学，分"体""用"为二，其理亦精。盖《中庸》与《大易》本互相表里，观邵阳魏氏《庸易通义》可见。③）……《中庸》之论生物，（小字：《中庸》曰："故天之生物必因其材而笃焉。故栽者培之，倾者覆之。"因材而笃，即"天择"之义。其理与《论语》岁寒章相同，皆天演学之精言也。）因庶物之繁滋而明

---

① 参刘咸炘：《〈文史通义〉识语》，《推十书（增补全本）·甲辑》，上海：上海科学技术文献出版社，2009年，第1057、1121页。

② 所引译文参斯宾塞（Herbert Spencer）著，严复译：《群学肄言》，收入汪征鲁等主编：《严复全集》第3卷，福州：福建教育出版社，2014年，第13页。刘师培爱用此论，在别处的使用参《经学教科书·第三十一课·论〈易经〉与哲学之关系三》，《遗书》第13册，第6095页。

③ 参魏源：《庸易通义》，魏源全集编辑委员会编校：《魏源全集》第12册，长沙：岳麓书社，2004年，第99~105页。

天然淘汰之作用，孰非孔门之粹言乎！（小字：以上二义皆孔子之言也。）盖儒家富于经验，故能执公例以定必然。……特儒家之意，以为世界递迁，必有大同之一日。而大同之世，又非旦夕所可期。故悬一必然之例而出以想象之词，（小字：犹列子之言华胥国，佛家之言净土，耶教之言天国耳。）岂可躐等而跻乎！（小字：小康之世不可言大同，犹之据乱世不可言升平世也。所谓井蛙不可语海，夏虫不可语冰也。以今日而欲行大同之法，非愚则诬。）近儒所言，未足识儒家立言之旨也。（小字：近人多欲以大同之法施行于今日。）①

此论非但表彰周儒，连朱子、魏源（1794—1857）等近儒之学也加以肯定性之挪用。解说《中庸》进朱退郑的取向就可能是受后者影响。由此可见，《周末学术史序》高视诸子、抨击后儒的诸多论调（在上述引文的同一章里就有）确实是实用需要驱动的产物，不代表刘师培有特定的进诸子退儒家之固定门户见。另一方面，也可说年轻的刘氏无甚定见。例如前面引文称赞了邹衍之说，旋即怀疑舍理而信数之阴阳家，是否能开出对接西学的征实学问。此种游移，使《周末学术史序》不必真会厚古薄今、尊诸子抑孔学。② 刘

---

① 《周末学术史序·哲理学史序》，《遗书》第 4 册，第 1500~1502、1506 页。
② 实际上在《周末学术史序》中可见，儒家、术数家言虽然都是务虚，但怎么看都是前者更实在一些，后者导向的是虚、实混淆的穷途，参《周末学术史序·术数学史序》，《遗书》第 4 册，第 1509~1510 页。

## 第五章 夕照：刘师培《周末学术史序》述论

氏之崇古固然伴随很多反思近古学问陵迟、古义流失的议论，然近人如有一二与西学公理暗合者①，亦不妨与周末诸子同列。"虽纯驳不同，要皆各是其所是。则学兴于下之效"，指的就是这种学风。上述引文所揭出的一条重要宗旨，是经验事物发展的渐进性。效实储能、富于经验云云，都是在发明此旨——这也是刘师培此处引用的《群学肄言》卷首所述之义。② 这一看法貌似剑指"大同三世说"的言说者康有为（1858—1927），然而康有为本人，尤其是在刻意规避"保中国不保大清"嫌疑的时候，同样也有"乱世不可躐等升平世"的保守议论。③ 所以很难确定引文末句是否就是要和康党做对。幸运的是，《周末学术史序·宗教学史序》暗示了刘师培和时贤的主要矛盾所在：

> 上古之时，舍敬天明鬼而外，彼固无所为教也。又炎黄以前苗民立国于汉土，所奉之教杂糅人鬼，旁及诅盟。（小字：近人钱塘夏氏引《吕刑》《楚语》《吕览》以证苗

---

① "公理"二字，在戊戌时期康梁一派的讲学、写作中频频出现，对此后十年的学界风气有特定影响。例见孙宝瑄：《〈六斋有韵文集〉序》，收入胡珠生整理：《宋恕集》，北京：中华书局，1993年，第1078页。此现象例见本书第三章。

② 严复：《译〈群学肄言〉序》，《严复全集》第3卷，第7页。

③ 参茅海建：《戊戌时期康有为、梁启超的思想》，第144~215页。反对躐等至于大同，跟批判现行君主制度，是可以并存的思想。研究者发现，同期刘师培在别处有对垒康学、批判君主的论述（陈奇：《刘师培"力攻今文"析》，《陈奇文集》，北京：团结出版社，2017年，第95~96页）当然是对的，但不能抹煞他和康有为在此处的相似性。

民为多神教。①)中土圣王排斥苗教,目为巫风,(小字:见《商书·伊训篇》。是巫风为当时所禁。)然根株未净、延蔓匪难,故汉土遗黎复崇拜物多神之教,此亦古教之别派也。……(小字:近人多以中国为孔教,而南海康氏有"保教"之说,钱塘夏氏有"攻教"之说。不知孔子非特倡一教,乃沿袭古教者也。)②

人受制于天,学问跟宗教分离不开,是中国文化从古到今都未能克服的缺点,是贤如孔子也未能超迈的传统。刘师培坦承,惟有申包胥、荀子等少数古人明白"胜天"之理。③ 在西方演化公理已然输入的条件下,更不应该纠缠在"宗教"的葛藤之间。同样是以国故通新学而利用,学者应该更多着眼于古人有关人之能动性的学说,攻教无谓,保教更不可取。孔子之教的当代意义,不在开山立教派,而在有教无类、开平民一线生机。这些思考,是刘师培接触了蔡元培(1868—1940)之后的收获。④《周末学术史序》的崇古言说,寄托了征实、重人的思

---

① 此论应是化用而不是直引,参夏曾佑:《最新中学教科书·中国历史》,杨琥编:《夏曾佑集》,上海:上海古籍出版社,2011年,第800页。
② 《周末学术史序·宗教学史序》,《遗书》第4册,第1474页。
③ 同前,第1475页。
④ 蔡元培:《孔子生日纪念会演说辞》,《政艺通报》1904年第18号。刘师培:《读某君孔子生日演说稿书后》,《东方杂志》1904年第11期。两文原刊本年《警钟日报》第226、227和229三期,参前揭陈奇:《刘师培"力攻今文"析》,第93页。

想,故而导向了抗拒当时君主制度的更多议论,呈现出比前人更强的革新欲求。这些议论,同样是在和时贤的对话中展开的。

## 三、在维新与革旧之间

《周末学术史序·政法学史序》的历史观念受到严译政治学之形塑。① 该部分文本涌动着一种强烈的革新欲求,时而又不同于严译思想。其独特之处,尤其在于对"论理"的使用:

> 盖草昧之初,君主之任位有定年,与皙种共和政体同。君位既盈,必另举贤者以代之。封禅者,即取"禅让"之意者也,是为揖逊之天下。及图腾社会易为宗法社会,遂为王者专制之先驱。(小字:《社会通诠》曰:宗法社会者,王者专制之先驱也。)……夫人君既操统治之权,无法律以为之限而徒欲责其爱民,是犹授刃与盗而欲其不杀人也,有是理哉?故儒家所言政法,不圆满之政法学也。(小字:不合论理。)②

引文省略号以前的部分,全顺严译《社会通诠》之意为之。文中所及严复论宗法演进于专制,跟儒家礼法羽翼君权两点,此后的读者熊十力(1885—1968)也表现出了非常类似的关注。

---

① 孙宏云:《严复的政治学译著及其学术意义》,《中山大学学报(社会科学版)》2016年第5期。
② 《周末学术史序·政法学史序》,《遗书》第4册,第1476~1478页。

熊也承认中国历史上存在王者专制的黑暗时代，且诸多"儒学"资源被用来装点过这一专制，然而他指出儒经中的微言大义，有"消灭统治、废私有制"，严复等人失察而已。① 刘师培当然也没看出这样深密的义理，不过他有一个意味深长的提问："授刃与盗而欲其不杀人也，有是理哉？"这一提问，同样带有前人所未发的革新意味。结合前文所说，旧学在内容上的谬误，会自然地反映为新式论理形式上的错误。儒家学说非但不能遏制君权，而且不能真正恢张民权、发挥一个国家的能量。刘氏发展严译西学，确实得出了这样的思想，《周末学术史序·计学史序》据严学有言：

> 昔黄帝正名百物以明民共财。（小字：见《祭法》。）② "共财"者，即均贫富之谓也。盖皇古之初，以农立国……穷由于惰、富由于勤，此古代造字之微意也。（小字：秦州陈竞全亦主此说。③）……特西国计学家之言财政也，约析为三：一曰君主之私财，一曰国家之公财，一曰人民之私

---

① 熊十力：《附录·六经是孔子晚年定论》，《原儒》，上海：上海古籍出版社，2019年，第333~334页。熊氏《原儒》等文字在清季趋新儒学语境中的位置，参本书第八章。

② 郑玄注，孔颖达正义，吕友仁整理：《祭法第二十三》，《礼记正义》，上海：上海古籍出版社，2008年，第1803页。

③ 陈竞全：《读说文杂记》，《国粹学报》1905年第5期。刘师培认为陈氏小学有突过清人者。他很重视陈对文字意涵的阐发，亦在读书笔记中抄录了此处所涉古代造字之微意的隽语，参《遗书》第13册，第5704~5705页。

## 第五章 夕照：刘师培《周末学术史序》述论

财。若三代之世，则误认朝廷为国家。使君主之财，遂无限制。①（小字：惟《周官》之制财用计于太宰，而帝王之财亦有会计，则分君主私财与国家公财为二。）……然大利所存，必有两益，此则儒家所未知也。（小字：盖人生之初只有自营自私之念，无公共之观念。及社会进化，知利物之正为利己，于是损一己之私益、图一群之公益，是利物之心正由利己之心而推也。而儒家则欲禁人民之言"利"，非强人民以所难乎！）……秦汉以降，儒家者流大抵主重农之论，而以加赋②为讳言，（小字：亦由于君主以民财为一姓私产之故。）而兴利之臣则力主征商之说。二说纷争，迄无定论。③

面对有限的古史文献，近代士人做了很多想象发挥，偶然便会不谋而合。"穷由于惰""富由于勤"正是其一。此外，《礼记·祭法》原文意指山林川谷之所以是祭祀对象，是因为它们是君民共同倚之厚生的自然资源（共财）。刘师培将之阐发为以农立国的早期国家之公共财产，进而和后世专制君主国无限膨大的君主私产形成尖锐对照。因为无法在根源上认识限制君主财权的必要性，故后来儒家论计学要么沦为强人所难，要么

---

① 参亚当·斯密（Adam Smith）著，严复译：《原富》，《严复全集》第2卷，第552页。
② 同前，第561~562页。
③ 《周末学术史序·计学史序》，《遗书》第4册，第1483~1488页。

就陷入无谓纷争。其实人民谋利不仅应当，国家对拥有谋利自由、财产权利的人民征税也是正当的。此相辅相成者也，后儒多有忽略。另一方面，从军事方面考察此缺陷，可知反对用兵正和反对加赋如出一辙，都是意识到出于"朝廷一己之私"的问题，却找不到一种承认民权、促使人民服务国家的路径。《周末学术史序》对中国军事问题的关注，诚有发挥严复《原富》相关按语之所未言者。①

能够在国家财政理论上补足儒学之不足者，有上文所言之《周官》跟别处所言之《墨子》《管子》，后者发行国债、征税矿山的意见尤切当时之要。② 但是，这些学问似乎都不足以配合儒者的言说，在根本上改善日积月累下来的君民权分失调。③ 类似的现象也出现在了其它方面："儒家者流，皆用雅言垂

---

① 《周末学术史序·兵学史序》，《遗书》第4册，第1490页。对比前揭《原富》，第475~477页。但是，后代儒家论兵事确无可取乎？确实一味主张保守乎？显然不是。刘师培本人不久后在《国粹学报》上刊出的《两汉种族学发微论》，就表达了不同的看法。该文认为汉儒提出的"华夷之辨"，无疑就是民族主义在军事方面的正当表达。可以看到，一旦受到民族主义宣传需要的影响，刘氏的文化学理分析其实很容易摇动，参李帆：《"夷夏之辨"和近代中国的民族国家认同》，郑州：河南人民出版社，2020年，第62~63页。

② 《周末学术史序·计学史序》，《遗书》第4册，第1486~1487页。

③ 以光宣时期为例，内务府、户部权力分立，然无济于前者屡屡向后者伸手的事实。待引入新式财政制度，明白算出皇室预算数目，政府又全然无法得出令社会舆论信服的数字，不过加速自身信用之破产，参刘增合：《家国之间：晚清皇室财政的逾界与管控》，《中国历史研究院集刊》2020年第1辑，第221~233页。

## 第五章 夕照：刘师培《周末学术史序》述论

教。……及秦定天下，采儒家"同文"之说，罢黜天下之异文。"① 古人制字精义由是不存；君主专制时代制定的法律不顺人民情意，汉宋诸儒却反而"尊君抑民且舞文弄法"，礼顺人情之论在此亦无所施。② 此皆政法学层面上之不圆满有以致之，也非细事。反观周代及之前所取得的科学、技术成就，因此而退化不见矣。

《教育学史序》称言，周代的小学—乡学—国学制度，已然同于西人的学制。不仅如此，就像分科的学问也存在于周末一般，分科分程教学的活动亦见诸《礼记》所载：

> 教授之法贵"时习"。（小字："时习"者，即学科有秩序之谓也。此实三代教育之旧法。盖古代治学以时习为主，有就终身之时言者。如《礼记·内则篇》云："六年，教之数与方名。九年，教之数日。十年，学书计，朝夕学幼仪，请肄简谅。十有三年，学《乐》诵《诗》舞《勺》。成童，舞《象》、学射御。二十，学礼、敦行孝悌。三十，博学无方。"以智育体育为先，以德育为后。③ 孰非古代教育之秩序乎！有就一岁之时言者，《礼·文王世子篇》有

---

① 《周末学术史序·文字学史序》，《遗书》第 4 册，第 1519 页。
② 《周末学术史序·法律学史序》，《遗书》第 4 册，第 1535、1538~1540 页。此更可证明刘师培虽然根底汉学，但常常有汉宋双谴的批判立场。
③ 德育、体育、智育的划分，当参考严复：《原强》，《严复全集》第 7 卷，第 24~25 页。

> 云："凡学世子及学士，必时，春夏学干戈，秋冬学羽籥。"又云："春诵、夏弦、秋学《礼》、冬读《书》。"此古人一岁中肄业之定则也。有就一日之时言者，即敬姜所谓"士朝而受业，昼而讲贯，夕而习复，夜而记过无憾"是也。盖古人教育皆有一定之程。孔子言"学而时习之"，即用古教法以勖弟子也。王注云："诵习以时。"① 其说甚确。)②

这段引文是跟前文阐发共财之义同样大胆的解说。算上结尾收官的王肃（195—256）《论语》注语，刘师培所用以重构古事者，全然是汉代儒家子书文献。据此尚论宗周史事，还呈现出来可与同期夏曾佑著作相对照的经学痕迹。③ 另一方面，正如中国人种和外国种类有共通的源头，中国文化的演进也遵循普遍的石器、铁器时代规程。④ 刘氏特别推重周代文化，因周代乃是此普遍的人类文化在中国演进而至的巅峰。《工艺学史》是全

---

① 黎庶昌辑，何晏集解：《论语·学而》，《覆正平本论语集解》（《古逸丛书》本），贵阳：贵州人民出版社，2002年。
② 《周末学术史序·教育学史序》，《遗书》第4册，第1492~1493页。
③ 罗检秋、徐凤：《经学潜流：夏曾佑、刘师培编纂历史教科书的学源探析》，《安徽史学》2021年第3期。用今天的话来讲，刘师培《周末学术史序》属于学术史，有心人或者能发现，它跟以往以人为中心的学案体学术史很不一样。然而这也不见得是刘氏在刻意更新学术史撰写体例——窃以为这是刘氏在作文论学之际，不知不觉代入经学习惯的产物：以新学科分作为纲目，复以古书材料疏通证明之。
④ 李帆：《刘师培与中西学术——以其中西交融之学和学术史研究为核心》，第99~105页。

## 第五章　夕照：刘师培《周末学术史序》述论

书中论述相对完整、一贯的部分，该篇以为：

> 上古工业，知劳力而忘穷理，以一人而兼万能。（小字：此由上古之世不知分功①之故。）草昧之风未尽革也。夏殷工学，历久失传。《周礼》一书，虽缺冬官，汉儒以《考工记》补其缺。今即《记》文考之，知周代之制有攻木、攻金、攻皮诸职，而刮靡、设色、抟埴亦设专官。及稽核《曲礼》，复有"六工"之名。盖工掌于官，使民劝于业，不见异物而迁，故工列四民之一。且周代士民，洞明九数，（小字：《说文》"士"字下云："士，事也。数始于一，终于十。从一十。孔子曰：'推十合一为士。'"此即古人重秝之征。又"秝"字下云："明视以算之，从二示。《逸周书》曰：'士分民之秝，均分以秝之也。'"与"推十合一为士"之例互相发明。盖周代之时，无人不知数学。故九数列六艺之一。而《内则》又言："六岁教数。"士者，发明数学之人也。仁和叶浩吾语予谓："'推十合一为士'，即合十等之人统治于君主也。人有十等，使之统于一尊。"②

---

① 分功（分工）和前面的计学一样，都是《原富》使用的名词。
② 叶瀚（1861—1936）的生平见《块余生自纪》，《中国文化研究集刊》第5辑，上海：复旦大学出版社，1987年，第476~491页。最新的相关研究参见陆胤：《国文的创生：清季文学教育与知识衍变》，北京：社会科学文献出版社，2022年，第113~126页。叶氏在1902年和蔡元培、吴稚晖等发起中国教育会，刘氏此处所记叶氏言语，盖承戊戌余波、反思君主制度之论。

> 而田自芸①复语予曰："倒干为士，此古人重武之征。"证以《说文》，似皆未确。）故良冶巧工，克以数学辅工学。……秦汉以降，士有学而工无学。卿士大夫高谈性命，视工艺为无足重轻。此工学之精所由逊于皙种也，能勿叹哉！②

由上述引文可知，周代不仅存在分科明晰的数理学问教育，而且存在对应的工业技术活动。叶瀚跟田其田二位，是刘师培在上海接触的朋友——中间人很可能是当时参与发起中国教育会的蔡元培。他们告诉刘师培的话，暂未发见于其它存世文献当中。③ 二人的言论相比此处的论述，确实少于文献证据和精巧之思。不过在今日看来，三位学者的阐释也都不免于附会。而即便宗周文明确实如此发达过，其民劭于业、学问事业不相离的理想状态也难以在日后复现。根据柳诒徵的提示，可知最后一次依《周礼》复周治的努力是在明初。④ 但是这种基于乾纲独断的崇古改制，

---

① 田其田（1875—1924，估算）生平参赵统：《南菁书院志》，上海：上海书店出版社，2015年，第516~517页。
② 《周末学术史序·工艺学史序》，《遗书》第4册，第1531~1534页。
③ 田氏有单篇文章，和刘师培《周末学术史序》尤其文字学的部分思路接近，然未见其著作申论之，参田北湖：《说文砭许叙》，《国粹学报》1905年第7期。
④ 柳诒徵：《复蒙文通书》，杨共乐、张昭军主编：《柳诒徵文集》卷12，北京：商务印书馆，2018年，第158页："中国经制之学只有《周礼》一书，如讲制度，必从此出。不幸王莽一试而败，王安石再试而败，故程闽诸儒，虽极讲制礼，而不敢专以《周礼》为号召。永嘉、金华诸儒则不讳言之，其思想言论之结果，至明初复加小试。"

从结果来看是酷烈的，绝非好言民权的刘师培所乐见。① 旧学的维新，在这样看来本身是个很难完成的任务。旧人追求新的学问要做到圆满，就不得不和旧事物，尤其是君主制度做一了断。

## 四、结语

刘师培在《国粹学报》成名作的发表，大量地使用新名词。观其1906年的正名之论，发愿十分宏伟："为恶、为非者，均恃新名词为护身之具。……今也欲救其失，其惟定新名词之界说，而别创新宗教乎！"② 惟此处所言宗教，结合上文所述，未必是敬天事神之宗教，而是指向众人心地的公理之教。刘氏在1907年6月发表的一篇分析"赋"字字义的论文里面说：

> 赋字从"武"从"贝"，后世因准备军需之赋扩张之，凡民之纳税于政府者亦谓之赋，而君主遂因之以病民……后世以降，以君主为富有四海也，由是思富之人，乃起帝王思想。然欲为帝王必先得天下，欲得天下，不得不用兵。因个人争富之故，至于杀人盈野、杀人盈城，曾不稍闵。……夫方趾圆颅，同为人类。人类既同，即无轩轾于其间。岂世界

---

① 参陈诗启：《明代的工匠制度》，《历史研究》1955年第6期。
② 刘师培：《论新名词输入与民德堕落之关系》，万仕国辑校：《刘申叔遗书补遗》，扬州：广陵书社，2008年，第457~458页。对刘师培正名理念所包含的理想主义要素之分析，可参朱羽：《刘师培"正名"思考的乌托邦瞬间》，《杭州师范大学学报（社会科学版）》2014年第1期。

之权利，专为强者、富者所独私乎？故弭争端而破阶级，莫若废兵废财……顾此说推行，当先施之于中国。中国自三代以来以迄秦汉，其学术思想均以弭兵抑商为宗……其所以不能废兵者，则以专制之朝，君主必蓄兵以自卫；其所以不能废财者，则以专制之国，君主必逞富以自私。①

这一理想如何实现？在该文末尾，刘师培说他所相信、认肯者，惟有"公理"。这是他当时的"宗教"。如前引论者所言，刘师培基于传统思想所发展的激进革新论说，"一方面强调环境是决定人性善恶的关键因素，即倾向于环境决定论。另一方面，他又劝导人们修身自省，从而确保整体环境之良善，以泯除人性中不善的因子"。② 这无疑是对外部环境的极高要求。这样的要求，突出了善政公理和不善现状（在中国，就是君主专制）之间的巨大张力，呼唤思者实践政治变革。

经过前文的研究，或许可以更加笃定地讲：刘师培使用新名词以及渴望新政治的种子，潜伏在东渡之前、开始接触新学时候的思考中间。在东渡之后，他使用新名词的自信，甚至跟他之前严谨地使用新词之主张有所冲突。③ 新潮发展之速，并不

---

① 刘师培：《废兵废财论》，《刘申叔遗书补遗》，第 693~696 页。
② 许浒：《刘师培人性论之渊源及其现代转型》。
③ 章士钊（1881—1973）回忆称，刘师培在日本时的议论"好引用日译名词，自谓通家"，而不避强不知为知的嫌疑。参章士钊：《柳文指要》，《章士钊全集》第 10 卷，上海：文汇出版社，2000 年，第 1446 页。

## 第五章 夕照：刘师培《周末学术史序》述论

仅仅体现于刘师培一身，就在《周末学术史序》出版十年前，笃信程朱正学的浙江儒者朱一新（1846—1894），还旗帜鲜明地反对过开矿山、发国债之举。① 在刘氏眼中，这些不正是《管子》开给时下国人的济时妙方乎？何可因其合于西来新法而反对之。甲午至于辛丑，在事和理的不同维度上，旧政旧教都再三受挫。士人引入新法新学的渴望不断增长，也让"民政""平等"之思发于私议。新潮高速烈化，重农、等差、性善等旧思想之柱石，在其间无所适从。② 年轻的刘师培所迎上的，可谓加速主义（accelerationism）概念发明之前的加速年代。

《周末学术史序》最后的《文章学史序》详赡可读，却专论艺文，且不涉演化史观，跟全书风格有些不协调。有趣的是，这样一篇格格不入的文字，呼应了刘师培十多年后在北京大学讲文学、写文学史讲义的人生晚景。他以过人的精力跟学养在新潮当中激流勇进，最后证明是徒劳无功，不如及早回归宁静的学者生活。前文所称和刘师培共有一位重要友人的马一浮，便深明此理。王钟麒算是刘师培从扬州到上海的引路人之一，也是马一浮离开舆论场之前，最后"对话"和借用其名义（无生生）发表的人。③ 马、王通信有言：

---

① 朱一新：《无邪堂答问》，《朱一新全集》整理小组整理：《朱一新全集》，上海：上海人民出版社，2017 年，第 294~298 页。
② 前述朱一新的思想，就包含有这些旧思想之柱石，参本书第二章。
③ 马一浮：《致王仲麒》，《马一浮全集》第 2 册，第 370 页；布乐德鲁易著，马一浮译，于文博校注：《政治罪恶论》，《中国文化》2015 年第 1 期。

> 两教并至，海内嚣然丧其乐生之心。而在上者方自以黄、虞复出，因势则据蔾为安，徼幸则负乘忘寇。此所谓福不盈眦、祸溢于世者也。游说者腾辩于飞钳，横议者奋情于党伐。匪惟贤者不入，亦中智所哀。尊兄抗志浮云，不绁世网，独处隐约，可谓能安义矣。仆甚惟《大易》艮背行庭之指，老聃被褐怀玉之训，良不欲以谈说耀世。将洗心观物，守其玄默，以味道真，虽糟糠不厌，庶几远于刑僇。①

信中所言在上者当指袁世凯（1859—1916），或者还包括教育总长蔡元培，二者都是和刘师培有颇深因果的名人。马一浮的处事态度，跟刘师培截然不同。这恐怕不能简单地用"汉宋"区别来解释，因马氏的遁世之举虽然也有些激烈甚于常人，但跟乱局之中还敢"三变觅封侯"的刘师培相比，算是一般书生清高所致，无足为奇也。

在刘师培来沪后接触或间接有关联的浙江学人里面，蔡元培、叶瀚在学人之外更是事务家，而章太炎、夏曾佑和张尔田的学人色彩更浓，也都有深厚的经史学功底和独到的义理思考，赴日以后，章太炎同样有过批判君主制度和儒家思想的激烈文字，复在此后

---

① 此部分内容为《马一浮全集》本未收，参《马一佛与王无生书二首》，《甲寅》1914年第1卷第1号，1914年5月，章士钊主编：《甲寅杂志》第1册，北京：国家图书馆出版社，2009年，第159~160页。马氏此时的思想状况，可参拙文《论马一浮儒学思想之形成（1903—1939）》，《台大文史哲学报》第99期，2023年5月。

## 第五章　夕照：刘师培《周末学术史序》述论

"排遣名相"，通过周末以至明末诸子的学问，保守道德常识。① 至于夏、张二人，都更早地表达过了对天演无情之怖畏，张氏之言曰：

> 典章法度所谓政也，孝亲敬长所谓教也，孰可实用，孰可空言，必有能辨之者。……天下有敢于更张周公典章法度之人，必无敢于灭裂孔子名教之人。……章实斋先生书博学详说，余所服膺，惟斯言则害于道，由其知史而不知经也。②

张尔田老来读到《刘申叔遗书》中论古代政、学和宗教关系的内容，微觉不够圆满，因其专主古文经说、"不承认孔子为教主"也。③ 刘师培希望看到的宗教或在人类演化长路的天际之外，而教主的荣耀，可能就留给了每一个"完全的人"。作为人类演化的一部分，中国会走到那一刻，甚至还可能凭借卓特的历史文化率先到达（废兵废财当先施之于中国）。鉴于铺成这条长路的基石是对公理的信心，是每个人迈向完全善好的信念，刘师培的政治批评无论如何激烈，其具体的政治愿景又是十分混沌、多变，乃至空虚的。④

---

① 笔者有专文研究，在《南国学术》2024 年刊出，即《重访儒学：以章太炎"菿汉"文本为线索》，《南国学术》2024 年第 2 期。
② 张尔田：《史微》，孙文阁、张笑川编：《中国近代思想家文库・张尔田、柳诒徵卷》，北京：中国人民大学出版社，2014 年，第 166~167 页。夏曾佑的言论见《论中国前途当用何种宗教》（1905 年 5 月 11 日至 15 日），《夏曾佑集》，第 336~338 页。
③ 张尔田：《历史五讲》，《张尔田卷》，第 220~221 页。
④ 杨贞德：《从"完全之人"到"完全之平等"——刘师培的革命思想及其意涵》，第 135~144 页。

近人刘师培以博通四部旧学、持论有本著称，也有趋新求异、好名无恒之公共形象。他在1905年于《国粹学报》刊出的"少作"《周末学术史序》虽内容丰富，然尚未获得专门的整体性考察。本章意识到，外在的激烈新潮以及刘师培本人过低的年纪、"过多"的学识，让《周末学术史序》成为清季旧学跟新知识发生化合作用的重要案例。① 由此，本章考察了这一系列文本的整体理路，探索其中吸收新学（以严译为主）对话同类新派士人（以浙人为多）的种种痕迹。经过这些研究以及和适当的对比观察，此文发现《周末学术史序》可谓当时趋新儒学的一种高潮，其政治上之激烈君主批判、旧学上之深厚文献积累、中西比附上之精巧迂回②，都能作为此种高潮的指标来看待。后来刘氏写作支持复辟之《君政复古论》，和此前的宗周之思是否

---

① 此后，刘师培新旧结合之学在外人眼中的进境，不妨更引钱玄同之语以明之："购得《新世纪》五至八号，于晚间卧被中观之，觉所言破坏一切，颇具卓识，惟终以学识太浅，而东方之学尤所未悉，故总有不衷于事实之处，较之《天义》，瞠乎后矣（此由《天义报》中如 Liu Kuang Han 君诸人中国学问深邃之故）。而要之大辂椎轮，于现今黑暗世界中不得谓非一线之光明也。"参杨天石主编：《钱玄同日记》（整理本），北京：北京大学出版社，2014年，第106页。

② 李贵生就指出，章太炎、刘师培二位虽然以古文家见称，但是他们征实的学风也是相对于致用应时的所谓今文学风而言。如果跟后起之实证史学作比较，那么申叔之学仍然不属于联证分析的新式文史之学。他们还是像经师依教解经那样，悬有特定预设地解释、疏通文本。例如从现代史学的角度看，申叔《中国民约精义》中的过度释古现象，其根本正在于上述区别，参李贵生：《疏证与析证清末民初中国文学研究的范式转移》，北京：中国社会科学出版社，2016年，第38~47页。本章的研究，佐证了李先生之论。

## 第五章　夕照：刘师培《周末学术史序》述论

有关联？难以实证。在这位天才学者于清季出版的众多相关著述当中，趋新的潮音声响如雷，或有其它痕迹可供考求。受篇幅、学力所限，此处难以深入，当俟之后日。①

值得注意的是，这一高潮同时又呈现出日暮夕照之相，因为其中所表达的"新化"外界之实践诉求，已非文人学士可以担荷，疏通国故之举本身的价值也在比附、演变中消解无余。②不过，这并不是刘氏当时有闲暇可以计较的问题。学人逢"周末"乱世，惟以"周公不处仲尼需"自遣。③

---

① 承蒙一位学术先进提示：刘氏个人长期基于"崇古"理念而对"理想传统"（政与学）的论述建构，以及此一建构的思想与政治意涵，还可以在《中国民约精义》与《古政原始论》《古政原论》等关键文本中找到更多。虽然如此，窃以为《中国民约精义》先行研究已有充分利用，后面两《论》言政多于言学，或不必如本章研究《周末学术史序》一般考究。书之于此，供读者参详。

② 施耐德（Axel Schneider）著，关山、李貌华译：《世界历史与历史相对主义的问题——1919年后梁启超的史学》，《真理与历史：傅斯年、陈寅恪的史学思想与民族认同》，北京：社会科学文献出版社，2008年，第258~259页。

③ 马一浮：《雨（其一）》，《马一浮全集》第3册，第183页："好风微雨每相俱，破块鸣条亦并趋。何恨漂摇兼道路，周公不处仲尼需。"

# 第六章

# 黄昏：陈黻宸学述

博士说行人尽婢，真儒身隐世无师。因君感触平生怨，太息神州运若斯。——宋恕：《赠谭复生》

## 一、引言

瑞安陈黻宸（1859—1917），光绪二十九年（1903）二甲进士，好谈经制，学兼新旧，与宋恕（1862—1910）、蔡元培（1868—1940）和章炳麟（1869—1936）等浙江新派士人皆有交集。1913 年，陈黻宸因当选中华民国国会众议院议员赴京，兼任北京大学教授，讲授史学、诸子哲学课程。① 当时听课的学生中，有后来成为中国哲学学科奠基人的冯友兰（1895—1990）。数十年后，冯氏回忆自己当年上课的经历说：

---

① 本引论的学术史梳理部分基于拙文《论陈黻宸和他的中国哲学史》，《诗书画》2017 年第 2 期。

## 第六章　黄昏：陈黻宸学述

> 给我们讲中国哲学史的那位教授，从三皇五帝讲起，讲了半年，才讲到周公。我们问他，照这样的速度讲下去，什么时候可以讲完。他说："无所谓讲完讲不完。若说讲完，一句话可以讲完。若说讲不完，那就永远讲不完。"①

冯友兰在讲述完这段对话后，又回忆了陈汉章（1864—1938）批评胡适（1891—1962）《中国哲学史大纲（上）》的场景，并予以评论：

> 我说这两个故事，为的是说明，当时的教授先生们所有的哲学这个概念，是很模糊的。他们看不出哲学和哲学史的分别。也许有一种哲学，用一句话就可以讲完，如果照禅宗的说法，不说话，一句话都不说，倒是可以把它的全部哲学讲完。如果一说话，那倒是讲不完了。我们的教授所说的那几句话，可能就是禅宗的这个意思。但是哲学史并不等于哲学。哲学史是历史。历史是非讲不可的，不讲别人就不知道。既然讲，它总要有个开端，有个结尾。哲学史是写出来的历史，可以写得详细一点，也可以写得简略一点。无论详细或简略，它都不是哲学的大纲。②

---

① 冯友兰：《三松堂自序》，北京：生活·读书·新知三联书店，2021年，第185页。
② 同上注，第186页。

陈汉章认为哲学史毋须赘以"大纲"二字，史即哲学之纲。这在冯友兰看来是错误的。至于"一句话就可以讲完"的陈黻宸，其惑于史、哲分际的问题就更是明显了。只是陈黻宸本人未必同意学生的看法：《中国哲学史·自序》认为讲义是一部承章学诚之绪，探讨先秦"道术"的"学术史"著作。① 由于涉及了"中国哲学史"这一学科的范式问题，冯友兰的这段评论数见今人征引，作为"中国哲学"研究前史的材料。陈黻宸的政治生涯并不成功，总体而言，研究者更倾向于把他放到专门的学术史部门②，而在政治史、文化史类别的研究中对其学思全体不予深究。③ 但正如民国学人对章学诚思想的移用和阐释忽视了其历史观和现代史学

---

① 陈黻宸：《中国哲学史》，陈德溥编：《陈黻宸集》上册，北京：中华书局，1995 年，第 413~417 页。此后引用省去作者、编者姓名，径称《陈集》。另有老北大听讲生金毓黻，拟陈氏为叶水心，文人言经制一流。（《静晤室日记》，第 9 册，沈阳：辽沈社，1993 年，第 6544 页，1948 年 2 月 7 日。）此评价有所见但不够完备，可看下文论述。

② 徐佳贵：《乡国之际：晚清温州府士人与地方知识转型》，上海：复旦大学出版社，2018 年，第 6 页。

③ 早期论文如胡国枢《章太炎与"兴浙会"》（《浙江学刊》1987 年第 1 期），侯宜杰《评清末官制改革中赵炳麟与袁世凯的争论》（《天津社会科学》1993 年第 1 期）。较近的著作有沈晓敏《处常与求变：清末民初的浙江咨议局和省议会》（北京：生活·读书·新知三联书店，2005 年），韩策《科举改制与最后的进士》（北京：社会科学出版社，2017 年）。另，由陈谧（1902—1966）编写、胡珠生（1927—2014）订补的《陈黻宸年谱》（《陈集》附录，第 1157—1220 页）是目前研究陈黻宸政治、讲学生涯最完整的资料来源。文中称引《年谱》皆指此谱。文中叙述陈黻宸事迹如未出注，一本此谱。

的不同一般①,陈氏学思中被遮覆的部分仍待发掘。

学界对陈黻宸学术的研究始于陈氏与清季新史学思潮的关系。② 在《陈黻宸集》于1995年刊出后,其史学思想中人民、社会等范畴的意义得到了更多关注。由之,研究者从泛论其人史学之新,进步到细察其政、学立场之关联。③ 同时,对陈黻宸学术的整体观察同样应运而生。④ 然如前述,对陈氏学术最集中的探索,亦即对其"哲学"的研究,仍囿于冯友兰的质疑,将陈氏及其"哲学"视为中国哲学学科范式确立中不成熟的一环——亦即难以传达哲学史知识,歧出于学科发展过程的一环。⑤ 如研

---

① 刘巍:《中国学术之现代命运》,北京:北京师范大学出版社,2013年,第1~79页。

② 笔者所见最早的论述,是俞旦初的《二十世纪初年中国的新史学思潮初考》(《史学史研究》1982年第3期)一文,本文指出陈黻宸在京师大学堂任课期间受到了英人巴克尔(Henry Thomas Buckle, 1821—1861)《英国文明史》(*History of Civilization in England*)的影响。

③ 如李洪岩:《论陈介石的史学思想》,《史学理论研究》1992年第4期。李峰、王记录:《新旧之间:陈黻宸史学成就探析》,《史学集刊》2007年第2期。侯俊丹:《新史学与中国早期社会理论的形成——以陈黻宸的"民史"观为例》,《社会学研究》2014年第4期。

④ 如齐砚奎:《近代经史嬗变过程中的陈黻宸》,华东师范大学历史系硕士论文,2006年。尹燕:《陈黻宸学术思想研究》,杭州:浙江人民出版社,2011年。

⑤ 如景海峰《学科创制过程中的冯友兰——兼论"中国哲学史"的建构及其所面临的困境》(胡军编《传统与创新》,北京:北京大学出版社,2002年,第81页),欧阳哲生《中国近代学人对哲学的理解》(《中国哲学史》2006年第4期)和田文军《陈黻宸与中国哲学史》(《武汉大学学报》2010年第1期)诸文。较新的研究参 John Makeham, "Hu Shi and the Search for System", *Learning to Emulate the Wise*, (Hong Kong: Chinese University Press, 2012), pp. 166~168.

究者不明陈氏哲学史与性理之学的联系,以及其性理之学对经制之学的支撑,那么对其历史观念的内涵也难以会解。① 下文尝试利用陈氏及其人际网路中其他学者的文献②,阐明其哲、史学思的横向关联,发现陈氏一贯之思在历史世界中的不同表现。

## 二、陈黻宸论学的思想背景

(一) 天演与道德

陈黻宸"不能说官话,书法极劣,酬酢、客套全无"。③ 终其一生,他在学务上的成绩高于政务上的成绩,这是不难理解的。同样不难理解的是,他在外讲学的成绩高于在浙讲学的成绩。④ 因"不良于言",在外讲学需要以笔代口,其学思精义皆萃于文章,遂有了为数不小的著述。按宋恕之寿诗有言:

> 教为政之母,此理吾所疑。政为教之本,此论吾所持。

---

① 此本陈黻宸的学术再传林尹(1910—1983),参《中国学术思想大纲》,上海:华东师范大学出版社,2006年,第164页。
② 一个例子就是陈黻宸的外甥林损(1890—1940)的著作(林损著,陈镇波、陈肖粟编校:《林损集》,合肥:黄山书社,2010年)。徐佳贵在其《"高谈平治欲谁听"——林损与五四新文化运动》一文中已经指出:"较完备的林损文集已整理出版近十年,其中不乏五四'现场'的史料(尤其是书信),至今利用者却似乎依然寥寥。"本章尝试利用《林损集》与温州学者日记,弥补这一缺憾。
③ 宋恕:《致孙仲玙书》,1896年7月15日。胡珠生编:《宋恕集》下册,北京:中华书局,1993年,第559页。
④ 徐佳贵:《乡国之际:晚清温州府士人与地方知识转型》,第312页。

## 第六章 黄昏：陈黻宸学述

弊政苟未除，善教安所施！先生起瓯骆，九州称大师。北铎幽燕市，南帷瘴海湄。中更讲吴越，积使形神疲。刘郑寻坠绪，黄章证新知。近引法英德，远征姚姒姬。岂计效如何？但矢志不移！①

在这首诗里面，宋恕对陈黻宸在1908年之前的讲学成就、经历和主旨都有描述。对弊政影响陈氏之善教的事实也有提及。② 由于宋恕在1910年过世，陈黻宸生命中最后几年为弊政所苦的情状他无从了解。而陈氏在见证武人横暴、政客诡诈后的思想变化，宋恕更未及得见。本章将对比宋恕已见之陈氏《新世界学报》文字与其未见之《诸子哲学》讲章，试探其中消息。

据《年谱》，因在杭州府学的讲学活动受到阻滞，受马叙伦（1885—1970）之邀，陈黻宸主笔上海《新世界学报》，大讲中

---

① 宋恕：《陈介石五十寿诗序》，《宋恕集》上册，第457页。
② "先生起瓯骆，九州称大师。北铎幽燕市，南帷瘴海湄。中更讲吴越，积使形神疲"陈述陈黻宸先后在温州家乡、杭州府学堂、京师大学堂、广东方言学堂、全浙师范学堂（未赴任）所居之讲席。而"刘郑寻坠绪，黄章证新知。近引法英德，远征姚姒姬"则概括了陈黻宸学思的几个特征：承袭自《汉书·艺文志》（刘向父子）、《通志略》（郑樵）中"流略"的学术史分类方法，受影响于黄宗羲、章学诚的理事不二的"浙东学派"历史观，以及用经典中的古代善政（舜、禹、文武）参证西学新知（法英德）的努力。杨际开《〈待访录〉在清末的传播源、影响及其现代意义》［《上海师范大学学报》（哲学社会科学版）2011年第6期］将宋恕的贺寿诗视为陈黻宸学思中民主和民族两种要素重合的证据。

207

西会通:"综古今而齐中外,教育之形式具矣,而贵有其精神也。"① 陈氏撰稿计 8 篇,产生了一定影响,引起了朝中闻人如张百熙(1847—1907)的注意。因经营不善,该报在 1903 年 4 月停办,两年一共刊出 15 期。② 陈黻宸当年亦及第留京,经张百熙建议,得以移席京师大学堂。《新世界学报》以会通中西为旨。对陈黻宸来说,中学可以"史学"或"六经"概之。西学则包括以"天演"观念和西方科学分类为代表的新知识轮廓。③ 而会通的意味,依《新世界学报叙例》,不外是寄托变政之意。④ 陈黻宸的友人孙宝瑄(1874—1924)曾在日记中评论该报刊出的文稿"多袭梁饮冰之绪余,惟陈介石文章当有可观,且待细读"。⑤ 至《新世界学报》9 月发刊时,《新民丛报》论说栏中的《新民说》已刊至第十二节《论自尊》,影响不小。然孙宝瑄也意识到,陈黻宸定非掇拾饮冰(梁启超,1873—1929)之绪余者。按陈氏《〈新世界学报〉叙例》:

> 智存愚灭,天择其群,眷念黄人,不觉泪下。呜呼!

---

① 《〈新世界学报〉叙例》,《陈集》上册,第 529 页。
② 齐砚奎《陈黻宸与新世界学报》[《温州大学学报(社会科学版)》2009 年第 4 期] 对陈黻宸操办《新世界学报》之事有较详细的介绍。
③ 陈黻宸对科学的分类参《〈新世界学报〉叙例》,《陈集》上册,第 528~529 页。
④ 《〈新世界学报〉叙例》,《陈集》上册,第 528 页。
⑤ 中华书局编辑部编,童杨校订:《孙宝瑄日记》,北京:中华书局,2015 年,第 616 页。

## 第六章 黄昏：陈黻宸学述

我其如斯民何矣。夫慧业无量，若天境然，白种多材，但绝一球，是小行星在大空中，较彼觉知，视智全体，海蛤河沙，殆非比例。况我同胞智不及彼，大地如尘，群生如睡，学报之设，庶亦于世界有济欤？①

陈黻宸对严复（1854—1921）绍介的天演观念重视有加。② 面对"白种多材""黄人"危殆的现实，陈氏以为纾困之道在于获得更多的智识——"智存愚灭"。只是在酷烈的天演现实之下，陈黻宸并未简单将白种西学设定为智识的标准，而是提出了智之全体的概念。这种思维方式和数年之前接受了康有为"大同三世说"的梁启超是类似的。戊戌变法时期的梁启超在为《时务报》撰稿的过程中，藉"大同三世说"将太平世判定为变法致治的最高标准，对应此处的智之全体。这种学说中的治世之象，是可以在中国的古籍中找到的。③ 由此以虚理比例（比例亦屡见于陈氏行文）推之，白种国家虽然领先于黄人国家，但距离太平世与天境还甚为遥远。基于传统思想资源，任公和陈黻宸都构造了为国人开智、求变的理论预设，用于认识乃至转译各类西学，将新知纳入自家的智之全体。《辟天荒》云：

---

① 《〈新世界学报〉叙例》，《陈集》上册，第528页。
② 杨国强《1900年：新旧消长和人心丕变》一文从《辛亥革命时期期刊介绍》中转引了这则材料，并做了背景分析。参杨国强：《晚清的士人与世相》，北京：生活·读书·新知三联书店，2008年，第225~227页。
③ 茅海建：《梁启超的民主思想》，《学术月刊》2017年第4期。

> 彼白人之所能言者也，未必非我古人所欲言也，而亦未必非我古人所已言也。然或白人言之而用而显，我古人言之而废而隐……文者，天下人心中固有之物也。人孰不能文……是必非人，动物之未变化者也。不然，则必太古原人之未经社会淘汰者也。①

陈黻宸的文章科试文色彩较浓，不同于梁启超之晓畅，殆永嘉之遗风。但如马叙伦所言，陈氏的议论方式同样能够实现上述转译："作古人之口，畅所欲言，寄余怀抱。"② 陈黻宸对天演的接纳已如前文所示，那么"天演"之下黄人增加智识、求变求通的目的如何与史相关？答案就是上述的"文者，天下人心中固有之物"。文关联着智之全体，以及人之天性。又如《独史》所言："史者，人心中天然自有之物，而但假于学士文人之笔以传者也。无天地则已，有天地即有史；天地间无一物则已，有物即有史。我亦史界中之一物也。"③ 文而工者能合智识与人心而成为史，故史文不外于人心。这里的包罗天地万物的"史界"，亦即前述智之全体。要言之，中国古人之笔所传者，不仅是中西共用的智之全体的一部分，还是中国人之为人、

---

① 《辟天荒》，《陈集》上册，第620、622页。
② 马叙伦：《石屋续沈》，上海：上海书店，1984年，第49页。陈黻宸的议论风格亦受乡贤和浙学传统影响，参陈云昊：《孙衣言与"水心文风"的复苏》，方韶毅主编：《瓯风》第十八集，北京：文汇出版社，2019年，第176~187页。
③ 《独史》，《陈集》上册，第568页。

## 第六章 黄昏：陈黻宸学述

不为有待淘汰之"（粗鄙不文的）太古原人"的证据。

得张百熙所重的《经术大同说》用意即在复古以变今。① 此编推衍章学诚之论云："古所以名经者，以其出于人生日用行习之所必需，而为人人所当言所当行者。"② 如何判断当言当行？《大同论》言："以吾心所安，证之古人之传。" 如此，则是"人人有一经术大同之目的在其心中"。③ 孔之不可及、诸子之可贵、后世"经术排外"与"经术专制"之可鄙都在于此。进而，陈氏提出了变政的理想："吾将以春秋战国时之经术之贯输于学士大夫之智脑中者，转而贯输于群天下之民之智脑中，而后大同可望矣。"④ 然天演如此，古人所记史事如何与今人求新之日用何干？陈黻宸先后称引巴克尔《文明史》的崇古之言与明治日本尊"古学"的事实以回护古经，继而说："夫以四五百人而仅得读书识字之一人，而又何冀于中国之兴……学问之道，持之有故，而言之成理者，必有当于世之用……经果不亡，即欧学亦行。"⑤ 面对着中西新旧智识间巨大的差异，不同于戊戌时期的康、梁所做的大量附会，陈黻宸更倾向于强调中西会通的

---

① 《经术大同说》，《陈集》上册，第538页。
② 同上注，第536页。
③ 同上注，第542~543页。
④ 同上注，第546页。
⑤ 同上注，第550~551、553页。陈氏非常厌恶割裂经文附会新学的编经之举，他认为这种以宣传代教育的举措较秦火更有害于学术人心。这种看法实际上与当时赏识陈黻宸的革新官僚孙家鼐（1827—1909）相应，参张海荣：《思变与应变：甲午战后清政府的实政改革（1895—1899）》，北京：社会科学文献出版社，2020年，第375~393页。

基础。与其说《大同论》是在探讨以中国古学会通中西智识之道，不如说是在探索"黄人"学习新知的前提何在。学习新知，靠的是识字的读书人；读书人读经识字所操练而成的，是可以获取新知的文心。天下智识不外乎历史，而既然学习、求新、求变的禀赋之固有于人心，中西古今之学就并无不同。这一洞见与章学诚相应："道之大原出于天。"在变动的历史中，古人与西人各有其事功，今人邈不可及。但是古人所以事功之本原却"出于天"，跟今人成就事功的禀赋是一样的。

在智识的层面上调和新旧之争是为达用，达用即陈黻宸"经制之学"中的事功。事功不离心性。如前文所述林尹之言，陈黻宸之言史学乃是兼"性理、文章、经制"言之。与同期梁启超之《新民说·论公德》《新民说·论合群》等议论平行、甚至略早，陈黻宸在1902年发表的《德育》一文提出了"夫体以植德之基，智以广德之用"，"我亦亟欲起斯人之愚而智之，而又必以德育为之界。曰：有智德而后可智"等论点。[①] 在此之外，陈氏还作《伦始》一文以继《德育》未竟之绪，归本于人心："自人竞智育，几以德为疵疠。呜呼！此庄子所谓心死者

---

[①] 陈虬、宋恕、陈黻宸撰，胡珠生编：《东瓯三先生集补编》，上海：上海社会科学院出版社，2005年，第333~344页。梁启超对演化的历史与不易之德性的思考实际上绵延到了他的晚年，对其学思的深度分析可参《世界历史与历史相对主义的问题——1919年以后梁启超的史学》，见施耐德著，关山、李貌华译：《真理与历史：傅斯年、陈寅恪的史学思想与民族认同》附录2，北京：社会科学文献出版社，2008年，第250~259页。

## 第六章 黄昏:陈黻宸学述

也。"而就人心而言,觉知又始于知伦——智育始于伦理德育。①如果说前述《新世界学报》诸文乃"文章、经制"之事,《德育》《伦始》两文则已涉性理之域。进言之,陈黻宸在1902—1908年间讲史学重达用,在鼎革之后讲学北大期间则重明体。在1908年,宋恕呈上寿诗后数月,陈黻宸有广东南武学堂②讲辞云:

> 无事功之心性,无用之学也。无心性之事功,无体之事也。且舍心性而言事功,溺富贵利功名之士,窃其术以贼天下……夫自治以治人之道,要自吾心窍[窍]中流溢而出,无他谬巧以得之。③

治人之道不离自治,自治之道不离心性。陷溺其心至于心死者,必以其事功贼天下。1909年,陈黻宸长期的讲学活动暂停,转入到政治生涯的一个高峰,在当年7月出任浙江咨议局议长。④ 同年,陈氏全面介入瑞安中学堂存废之争,主张停办腐败不堪的学堂以振兴学务,倾数月之力,仍告失败。⑤ 从咨议局开

---

① 《伦始》,《陈集》上册,第575~578页。下文所引《伦始》文本不再注明。
② 陈黻宸在两广讲学时,当地门生故旧众多,当有人为之"翻译"。参徐佳贵:《乡国之际:晚清温州府士人与地方知识转型》,第420页。
③ 《南武书院讲学录》,《陈集》上册,第642、644页。
④ 韩策:《科举改制与最后的进士》,第320~330页。
⑤ 徐佳贵:《乡国之际:晚清温州府士人与地方知识转型》,第318~322页。

幕演说辞中可见陈黻宸以民心为心,保民生计、提振道德的抱负。然受学堂存废事件问题的影响,他在咨议局的活动也陷入了同室操戈的争议。而在翌年6月,咨议局、浙江铁路公司与清廷矛盾激化,陈黻宸又进一步卷入了革命风波之中。① 并在杭州旗人军官贵林(? —1911)投降、被杀和浙江革命军人掌权的过程中饱尝甘苦。宋恕去世前有《贺陈黻宸当选浙议长》联曰:"历史时机异西欧洲、东瑞篱国,海内外馨香共祝。且喜且惧曰:何由慰我相期"②,一语成谶。

(二) 变政与卫道

时贤有述:"贵林,姓毕噜氏,字翰香,号中权,满洲正红旗人,辛亥时任杭州驻防旗营协领。杭州城起义之后,代表署理杭州将军德济赴军政府谈判议降,却在数日之后因'私藏军火,阴谋反叛'之名被拘拿枪决。"③ 贵林非特具有权力,其学行也著于浙中。以陈黻宸、汤寿潜之狷介清高,亦与贵林相交。④ 议降之事,陈氏担任其保人、为之斡旋。据后人回忆,陈黻宸当时称言"以性命保公满门",之后又于千钧一发之际救出

---

① 沈晓敏:《处常与求变:清末民初的浙江咨议局和省议会》,第56~57、32、61~66页。
② 宋恕:《贺陈黻宸当选浙议长》,《宋恕集》上册,第481页。
③ 沈洁:《从贵林之死看辛壬之际的种族与政治》,《史林》2013年第4期。
④ 宋恕:《中权居士协和讲堂〈演说初录〉序》,《宋恕集》上册,第363~364页。宋氏其它文字尚多有赞誉贵林者,兹不赘举。

## 第六章 黄昏：陈黻宸学述

了贵林的三名子嗣。① 诚然，杀降之事为革命党和满洲政府积年旧怨所致，势在必发。然在今日观之，当时革命派不无罗织之嫌疑。② 人心险恶，局中人陈黻宸的体会当尤为痛切。因浙中军人之势已不可遏③，陈氏在1912年离浙入沪参与世界宗教会，或有以讲学卫道的学务兼济政务之意。④ 又于1913年入京任国会众议员，兼任北大教授，撰著了《诸子哲学》等讲义，以为晚年定论。

据《年谱》，《诸子哲学》在1914年成稿，早于《老子发微》与《中国哲学史》。《诸子》、《老子》两稿取材与意旨较为接近，除征引王弼（226—249）、苏辙（1039—1112）与焦竑

---

① 陈德曾：《书瑞安陈黻宸先生全集》，《陈集》上册，第1~2页。

② 参前引沈洁文。据《年谱》，陈黻宸在入军营劝降之时，已有革命派试图袭击满营，陈黻宸几被鄽食其之祸。其中险恶可知。

③ 据刘绍宽（1867—1942）回忆："陈介石先生自杭回，深以武人握全府军政为非，谋欲挤之。余与黄仲荃、刘赞文皆不敢赞成。"见温州市图书馆编，方浦仁、陈盛奖整理：《刘绍宽日记》，1911年8月，北京：中华书局，2018年，第535页。此段为补记，具体日期不详。陈氏此计划后来果然失败，有"温州人不乐瑞安人掌权"之背景，可见外王事业之艰难，详梅冷生撰，潘国存编：《梅冷生集·温州光复概述》，上海：上海社会科学院出版社，2006年，第81页。

④ 此会原本旧学、捍卫道德的宗旨，可于谛闲（1858—1932）之《世界宗教会题赞》窥见一斑。参《谛闲大师文汇》，北京：华夏出版社，2012年，第383页："或曰：'当今世界翻新，共和发轫，未及百日，南北一致。其创造之功为何如耶？'余曰：'善。'又曰：'近闻提倡宗教其意何居？'余曰：'以维持人道为主义。用补政治之不逮也。'且夫人道以道德为镃基，道德以宗教为龟鉴。自非阐明宗教，则不知培养道德。不培养道德，将何以维持人道乎？"

(1540—1620)等名家注解，还采用了清代注家如纪大奎（1756—1825）、杨文会（1837—1911）的释义。研究者已经指出，在乾嘉考证学和晚清政治老学的脉络之外，受理学影响的主旋律老学论著也为数不少。① 陈氏讲义的取资即可一窥此潮流之余澜。《诸子哲学》始于讲《老子》，讲《老子》义理则以节制"事功"为先：

> 窃谓天下惟守礼不失尺寸之士，或能于礼意之所存，穷源反本，穆然于礼之所自起与礼之所由行……老子之薄夫礼也，非弃礼而绝之也，盖以人道日非，不能不有藉于礼，以为范围曲成之具，其流斯下，其用斯当。故老子之言礼愈精，守礼愈严。②

"范围曲成"语出《系辞》，言圣人立范制法之事。③ 陈黻宸此处发明《老子》本义在重礼守礼之余，特意点出"人道日非"、"其流斯下"的语境。这与他的经验是相应的。而文首"穷源反本"之语，更是意在探究人道日非的补救之道：

> 我独谓后来老学之弊，其流有二：一杨朱氏之为我，

---

① 刘思禾：《清代老学史稿》，北京：学苑出版社，2017年，第25~31页。
② 《诸子哲学·老子》，《陈集》上册，第10页。下流，指针对上流的道德而言。
③ 《周易正义·系辞》，北京：北京大学出版社，1999年，第267~268页。

## 第六章 黄昏：陈黻宸学述

一申不害韩非之无为……老氏者，以欲利人为归，虽其术有时近于为我。其为我也，以为有我而后有人，非杨朱氏之为我也。其用大抵本于无为。其无为也，以为无为而有以为，非申韩氏之无为也。①

陈黻宸在陈说老学流弊后指出：杨朱之为我与申韩之无为殊途同归，皆为"卑人以尊我"、土苴天下之人的暴政。他引用《文子·精诚》记述的老子"圣人之心，日夜不忘乎欲利人"一语，牵合道家与儒家仁民爱物之教。克实言之，与其说陈氏此处是解析"老学"之弊，不如讲是在反省前述心性事功分离之弊。言法而不本于礼、言政而不本于教，乃《管子》之学流弊。② 不过这仅仅是人道日非之后产生的问题。惟有对老学之弊的反思，才能切中人道何以日非的根源：言礼制、言伦理而不本于人心。故讲《老子》哲学之后，继以《庄子》：

故仁义生于人心，以仁义治天下，是以天下治天下也；以仁义之心治人，是以心治人心也。智者智此而已，贤者贤此而已……昔以伦始，而今以妇女终，昔以仁始，而今以人与人相食终……呜呼！心之不可测也。庄子察物甚精，而测心甚微……其迹出于外名教，而归于忘形骸，其术极

---

① 《诸子哲学·老子》，《陈集》上册，第17~18页。
② 《诸子哲学·管子》，《陈集》上册，第288页。

于通人天，而始于一生死。①

出于经制的入世诉求，陈黻宸对庄子轻名薄礼、外于名教的倾向深致不满。然而他对庄子"诗礼发冢"的批判意识深怀同感，故有"昔以伦始，而今以妇女终，昔以仁始，而今以人与人相食终"之论。相比"仁义智信皆可以礼统之"而不明道德本源在心的荀子而言②，庄子外名教、忘形骸之谈有"蔽于天而不知人"之过，其穷源反本的态度，却接近陈黻宸的立场：自治治人之道，非以"仁义生于人心"、打通人天之学为前提不可。又从《老子发微》中可知，人心求变、求新知的禀赋（文、史）须上达天生之常德：

> 人苟无识，人即非人，人仅有识，是人非天，故老子必去智以任天。天者何也？常道也，常德也……礼者，缘情而生，因时而制，与道之本原自殊。③

有识之人自然才能适应变化的历史世界、不被淘汰。但智识不能保证人的行为和事功不离道德之轨。仁、义虽然与礼、

---

① 《诸子哲学·庄子》，《陈集》上册，第165~167页。"昔以伦始，而今以妇女终"本《庄子》之"其作始有伦而今乎妇女"，讽刺以女为妇之乱伦事实。

② 《诸子哲学·庄子》，《诸子哲学·荀子》，《陈集》上册，第177、321~322页。

③ 《老子发微》，《陈集》上册，第334页。

智同生于人心，却难保在天演之中不被败坏："我独虑德日益新、言德日益众，而人人争思以德济其私、逞其欲，用其胜人之术而习其杀人之才。"① 由此而言，陈黻宸对道家去智、任天的阐发乃是儒家化的——以天下治天下的理想根于人心。能知人心固有之仁义者，则事功一无滞碍。进言之，制礼、变政为事功边事，反本、卫道为心性边事。陈黻宸在清末民初的讲学的重心从前者走向了后者，亦即从变政到卫道。

## 三、经制之学和卫道之旨

（一）史学与性理之学的关联

上节择要叙述了陈黻宸学思的相关背景。本节将讨论陈黻宸1904年在京师大学堂短暂任课期间撰成的《中国史讲义》，分析经制之学对心性问题的重视何以成为后来写作《中国哲学史》讲义的机缘。民国前期居于温州的冒广生（1873—1959），在《陈黻宸传》中曾对陈氏史学有一精到评价：

> 史学者，凡事凡理之所从出；一物之始必有其理焉，一人之交必有其事焉，即物穷理，因人考事，积理为因，积事为果，因果相成，而史乃出。人不患无学，患学而无用，学而不能用者非学也。为学必本之礼义廉耻以植其体，参之物理、人情以扩其用，征之诗书乐艺以明其是非，求

---

① 《德育》，《东瓯三先生集补编》，第335页。

之日用行习以观其得失。平时以此自治，而亦以此教人。①

自"人不患无学，患学而无用"以下内容，意旨与前述陈黻宸事功不离心性、治人之道不离自治的思想是一致的。但冒氏"一物之始必有其理焉，一人之交必有其事焉"的叙说，又进一步展示了陈氏史学的构造。其构造基于近承章学诚、龚自珍（1792—1841），远绍阳明学的学术独见。② 据上节所述，陈黻宸认为人有心知而能文，文而能工则为史。《中国史讲义·总论》再次强调，史是人心与理、事的桥梁。而这正是史学所以能接引一切中西古今科学的关键所在：

> 史者，凡事凡理之所从出也。由一理以推万理，而至于无理可推，然而吾心中未尝无理也。由一事以穷万事，而至于无事可穷，然而吾心中未尝无事也……史不可以文章语言尽也。故善读史者，其胸中其目中必自有无限之观感，无限之觉识，萦回郁勃，蕴而未发……史学者，合一切科学而自为一科者也……司马氏、郑氏盖亦深于科学者也。但以我国学术久失其传，不能如欧洲诸名辈，剖毫析微，各为之名，而示人以入门之径耳，然其大概不离于是……不佞窃谓论读史之法，尤以能辨政治、社会二者为

---

① 冒广生：《陈黻宸传》，《东瓯三先生集补编》，第441页。
② 林损：《史学纲目》，《林损集》上册，第466页。

## 第六章 黄昏：陈黻宸学述

尤要……析而言之，则社会之成于天然者多，而出于人为者少；政治之出于天然者少，而成于人为者多。总之，非社会不足以成政治，非政治不足以奖社会。政治之衰败者，断不容于社会文明之世。社会之萎落者，即无望有政治振起之期。①

前引冒广生《陈传》即本此段。引文首节引申前述之"史界"与《〈新世界学报〉叙例》之智之全体概念，发明史学理事不二、万殊一本之义——因一事一理即可推及万事万理。此处的一本就是吾心。陈黻宸言："善读史者，其胸中其目中必自有无限之观感，无限之觉识。"这一禀赋就是一事理可推及万事万理的原因。既然史之禀赋能穷万事万理，史之为学自然就包括了一切古今之科学，故曰"合一切科学而自为一科"。引文又言：司马迁（约前145—前86）、郑樵（1104—1162）等中国史学家早已"深于科学"——这正是《辟天荒》中已经出现的观点："彼白人之所能言者也，未必非我古人所欲言也，而亦未必非我古人所已言也。然或白人言之而用而显，我古人言之而废而隐"。《独史》中基于马、郑作品提出的"十录""十二列传"，也可以视为陈黻宸会通古今科学的初步尝试。在以上引文的最后一部分，陈黻宸进一步点明，史学包罗之科学大端有政

---

① 陈黻宸：《读史总论》，屠寄等撰，刘开军编校：《京师大学堂历史讲义合刊》，上海：上海古籍出版社，2018年，第107~108页。又见《陈集》下册，第675~677页。

治、社会二者。细绎末句，陈氏口中的政治、社会恰可对应政、学或政、教两端。《讲义》讲学以变政的意图虽然引而未发，却有目共睹：据《年谱》，在《讲义》成书当年，陈氏即被提倡民权之讥。此后猝然离京南下，并非事出无因。

无论是此时的学以变政还是之后的学以卫道，都是围绕陈黻宸对"人心"的理解而展开。宋恕称言陈黻宸学宗阳明（王守仁，1472—1529）、梨洲（黄宗羲，1610—1695）①，正是因为在心学传统中，藉由心外无事的视野，"浙东史学"或"永嘉经制之学"里面"理事不二"的特质得到了强化。浙东史学与心学的亲缘性，例如"宗江西陆氏""言性命必究于史"的思想史命题，自然是章学诚唱之在前。然而章学诚更多地着眼于读史作史者之"天性所好"与"识力"，章学诚眼中心学重视主观的"尊德性"更多是学术方法概念而非伦理概念。② 这与陈黻宸笔下的人心大为不同。可以说，陈黻宸和后来的刘咸炘（1897—1932），都试图在承袭章学诚的论述之余，恢复史学认知活动的价值之维。或者说，进一步发展了阳明学与实斋学的关联。

也正是如此，如同阳明学发展中出现了外于"名教笼络"的激进倾向，陈黻宸的学思中不仅出现了对名教批判者庄子的

---

① 宋恕：《致孙仲玙书》，1896年7月15日，《宋恕集》上册，第559页。
② 山口久和著，王标译：《章学诚的知识论——以考证学批判为中心》，上海：上海古籍出版社，2006年，第52~68页。

## 第六章 黄昏：陈黻宸学述

同情，也出现了对"自治"为"受治"之基石的大胆宣言。① 这种对政、教张力的肯定态度，与斤斤于"私学不可侵官"的章学诚大有不同。② 他在《中国史讲义·政治之原理》中声称：

> 人各知求治，人各知自治。其受治也，各自任其自治之天。其施治也，亦但还人以自治之性……是故论政治学者，有形而下之政治学，有形而上之政治学。其形而下者，类出于人为，而治法由是生……其形而上者，必出于天然，而治理由是见……形上之学根于性，发于情，而达于义；形下之学明于事，揆于分，而周于术、于名、于权、于利。故其形而上者，即为形而下之政治学所自出。且自有形而下之政治学，而所谓形而上者，益可因流而穷其源，即委而识其端者。③

自治是施治之基，而自治又以"自治之天"和"自治之性"

---

① 马叙伦称陈黻宸与宋恕皆有社会主义思想。参马叙伦：《石屋余沈》，上海：上海书店，1984年，第208页。这当然是对其言论中大同和平等色彩的夸张。陈黻宸的社会福利观仍是旧式的，据林损所记1901年瑞安演说会讲辞可以推知，参《论演说会作用》，《林损集》中册，第1138~1139页："政治的宗旨本是要'博施济众'，使令天下的人，个个有饭吃，有衣服穿，还要大家晓得道理，有了学问，可以发达种种事业，永远保全平和。"

② 张荣华：《章太炎与章学诚》，章念驰编：《章太炎生平与学术》，上海：上海人民出版社，2016年，第814~819页。

③ 陈黻宸：《政治之原理》，《京师大学堂历史讲义合刊》，第110~111页。《陈集》下册，第678~679页。

为基。由此,形而下、形而上两者分别对应"施治"和"自治"。如上探其源,就会谈到"天"与"性"的问题。以上论述,乃是前述《诸子哲学》中分别礼制与心性的前奏。而《老子发微》"去智以任天"的论断,除了在《讲义》中的《老墨之学》部分可以找到先声。在与《政治之原理》平行的《社会之原理》当中,也能发现:

> 自人与人相际,而有一定之真理焉;自人与人相际,而又有无穷之公例焉。由小而极大,由微而成著,虽尧、舜、汤、武之智,不能入裸壤而侈述文章;虽有秦始皇、成吉思汗之威,不能夺人心而俾之驯服。即其中亦自有大力者负之而趋矣,然亦适因其势其时之所自然,而偶有以得之,而又几于失之。①

人类演化的历史过程有"一定之真理",就是所谓"由小而极大,由微而成著",尧舜汤武成就文章功业,也是在"法积道备"之后而成。然而这一演化的过程是非线性的,原因即在于会有"大力者"试图"夺人心而俾之驯服"。陈黻宸在本段后评论道,这样虽"偶有以得之",但无异于"以一人与社会抗",终会失败。而这一曲折过程,即可由

---

① 陈黻宸:《社会之原理》,《京师大学堂历史讲义合刊》,第112页。《陈集》下册,第679~680页。

"公例"推证：因愚不能胜智、少不能胜多之故，本于人心的自治最终必不为强力所屈。

（二）人事之理与圣人心术

如果继续推演政治、社会运行的诸多"形而下"之公理，陈黻宸很可能会发明更多有裨"变政"的学说，只是这些学说很可能如同康有为的《实理公法全书》等论著一般，流于以新学比附经典。陈氏"卫道"的热忱，让他在最晚年转向了对事功变政之基——人心的研究。在《新世界学报》创办之初，因"中国古文皆以心范围一切"，陈黻宸曾将"Philosophy"归入"心理学"。① 而在《中国哲学史》讲义中，陈氏拈出"道术"一词，将"哲学"和与"方术"对应的"科学"区别开来：

> 章氏学诚曰："夫子曰，下学而上达，盖言学于形下之器，而自达于形上之道。"达哉言欤！夫道之不明于世久矣。我闻之《庄子·天下篇》曰："天下之治方术者多矣，皆以其有为不可加矣。古之所谓道术者，果恶乎在？曰：无乎不在……"《庄子》论道术裂而后有方术。方术者，各明其一方，不能相通，如今科学者是。欧西言哲学者，考其范围，实近吾国所谓道术。②

---

① 《答〈新民丛报〉社员书》，《陈集》下册，第1019页。
② 《中国哲学史·总论》，《陈集》上册，第414~415页。

无独有偶，谢无量在同年出版的始于伏羲画卦、终于彭绍升（1740—1796）的《中国哲学史》，开篇也以道术、方术当哲学、科学。明代儒学"道统"的印痕，在陈、谢的《哲学史》中显得同样深刻。① 只是就相重合的先秦部分而论，该书之取材旨趣虽与陈黻宸之《中国哲学史》讲义相近，但颇显狭窄。② 不同于谢无量，承袭黄宗羲的著名论断"盈天地间皆心也"，"工夫所至，即是本体"，陈书以为古人政事中道术"无乎不在"，故其书记述古事巨细靡遗。同时，陈书又不同于分别官守的《文史通义》。该书在论列古人事功之余常留心于事功背后的义理、心术。此即《政治之原理》所述"因流而穷其源，即委而

---

① 古今圣贤首伏羲始于《汉书·古今人表》，伏羲与道统的结合则是理学影响下的产物——周汝登（1547—1629）之《圣学宗传》与张伯行（1651—1721）之《道统录》皆以伏羲为首。伏羲画卦在理学历史叙事中的重要性，与朱熹、阳明的推崇有关，而显然也受到王畿（1498—1583）、罗汝芳（1515—1588）等王门龙象在解《易》时所作阐发的塑造（参朱伯崑：《周易哲学史》第 3 册，北京：华夏出版社，1995 年，第 229~231 页；沈鸿慎：《学者，觉也：罗近溪哲学研究》，台北：万卷楼图书股份有限公司，2019 年，第 71~74 页）。罗汝芳一传而为管志道（1536—1608）、虞淳熙（1553—1621），又进一步偏出了正统儒学（以黄宗羲《明儒学案》为准）的藩篱。作为三教合一化的讲学者，虞氏在其《宗传图》中大量吸收了纬书的材料，进一步巩固了伏羲在道统中的位置。参刘增光：《晚明〈孝经〉学研究》，上海：上海古籍出版社，2015 年，第 266~273 页。吕妙芬：《孝治天下：〈孝经〉与近世中国的政治与文化》，台北：联经出版事业服份有限公司，2011 年，第 138~142 页。

② 谢无量：《中国哲学史·绪论》，《谢无量文集》第 2 册，北京：中国人民大学出版社，2011 年，第 3 页。这可能与谢无量仍然自觉以《伊洛渊源录》等严格的学术史写作形式自限有关。据陈威瑨所言，该书绪论外的正文还有抄袭之迹，在此不论。

## 第六章 黄昏：陈黻宸学述

识其端"：以人心固有之仁义称量事功、礼制恰当与否。以"人人之心"矫"一人之心"之失。①《中国史讲义》因时间缘故，只讲了孔门之学与老墨之学。而《中国哲学史》讲义则特意以《太公》篇为结。陈氏有言："太公故名古道家，然而申韩刻核少恩之言，已涓涓乎滥觞于斯矣。"② 道术之传至于太公，心性已不可问。降至申、韩，则更不成其为道了。陈黻宸的"哲学"之思，也终于对后世之不仁和太公之失的反省：

> 在天地气化之中，消息相权，应机而化，阴者藏而不露之谓，以故寒暑并行，四时因之不忒，启蛰互用，百物以昌其生。后人未明阴之为用，而遽以阴贼阴险之义当之。乾坤翻覆，大造不仁，杀气滔天，妖霾四塞，吾读《史记·齐太公世家》，辄股栗齿战不自禁，而叹后世兵家言之贼天下久矣。
>
> 豪杰秉职，国威乃弱。杀生在豪杰，国势乃竭。豪杰低首，国乃可久。杀生在君，国乃可安。亦何尝不阐轩顼之微言，发机钤于造化，亦庶几乎古道术之留贻矣。③

---

① 马叙伦回忆陈黻宸论史，常以个人良知所感之是非、仁义订正前人行止，如称"方孝孺之赤十族，不过为建文争帝位于燕王，而以十族为名教所牺牲。"参马叙伦：《石屋续沈》。
② 《中国哲学史·太公》，《陈集》上册，第503页。
③ 《中国哲学史·太公》，《陈集》上册，第500、501页。

在《中国哲学史·太公》的叙说中有两个太公的形象。二者在重"阴谋"上相似，而影响恰恰相反。一者传兵家阴谋之言，藉藏而不露之谋济其奸险之心。一者传黄帝、颛顼之道术，藉藏而不露之谋以压伏豪杰。① 如果说后者还"庶几乎古道术之留贻"，前者就是"大造不仁"以贼天下了。陈黻宸的生命体验，让他在有关太公的文献中，更多地看到前一个太公的存在。但他又怀疑道："明太祖犹能杀张昶，而谓武王仁人，能有一太公哉?"② 鼓吹严刑峻法的元朝降臣张昶（？—1367）终见疑于朱元璋（1328—1398）而被杀。不仁之主如洪武者尚存诛恶之心。依例而推，仁人周武王，如何能容太公？由此，虽然文献所征者常常是前一个太公，但后一个太公的形象更近乎"信史"、更应该是历史事实——毕竟武王仁人，是不可辩驳的史实。但正如孔子所说"未尽善也"，太公襄赞周室王道的阴谋，已启后世申、韩不仁之机。人道日非的种子，在历史的开端（或者说，三代之末?）就埋下了。

"事功不离心性"、"仁义生于人心"都是"一句话能讲完"的。但历史现实中事功与心性的张力，又让人难以言说，以致于"无所谓讲不讲得完"。苦于时人不德的陈氏有意在书中淡化了经制之学的历史维度：在他对古人心术的辨析之中，《哲学

---

① 章太炎建议袁世凯"以光武遇赤眉之术，解散狂狡"时的心境，与写下此段的陈黻宸相近。参章太炎：《与袁世凯》，上海人民出版社编，马勇整理：《章太炎全集·书信集》，上海：上海人民出版社，2017年，第564~565页。

② 同上注，第503页。

## 第六章　黄昏：陈黻宸学述

史》《诸子哲学》中的事实常常脱离了历史的轨道、为不变的心性做注脚："孔子既能竖彻文王、周公于数百年之前，何必不能横通释迦如来于九州之外。吾不必谓孔子果有是言，亦不必谓列子果有是文。"① 冯友兰的质疑也由此而生。

《中国哲学史》以发明古人心传为要。由此，其书取材原则与考据学者大不相同。举凡能印证斯理之变化者，一概引以为据、发明义理。如前文所述之《太公》章，陈书即便考订真伪，也以论理为的。故而除引用汪中（1745—1794）、阮元（1764—1849）等人的考订成果之外，《中国哲学史》藉郑樵、马骕（1621—1673）之书言上古史事的案例，也是所在多有。② 对比陈氏友人、同属新派的浙江士人蔡元培为胡适《中国哲学史大纲（上）》所作序言，冯友兰所见陈书非史的问题会更为明显。在陈黻宸去世后的1919年，胡适（1891—1962）的《大纲》出版。蔡元培在《序言》中所点出胡书之高处，适与旧式学术史的旨趣相异：

> 我们今日要编中国古代哲学史，有两层难处。第一是材料问题：周秦的书，真的同伪的混在一处。就是真的，其中错简错字又是很多。若没有做过清朝人叫做"汉学"的一步工夫，所搜的材料必多错误。第二是形式问题：中国古代学术，从没有编成系统的记载。《庄子》的《天下

---

① 《诸子哲学·列子》，《陈集》上册，第269页。
② 陈黻宸写作《哲学史》所用参考书的简表，可参前揭拙文，第10页。

篇》、《汉书·艺文志》的《六艺略》《诸子略》,均是平行的记述。我们要编成系统,古人的著作没有可依傍的,不能不依傍西洋人的哲学史。所以非研究过西洋哲学史的人,不能构成适当的形式。①

蔡元培与陈黻宸相知已久,在辛丑前后的思想状态也有接近之处。② 不过蔡元培在此后赴德留学,译毕《哲学要领》《伦理学研究》,对哲学的看法显然与陈黻宸和严复等在民国已然成为老派人物的学者不同。③ 陈黻宸以心理学、道术为哲学,在已经掌握了基本哲学知识的蔡元培看来自然是"无适当形式"之谈。而从前者的角度看来,蔡元培此处的两点批评毋宁说是一点:中国学术无系统之形式,亦无系统之史可依傍,故搜集材

---

① 胡适:《中国哲学史大纲(上)》,上海:商务印书馆,1919年,第1页。
② 1901年,蔡元培迎娶黄世振(?—1921)时,陈黻宸、宋恕都出席了婚礼。婚礼以演讲代替闹洞房等礼宾陋俗:"陈黻宸引经据典,畅谈男女平权理论;宋恕主张男女双方应以学行相较。新郎则于答词中表示:'学行虽有先后之分,就人格言,总是平等。'"参高平叔编著:《蔡元培年谱》,北京:中华书局,1980年,第13页。
③ 严复1912年所作之《分科大学改良办法说帖》云:"中国经学、周秦诸子、汉宋各家学说,本为纯美之哲学,而历史、舆地、文学,亦必探源于经,此与并经于文办法亦合。"其模糊疏阔之处,与陈黻宸对科学、哲学的理解非常相近。参汪征鲁等主编:《严复全集》第7卷,福州:福建教育出版社,2014年,第403~404页。蔡元培在1923年所作的《五十年来中国之哲学》中将严复视为介绍西洋哲学之先驱,然而"不很彻底"。至于陈黻宸,则根本未及。浙中旧人,反而是宋恕和夏曾佑被蔡氏判为有哲学家的资格,参《蔡元培全集》第5册,杭州:浙江教育出版社,1997年,第104、123页。

料亦不辨真伪。《哲学史》以人心所同之仁义常德为辨别真伪的标准，凡德音嘉言无不可搜罗对勘，所以陈黻宸自然不会对蔡元培的这类批评让步："故时无古今，地无远近，惟神所适，迹象胥融。孔子于西方圣人，虽万里之远，犹一咫也。"①

## 四、《中国哲学史》论先王之心术

（一）探究古人之良政

胡适《大纲》出版之后大有截断众流之势。虽有旧派学人对其不满，但该书究竟还是成为民国时期中国哲学史的典范。理学色彩浓厚的陈黻宸、钟泰（1888—1979）《中国哲学史》在撰成之后，更像是一股思想界之伏流。②而当我们回到这股伏流本身的时候，首先看到的是见于《伦始》的理学色彩。

觉知是获得智识的基础，同样是建立包括变政、制礼在内的事功的基础。对陈黻宸而言，让人类从禽兽演化进步的觉知，

---

① 《诸子哲学·列子》，《陈集》上册，第269页。
② 这股伏流，到牟宗三（1909—1995）、劳思光（1927—2012）指责胡适不懂哲学、冯友兰不知理学的时候，才奔涌而出。参牟宗三：《客观的了解与中国文化之再造》，《牟宗三先生晚期文集》，《牟宗三先生全集》第27册，台北：联经出版事业股份公司，2003年，第421~422页。劳思光：《新编中国哲学史（一）》，台北：三民书局，2005年，第2页。至于陈、钟的作品，至今也是被冷落的。例如王锦民之《中国哲学史研究》（福州：福建人民出版社，2006年）即列胡书为中国哲学史学科之奠基著作。在提及牟宗三、唐君毅之前，全然不及陈、钟之书。陈少明曾点出了牟宗三接续理学话语重释道统的努力及其问题（参《做中国哲学：一些方法论的思考》，北京：生活·读书·新知三联书店，2015年，第89~92页），但未暇论及之前的学科历史。

却是以人伦之存在为前提的。林损《伦理正名论》有云:"《礼·乐记》:'乐者,通伦理者也。'《注》:'伦,犹类也;理,犹分也。'二字并用,意甚浑融,与今所谓伦理学微有不同。"① 此语可为《伦始》注脚:人觉知伦类的智识能力与明辨理分的道德能力乃是"混融"的,不可以离事之虚理言德。②

伦类为世界之一部分,因此觉知伦类同样属于人对世界的知识。而《伦始》更将伦类的内涵限定到了人类上面:先于草木、禽兽到人类的化生之源是不可知的,人所知之伦惟有只涉及与人生有涉之因缘。③ 同时,陈氏又指出人既为人,则爱亲之性与对自身伦类的觉知为俱生之物:

> 一蔓之微,必有迹焉;一蔓之长,必有依焉。非伦何

---

① 林损:《伦理正名论》,《林损集》,第128~129页。
② 这可以解释陈黻宸为何对颜元(1635—1704)和戴震(1724—1777)的朱子(朱熹,1130—1200)批判表现出了明确的认同。参陈黻宸:《诸子哲学·荀子》,《中国通史》,《陈集》上册,第320页,下册,第1012页。陈氏书中所引颜元的言论,也能在孙宝瑄1897年的日记当中发现,二人可能皆受宋恕影响而阅读了《颜氏学记》。参《孙宝瑄日记》,1897年1月20日、1月22日,第81、82页。
③ 就已有的文献证据而言,可以说陈黻宸的论述受到了佛学缘起观的深刻影响,但具体的脉络很难勾勒清晰,因此只能提供一个背景说明:在陈氏的圈子里面,辛丑前后的宋恕、夏曾佑和孙诒让(1848—1908)已经都在不同程度上接受了佛学资源,而孙诒让本人和陈黻宸的父亲一样,都酷嗜《华严》。孙诒让和《华严》的证据参宋恕:《又寄挽籀顾先生》,《宋恕集》上册,1908年7月8日,第477页。陈父和《华严》的证据参林损:《陈黻宸传略》,《林损集》下册,第1305页。

生，有生必伦。一切因缘，与伦俱来。自一微尘，达无量界，造物者人世之一大伦也。惟我有伦乃生爱心。混沌不齿，但知有母，然知有母，是即爱性。性本有爱，因母而动。唯我母爱，唯母我爱。由此爱性，种为爱心。与我伦者，我必爱之。爱之不已，因而护之。护之不能，因而争之。我既人争，人亦我争。于是析世界之一大伦，而为恒河沙数之无量小伦。而复有人焉，虑其争之不胜也，于是求其伦之助者。助之而又虑其不胜也，于是求其助之多者，而恒河沙数之无量小伦，复合而为一众小伦。人之所以翘然战胜于禽兽中而有以独立者，伦之力也。①

由此可见，"伦始"一名有二义：一为人伦之始，二为人伦为"人之为人"之始。人伦始于觉知己类与爱亲之性的统一：爱心。人因有此爱心，方能析别大伦、小伦。因析别伦类，故能"战胜于禽兽中而有以独立"。然而正如前述，在一伦类之中"人与人相际"又不得无争。陈黻宸日后解《庄》时表达的担忧，在《伦始》中已现端倪："其伦愈亲，其争愈炽，吾见伦之终为天下祸矣。"② 在天演之中，人之所以战胜禽兽的智识，反倒可能成为自身的桎梏——固化的名教与礼制。诚然，按照《中国史讲义·社会之原理》所言之"比例"，个人的强力终不

---

① 《伦始》，《陈集》上册，第575页。
② 同上注，第576页。

能压服众人之心，而人心对自治的渴望最终也能摆脱人伦带来的桎梏："自由者，人伦所借以存以久以相维系于万世之公理。"可是，单是自由与平等也可能破坏人伦本身，使人不得为人。如《伦始》所云，父母抚养子女的责任，本身就是一种与人伦俱生的不自由———一种构成了人之为人前提的不自由。① 故而欲改善而非毁弃人伦，必须返回其原动力，亦即天性中的爱亲之心，进而"举父母之所施于我者反以施之，如是乃可谓平等。使为人子者各有一自由之心，则必不以我所欲自由者，夺父母之所欲自由，如是乃可谓自由"②。前述"人仅有识，是人非天，故老子必去智以任天"中的天，即此处的爱亲之天性。爱亲事亲之性与觉知有亲之意识统于一心，可拟为《传习录》中良知与见闻之不一不异：事亲之良知不同于对父母本身的知识，而亦不离于这一知识。陈黻宸笔下人对人伦的觉知和承当，正是承载了人伦见闻的良知。③《伦始》中的议论在改动之后，添入了《中国哲学史》讲义的《总论》部分。哲学和道术的史事，因此与良知的呈现密不可分：

---

① 《伦始》，《陈集》上册，第576页。
② 同上注。
③ 原文为"良知不由见闻而有，而见闻莫非良知之用。故良知不滞于见闻，而亦不离于见闻"。见王阳明著，陈荣捷撰：《王阳明传习录详注集评》，台北：学生书局，1983年，第239页。熊十力（1885—1968）、牟宗三都曾在著作中与这一命题展开对话。牟氏尤得力于此，参《从陆象山到刘蕺山》，《牟宗三全集》第8册，第208页。

## 第六章 黄昏：陈黻宸学述

> 一荨之微，必有附焉；一蔓之长，必有依焉。非知何生，有生必知……耳目不及，乃生思象。故以吾目界之所接……不足以迹我思想界之万一。然以吾思想界之所存，又不足以逮我非思想界之万一……虽然，吾之有知，又与生俱来者也。故吾无问其知之何如，而既有知矣，是亦吾知之所当尽也。瀛海中通，欧学东渐，物质文明，让彼先觉。形上之学，宁惟我后，数典或忘，自叛厥祖。辗转相附，窃彼美名，谓爱谓智，乃以哲称。①

人之耳目所及不外于良知所及之万一，故林损归结《伦始》之要义为："伦理由人心营构而成，而不可执着形迹以为常也。"然天下之事有人当前不能尽知者（非思想界），故"心体之辟无已时，而伦理之施亦无止境，不执耳目当然之象以为定也"②。西学入华，儒林动摇，意味士人"思想界"的领土理应扩大。不同于过往的《圣学宗传》与《道统录》等以伏羲为首的学术史著作，陈黻宸将"古有道之流"蚩尤和"老子之所祖"容成子等外于儒学传统的人物也纳入了道术的历史之中。③ 但"形上之学，宁惟我后"，在言新的同时，理学传统仍然是《哲学史》的撰述之基。因此，尧舜仍然是《中国哲学史》当中的关键人物，原因即在于他们所遗留的文献对心性之学发展的贡献。

---

① 《中国哲学史·总论》，《陈集》上册，第413~414页。
② 《伦理正名论》，《林损集》上册，第160页。
③ 《中国哲学史》，《陈集》上册，第448、444页。

在《中国哲学史》中，自黄帝至于帝喾，制作大兴，事功彪炳，然无文献可征实其"形上"的心性之学，故云"自黄帝以后，尧舜其首出也"①：

> 蔡九峰作《书集传》而为之言曰："二帝三王之治本于道，二帝三王之道本于心，得其心则道与治固可得而言矣。何者？精一执中，尧舜禹相授之心法也。建中建极，商汤周武相传之心法也……家齐国治而天下平，心之推也……"先儒谓敬者百圣传心之法，而实自尧启其端。②

> 近世喜谈心学，舍此章本旨，而独论人心道心，甚者单撅"道心"二字，而直谓即心是道，盖陷于禅学，而不自知其去尧舜禹授天下之本旨远矣。……立君所以安人。人心危则难安。安民必须明道，道心微则难明。将欲明道，必须精心。将欲安民，必须一意。故戒以精心一意，又当信执其中，然后可得明道以安民耳。其解甚平易可晓。自宋儒发明人心道心之别，以为人心者人欲也，谓之危者。险欲坠未坠之间，贵有道心以御之，故曰此心之灵，其觉于理者道心，其觉于

---

① 《中国哲学史·帝舜》，《陈集》上册，第459页。
② 《中国哲学史·帝尧》，《陈集》上册，第453页。先儒所言指朱子《中庸章句序》的描述："夫尧、舜、禹，天下之大圣也。以天下相传，天下之大事也。以天下之大圣，行天下之大事，而其授受之际，丁宁告戒，不过如此。则天下之理，岂有以加于此哉……子思惧夫愈久而愈失其真也，于是推本尧舜以来相传之意，质以平日所闻父师之言，更互演绎，作为此书。"

欲者人心。但得道心为主,人心自不夺,以视《正义》加密矣。①

如陈黻宸所言,无论是史还是伦,都无可穷尽、无始可求。承朱子之论,陈氏认为正是《尚书》所载尧舜传心之训,在伏羲、黄帝之后,划定了历史的新开端。由此,后学方有入德之门:"上古之世,于人事甚略,故言德必本于天然。自尧后记载始详,于是有尽人以合天之学。"②结合《伦始》中的论述,这一开端之后道术相传的历史也是致良知的历史。《中庸》中的尽人合天之学经宋人发明人心道心之别后,衍而为阳明致良知之学。③然而《尚书》所述尧舜之致良知,又非限于修己事亲,而与尧舜治天下之事功有关。进言之,尧舜之心学不止于自治而必为自治治人,亦即这一有序实践:精心一意(持敬)—执中—安民。从下文可见,历史的发展,对此秩序提出了挑战。

(二)良政之德在历史中的失落

依《伦始》所述,国家万民之伦无非君心所营构。"其觉于理者道心,其觉于欲者人心",国家之伦的良善有序有赖君人之执中持敬、以道心御人心。君人持政安民,则良知在其中矣。

---

① 《中国哲学史·帝舜》,《陈集》上册,第454~455、456~457页。
② 《中国哲学史·皋陶》,《陈集》上册,第468页。
③ 参《王阳明传习录详注集评》,第69页:"盖四书五经,不过说这心体。这心体即所谓道心。体明即是道明。更无二。此是为学头脑处。"

阳明形容武王伐商即"精察义理于此心感应酬酢之间"。① 而陈黻宸所言君人心学之要"精心一意（持敬）—执中—安民"正指阳明所言之感应。陈氏在《诸子哲学·列子》中已有明言，太古圣人之治，非其心能觉知万物、万民者不能为：

> 华胥氏之国与列姑射之山，不死之地也。黄帝但能梦游其境，而神人能身居其处，故必如神人而后可不死。《列子》称黄帝居之二十有八年，天下大治，几若华胥氏之国，而帝登假，盖惜之矣……虽禽兽而可使之人也，虽人而可使之天也。故于《黄帝篇》又云："太古神圣之人，备知万物情态，悉解异类音声，会而聚之，训而受之，同于人民。故先会鬼神魑魅，次达八方人民，末聚禽兽虫蛾，言血气之类心智不殊远也。神圣知其如此，故其所教训者无所遗逸焉。"吾读《列子》至此，不觉神为之悚而颜为之开曰：夫苟无此心，虽得不死之术至千万年或无量年，亦天地一废物耳。抑苟无此心，而但俾天下之人民皆得不死之术，以迄于千万年或无量年而犹不止，亦宇宙间一人界耳。②

这段引文描述了黄帝之事功背后的心性因素，为《中国哲学史·黄帝》篇所未言。"血气之类心智不殊远也"，天下大治

---

① 《王阳明传习录详注集评》，第182页。
② 《诸子哲学·列子》，《陈集》上册，第267~268页。

## 第六章 黄昏：陈黻宸学述

应当契于众人之心，即前述《政治之原理》所言："其施治也，亦但还人以自治之性。"陈黻宸此处更藉由《列子》具体地描绘了理想之治的景象，这是一个圣人感知人民与异类之心，进而推己及人、实现"众生即我，我即众生"的世界，展现了传统士人对自由、平等想象的极值。①《中国哲学史》也有类似想象，《箕子》篇指出，从尧舜到周代，圣人的道术从执中发展到建皇极，要义不外于"在民之中"：

> 《易》之太极，《书》之皇极，极皆当作中解。太极在阴阳之中，亦犹皇极在民之中也。故皇建其有极，建乎其中也。此与尧舜执中之传略同。②

陈黻宸对皇极的解释参考了朱、陆之训释，但也体现了强烈的时代印迹，君人和万民的等差在他的解释当中被消弭了。《易·咸卦》言阴阳二气"感应以相与"，君人执中、建极亦在感应之中、万民之中。反观前引陈氏对《列子》的评论，实现"在民之中"圣治的基石正是君、民之心。如果没

---

① 陈黻宸在本段论述之后立即援引了杨文会的《列子发隐》，指出在这一理想世界当中，举凡心智可以为圣人所感通的人类与异类，都能受化而进于圣人得证之境界。就像《大同书》一样，这种世界是依傍佛学资源的传统士人所能念及的自由平等之至境。同前，第268页。

② 《中国哲学史·箕子》，《陈集》上册，第485页。相对而言，陈黻宸的训释更接近陆九渊。钱大昕（1728—1804）也认为极字训中不训至，更合汉儒古义，参《十驾斋养新录》，上海：上海书店，2006年，第355页。

有能感（感）受感（应）之心，那么人界在演化中也永远只是人界，不能"之天"，自然也无法企及自由、平等的圣治。进而言之，在"无心则不能之天"的意义上，人和禽兽是一样的。只不过人是可以用智识战胜别的禽兽、拔群而出的禽兽。不死象征着一种人能逃脱历史或者说时间束缚的能力。但哪怕是拥有了不死之术的人，如果无心，仍然无法触及理想的人生境界。一个永生的、有智识的禽兽，如陈黻宸所言，仍然是"天地一废物耳"。

如前所论，陈氏笔下之"心"亦即良知，黄帝所治理的"几若华胥氏之国"的理想世界是一个君主和人民各得致其良知的世界。只是正如黄帝不得免于死，这样的理想世界也无法在历史中永远维持。而历史演化本身同样如老庄学说所言，伴随着道德境况的不断恶化。武王是一位实践了革命的伟大君主，但仁人伯夷就已经发现了事功与心性的紧张；此后，"纷纷争天下者"将络绎不绝。① 同时，革命的暗面，太公更如前文所述，使得《中国哲学史》陡然结束在感于天演无情的萧索之中。根据《尚书·舜典》构造了"自黄帝以后，尧舜其首出也"的叙事之后，陈黻宸转入了对《尚书·咸有一德》篇的释义。

《哲学史》中的伊尹与太公是值得对比的。伊尹是执中精义

---

① 《中国哲学史·伯夷》，《陈集》上册，第490页。此外，《中国哲学史·武王》篇中也出现了对武王残杀纣王之女、文王食伯邑考之羹的评说。虽然陈黻宸皆视为诬辞，但就像前述《太公》篇的叙说所表现出的犹疑一般，反映了他对历史下行之必然性的敏感。

之道的维护者。《中国哲学史·伊尹》篇言:"夫诚者,所以成其敬者也。故曰:'诚者自成也。'自《虞书》首言敬,而伊尹又兼言诚。"太公却不是,太公以阴谋辅佐武王革命,是其智。然其阴谋之智亦启后世不仁之端。与之不同,伊尹的事功一以德为先:"不曰为上为君,而曰为上为德。太甲不德则放之,德则复之。"① 由此观之,商汤所以"尽善尽美",武王之"未尽善",与他们革命事功的两位首辅不无关系。伊尹的这番事功告诉了读者什么?陈氏云:"伊尹上察天道之常,下观人事之变,而中尽终身行己之方。"② 伊尹所传之道术,为士人在"革命""废立"等三纲动摇的关头致其良知的方法。因此,《伊尹》篇终于对伊尹所揭出之"一德"上承尧舜、下及"素王"孔子的评论:

> 蔡九峰为之论曰:"一者,通古今,达上下,万化之原,语其理则无二,语其运则无息,语其体则并包而无所遗也。伊尹言此,而三者之义悉备。前乎伏羲、尧舜、禹汤,后乎文武、周公、孔子,其揆一也。"呜呼!至矣夫!③

以蔡沈对道统的描述为结,《伊尹》篇展现了《中国哲学史》在形式上的一大特质。陈黻宸的哲学和哲学史,都受惠于理学传统,尤其是其中的师道性格。道统之传降至孔子,已是

---

① 《中国哲学史·伊尹》,《陈集》上册,第 477~478 页。
② 同上注,第 477 页。
③ 同上注,第 478 页。

守道、卫道之事多于变政、制作之事。而经历辛亥前后的苦涩，陈黻宸的守道、卫道之意也越发强烈。《哲学史》对尧舜传心的表彰、以太公阴谋为结的处理，其间心意难为人知。不知者只能看到诸多突兀、断裂的表达，冯友兰的质疑不为无因。经历革命后的颓丧①，陈氏的友人章太炎走向了一条相似的道路，其义理新知可以在《菿汉微言》《菿汉昌言》等著作中发现。② 同时，《中国哲学史》成了学术转型过程中的一块碎片，被封存（fossilized）在了冯友兰们的回忆中，也被遗落在了哲学史写作的正途之外。

## 五、结语

兰溪叶渭清笃信程朱之学，深于宋史。他曾在广州期间师事陈黻宸，在返回浙江之后因马叙伦之故而与马一浮结交。③ 二人至迟在1913年已开始论学。叶、马二人同尊儒学，然叶氏重史实、斥佛老，而马一浮则在和月霞（1858—1917）、楚泉

---

① 据《陈黻宸年谱》（《陈集》下册，第1216页），在陈黻宸致欢迎辞的浙江国会议员欢迎会上，章氏称言中国人"不可与共安乐"，又言"辛亥以来，与吾人以经验者至众。诸君多身处局中，必有能痛念前尘者矣"。而后失声痛哭。其时"座中诸人亦有泣下者"。

② 章太炎在辛亥之前，不仅对理学的态度是负面的，对理学知识本身也未曾用功。参马叙伦：《我在六十岁以前》，台北：文海出版社，1966年，第56页。

③ 马叙伦：《石屋余沈》，第188~190页。又王培德等记：《语录类编·师友篇》，《马一浮全集》第1册，第686页。

（？—？）的交往之中逐渐走向了侧重义理的儒佛会通之学。① 早在 1918 年，马一浮即致函叶左文称道佛教："彼其论心性之要，微妙玄通，较之濂洛诸师，所持未始有异……今天下之患乃在功利，不在禅学。"② 多年之间，叶左文显然未曾完全接受马一浮的观点，于是在 1937 年，二人又有一次辩论。马一浮有言如下：

> 事必有义，然后文之……过文则诬，漂杵乃施于至仁；近信则野，孝慈无救于幽厉。见礼知政，闻乐知德，明事之本在心也。故《尚书》为传心之典，《春秋》非比事之书。《通鉴》但齐于实录，而《纲目》可附于《春秋》，为其因事显义，推见至隐……名字为倒惑之媒，爵号乃愚民之术。要识无言之旨，始悟正名之功。③

正如陈黻宸在《哲学史》中将文王食子、太公治齐等史实判为诬辞，以及将尧舜传心作为道术之史的节点一般，马一浮此处也把"过文则诬，漂杵乃施于至仁""事之本在心也"定为述史之宏规。历史与道理、实然与应然的纠结，反映出清季老

---

① 参拙文《论马一浮儒学思想之形成（1903—1939）》，《台大文史哲学报》第 99 期，2023 年 5 月。马一浮同叶左文与二僧的交往史实见丁敬涵编著之《马一浮先生年谱简编》与《马一浮先生交往录》，《马一浮全集》第 6 册，第 18、21、206 页。
② 马一浮：《致叶左文》，《马一浮全集》第 2 册，第 376 页。
③ 同上注，第 382~383 页。

新党最根本的一层不满：新的东西确实来了，但它跟昨天的期待太不一样。《哲学史》两头兼顾的风格仍然是暧昧的，相比之下，有相当一部分儒者选择更直接地阐发心性之学，回应新民国的道德问题。① 由是，《性理救世书》《莉汉昌言》《新唯识论》和《复性书院讲录》纷纷诞生，他们的作者也先后从天演世界抽身而出，安栖于旧学之幽夜："屠沽刀笔并封侯，经世文章不见收。剩有穷愁传礼议，心怜博士等俳优。"②

---

① 就此而言，陈黻宸同辈的新派士人唐文治（1865—1954）正是这一学路的践行者。参邓秉元：《新文化运动百年祭》，上海：上海人民出版社，2019年，第113~138页。在马一浮的回忆中，驱使陈黻宸从事功转入学问的贵林事件，也让他的岳父和事业上的庇护人汤寿潜辞去了浙江都督之位。此后，汤寿潜入南京政府为交通总长，其时蔡元培为教育总长。后者的废读经政策，也驱使马一浮回归闭门读书、研究旧学义理的状态。参王培德等记：《语录类编·师友篇》，《马一浮全集》第1册，第687页。

② 马一浮：《题章太炎〈文录〉》，《马一浮全集》第3册，第74页。

# 第七章

# 落幕：柳诒徵崇古思想探论

> 剥复自有几，何当生一阳。觇国待公言，慰我冰炭肠。——胡先骕：《奉答翼谋先生见怀》

## 一、引言

在现代学术史上，丹徒柳诒徵（1880—1956）以其精深的史学和保守的姿态驰名士林。① 然在今日视之，信古、崇古、宗经为旨趣的柳氏史学，价值不易衡定。与柳氏史学意义之模糊对应的，是他不无造作嫌疑的保守形象。这种形象在今人观察

---

① 柳氏 1943 年荣膺教育部第二批次部聘教授，得票位列史学门第一（首批的"第一"为陈寅恪），荐举人包括缪凤林、钱穆等保守派学人。参曹天忠：《档案中所见的部聘教授》，《学术研究》2007 年第 1 期。

北大南高的新旧之争时显得尤为分明。① 有鉴于此，已有研究柳氏思想者使用经史旧学的角度取代了有削足适履之嫌的史学，成绩可观。② 那么在逐渐深入柳氏学思的过程中，我们还能发现什么呢？

约言之，柳氏之学乃是观察清季新学在民国时期回响的一份绝佳样本。已有学者指出，他在新旧之争时期的《汉官议史》

---

① 尤小立含蓄地指出，在今人眼中，柳氏之史学其实仍难免于胡适"过于信古"的批判（《重读〈评柳诒徵编著《中国文化史》〉》，《读书》2017年第8期）。李孝迁则单刀直入，认为学界忽略了柳诒徵是由清季之新学新史研习者转入民国之保守派旧史家。其旧学宗主的形象实乃其人和后学刻意营造而成。柳氏陈旧的价值观念和晦涩的经史理想，使得其史学游离于东学之新和国学之旧，终无体统。柳氏部聘教授的荣誉不因其史学而来，更多是因保守派儒宗的形象而来（《印象与真相：柳诒徵史学新论》，《史林》2017年第4期）。按李氏评论虽偏于刻深，实非无见。刘龙心在其专论中就看到了柳氏史学代表作《中国文化史》有疑古思想的痕迹，但其整体立论的史学史意义又不算突出（《知识生产与传播：近代中国史学的转型》，北京：生活·读书·新知三联书店，2021年，第27~28页）。有关柳氏的守旧形象如何在写作《文化史》和《学衡》诸篇论文的时期演成，可参考刘博滔：《"旧瓶"装"新酒"——柳诒徵文化史书写之两歧》，华中师范大学历史文化学院硕士论文，2019年。

有必要解释的是，说柳氏史学著述的学术史意义有限，史学的知识性格模糊不够实证，绝不是说他史学"不行"。柳氏的图书馆工作，对文献的考辨，形成了厚重的学术遗产。他在今天意义上的历史文献学方面的功力，当时就很有口碑。例如章太炎在1924年潜心写作《清建国别记》时，就提到明末历史文献繁杂难辨，南方惟柳诒徵最适合整理。参《与吴承仕书》，《章太炎全集·书信集》，上海：上海人民出版社，2017年，第426页。

② 沈政威：《国史要义与柳诒徵春秋经史学》，"中央大学"中国文学研究所硕士论文，2011年。前揭李孝迁与刘博滔文皆有见于柳诒徵的经史背景，然未予申述。鉴于沈、刘之学位论文对于柳诒徵专著中的许多文本都有分析，本文将尽量避免重复研究他们分析过的文本。

## 第七章 落幕：柳诒徵崇古思想探论

《中国文化史》与戊戌时期康有为（1858—1927）、梁启超（1873—1929）以中学言西政的文字有异曲同工之妙。① 柳诒徵认为人类政教的一个典范可以在《周官》经中找到，而这一典范在中国历史中的演生与蜕化，对于秩序紊乱、道德沦丧的近代中国来说意义重大。经由这一路径，柳氏用经史资源回应了清季之孔教与新学，民初勃兴之新文化，以及由三民主义所影响的共和理念。中国在现代化潮流中位居边缘，却有深厚的文化积累，正如论者在分析《周礼政要》时所言，中国儒者在面对新潮之际以中言西的比附之举，是一种不对称的文化交涉（a-symmetrical exchange），也是不现代陡然遭遇现代的必然现象。② 在清季之"新说"到抗战前后的"旧论"当中，通过阅读柳诒徵，今人能够看到地方（provincial）与世界（universal）文化的紧张和暂时性和解。在现代化远未在全球范围内完成的今日，类似的妥协仍在发生。

要之，以崇古的方式与新潮相处，反映了相当一部分文化人由旧而新的深刻选择，更是后人面对世变的宝贵资鉴。这也就是为什么柳诒徵晚年自述道："后来子弟，尽有天资颖敏，殚精科学，蜚声世界，突过前贤者。但其由旧而新，决不能如我

---

① 茅海建：《论戊戌变法期间康有为、梁启超的政治思想与政策设计》，《中国文化》2017 年第 2 期。

② Rudolf G. Wagner, "A Classic Paving the Way to Modernity：*The Ritual of Zhou*", in Sarah C. Humphreys and Rudolf G. Wagner edit., *Modernity's Classics*, (Berlin-Heidelberg：Springer, 2013), pp. 77~99.

一生遭际,此为我所敢断言。"① 在仍有部分关键性文献未能披露的条件下②,《柳诒徵文集》等文献的出版,已经为研究柳氏学思及其背景提供了足够的便利,能够让我们详人所略、由"崇古"线索阅读柳氏独特的一生遭际。以下先从弱冠之年、亲历新政的柳诒徵开始。

## 二、新学、旧史和旧教

(一) 从编译工作接触新学

得益于自述文献,柳诒徵早年生活与学问的情况大体易知。就内史而言,柳氏自称他对经术和理学来自父家,尤其是族祖柳兴恩。另一方面,外祖和母亲又为父亲早逝的柳诒徵提供了坚实的德、智培育。③ 就外史而言,论者点出:17岁考上秀才成为士人,20岁进入江楚编译局接触新学,才是柳氏学问人生的转折点。④ 需要特别强调的是,柳氏父亲的老学生陈庆年(1862—1929),乃柳氏成学途中的首位贵人。

---

① 柳诒徵:《我的自述》,柳诒徵著,杨共乐、张昭军主编:《柳诒徵文集》(下文省称《柳集》,略去作者名姓)卷11,北京:商务印书馆,2018年,第431页。

② 例如记事详赡的日记就未公布,只能从柳氏家人的引述中窥见只鳞片爪(柳佳:《柳诒徵书法研究——以未刊《劬堂日记》等为中心》,上海师范大学硕士论文,2016年)。南京大学武黎嵩正在筹备《柳诒徵先生年谱长编》,届时应该也能披露一些未刊资料。

③ 《我的自述》,《柳集》卷11,第421~423页。

④ 孙文阁:《柳诒徵史学研究》,北京:中国社会科学出版社,2021年,第19页。

## 第七章　落幕：柳诒徵崇古思想探论

出身南菁，受教黄以周（1828—1899）、王先谦（1842—1917）的陈庆年，也跟清流魁首张之洞（1837—1909）有密切的来往。陈氏学主经世、热心新学，同时亦不失上述诸人维护名教的稳健气质。① 他不仅是劝勉柳诒徵弃时文、治史学的学术前辈，而且是引介柳氏进入新政建制江楚编译局、接触新学的贵人。或曰柳诒徵在陈氏引导下成了"洋务派知识分子"②，主要是对后一种意义的引申化描述。从陈庆年对于图书馆的热忱可知③，在柳氏通过编译局工作、和另一位前辈缪荃孙订交之前，他很可能就由陈氏的指引建立起了对文献之学的基本兴趣。在此尤其值得重视的还有陈庆年用来引导柳氏的史学。从下引文献可知，此学包括了博览、抄录、节选等要点：

> 窃谓治史之要，莫要于节。古人作史从此入手，故司马迁网罗旧闻而为要删，以示成学。后儒读史亦从此入手。故刘知几历诋诸家，而拟点烦以省周览。前人非此不能述作、今人非此不便诵习…刊繁文以守约，扫群碎以治要，程限易赴而后史学始立。④

---

① 参赵统：《南菁书院志》，上海：上海书店，2015 年，第 386~392 页。
② 这是孙文阁与早期研究者张文建共同持有的看法，参前揭孙书，第 14 页。
③ 陈庆年：《与缪艺风师书》，许进、徐苏主编：《陈庆年文集》，海口：南海出版公司，1996 年，第 245 页。
④ 陈庆年：《上张广雅尚书》，《陈庆年文集》，第 226 页。

论者认为"通经史之教"是陈庆年对柳诒徵学思的主要影响①，通过此处引文，我们还可以看到陈、柳眼中经史学问的更多细节。在向张之洞建议历史教学方式的这封书信当中，陈庆年声称抄录删节之学基于《汉志》"玩经文、存大体"的宗旨，目的就在于让学者以高效的方式汲取庞杂多端的知识，并投入实践。② 同时，另一跋语也透露出了陈氏希望在整理文献中所实现的政教理想："翼教之君子抱俗敝国疵之惧，正差式，定仪式，发其义蕴、传之家庭，冀渐为播诸乡国之助。"③ 无论是以抄录删节为要的史学方法，还是正俗化民的治学关怀，都能在柳诒徵毕生的学问活动中发现。

但是，陈庆年的治学方法与关怀终究只是柳氏形成自己学问构架的外部因素，柳氏进入编译局不久后的第一本著述《历代史略》在抄录补辑那珂通世之书以外，并无太多个人发明。进言之，柳氏的史学构架，尚需新学的刺激之下，填充更多自己的内容。1903 年 1 月，柳诒徵随缪荃孙踏上了赴日考察学务的旅程，并在约两月后返回。④ 按柳氏乃此行唯一一位在译书局专纂修工作者。⑤ 据其自述，在张之洞向缪荃孙一行索要考察报告时，全队也仅有柳诒徵一人能出示日记以为汇报书。⑥ 检点柳

---

① 沈政威：《国史要义与柳诒徵春秋经史学》，第 23~24 页。
② 同上注。
③ 《〈传恭堂祭仪〉跋》，《陈庆年文集》，第 156 页。
④ 对 1903 年旅日问题的时间辨析，参前揭孙文阁书，第 16~18 页。
⑤ 缪荃孙：《日游汇编》，长沙：岳麓书社，2016 年，第 22 页。
⑥ 《记早年事》，《柳集》卷 11，第 254 页。

## 第七章 落幕：柳诒徵崇古思想探论

氏之记录，有如下记载特别值得注意：

> 设为农工商者不知道德，于实业亦难进步。如贵国工商素称繁盛，然至今日未能发达者，由治实业者初未受普通教育也。人之患莫甚于自私自利之见。此患各国人皆有之。敝国诸教员为教科书受贿事，亦坐此弊。故敝国近来诸教育家，极注意于德育……考究历史，可以分别人种，学者知我国人种与他种不同，即可因以生爱国之心。贵国历史与敝国不同。敝国皇统绵绵，历千万祀而不易。贵国一朝有一朝之史，古今若不相属。然总之须养成一种爱国心。读贵国之历史，可以知世界最古最大之国，莫如贵国。今虽积弱，不可不勉跻富强，则历史即富强之根也。①

此文乃柳氏记嘉纳治五郎（1860—1938）"讲义"语，嘉纳时任东京高等师范学校校长，在缪荃孙一行抵日后一周（1月27日）与之相会，引导他们考察学校。鉴于缪氏此行时间紧张，参观内容庞杂，嘉纳的讲义反而能最集中地反映出缪氏等人的考察收获。据嘉纳所言，新式教学分为普通教育和职业教育，前者为后者之基础，而德育又是基础中的基础。如果说德育是对治人欲的根本问题"自私自利"，是普通教育的第一步，那么国粹、历史的教育则是普通教育的殿军，俾国民之德行引生本

---

① 缪荃孙：《日游汇编》，第 8、11 页。

国之富强。这种"东体西用"的模式,亦见于柳氏对日本国粹保存主义的描述①,而这当然也是新政、存古并重的张之洞希望考察者们看到并报告给他的。② 这次考察的经历,对柳诒徵非常重要。

1905年,柳诒徵离开江楚编译局,前往高等学堂(后称三江师范学堂)与商业学堂(后称江南高等商业学堂)任教,此前在日本的考察经验有了"用武之地"。他在这两处的教学活动,分别助产了《伦理口义》与《中国商业史》二书。③ 或是受时风影响,二书皆频繁使用天演、进化的辞汇,故有论者就此将早年的柳氏视为线性历史进化论的支持者。④ 然细查《伦理口义》开篇之家族、君国两篇,柳氏在新、旧之间颇为含糊,很难从他笔下发现旧一变至于新、中一变至于西的必然性。《伦理口义》挪用宗族—军国社会的社会进化论辞汇,就体现出这一特质:

---

① 缪荃孙:《日游汇编》,第35页:"日本维新三十余年,事事效法泰西,而国中古礼相沿不废,且于学校特设一科,所谓国粹保存主义也。中国新学家动诋古礼拘拙,饮食起居无一不欲改从各国,可谓知二五不知一十矣。"

② 把日本视为"中体西用"在东国的成功范例,并不自张之洞与东部的新派士人始,一个内陆的案例参见刘光蕡著,武占江点校整理:《刘光蕡集》,西安:西北大学出版社,2015年,第20~21页:"日本仿行西法不遗余力,而其学校必先伦理。"

③ 《我的自述》,《柳集》卷11,第423~425页。

④ Axel Schneider, "Critiques of Progress: Reflections on Chinese Conservatism", in Thomas Fröhlich and Axel Schneider edt., *Chinese visions of progress*, 1895 to 1949 (Leiden: Brill, 2020), p. 279.

## 第七章　落幕：柳诒徵崇古思想探论

> 日本旧俗，师法吾国，维新之后，日以军国民为教。然井上哲次郎曰："人与漠然不相知之邻里，犹且相亲，何故独疏其戚族？"故有戚族之关系者，其相视宜如家人……宗族与军国社会有关如此。然则吾国民虽以铸造军国社会为急，又恶得自弃其礼俗，而薄于宗族哉！①

《家族》《君国》两篇的论述逻辑从《大学》之修齐治平中化出，此处所引《家族篇·宗族》为本篇之殿，下启《君国篇·尊君》，不无移孝作忠之意。论者有言，由严译《社会通诠》引入的宗族—军国社会概念，意在充实其之前所译《天演论》体现的革新议程，催动国人走出不现代、封闭的宗法社会，塑造军国社会所代表的现代国家。② 然而当严氏的译著和主张进入舆论场之后，所引发的主要是各路士人基于自身文化—政治立场的断章取义，而不是对历史进化走向的学理探讨——正如在此之前，康有为用他接受的进化论词汇装点自家的"公羊三世说"一样。③　《伦理口义》亦近之。在此，井上哲次郎（1855—1944）是柳氏捍卫本国伦理的东国援军，而宗族—军国社会则是旧—新体制之异名，意在表示由旧而新不必以除旧为

---

① 《伦理口义·家族篇（宗族）》，《柳集》卷2，第128页。
② 承红磊：《从"宗法社会"到"军国社会"：中国近代思想史上的严译社会阶段论》，《中国文化研究所学报》第61期，2015年6月。
③ 参茅海建：《再论康有为与进化论》，《中华文史论丛》2017年第2期。

代价。联系上文所论，我们不应强调此时的柳氏为线性进化论拥趸、主张新必代旧，而应专力考察他的进化论用语所反映的真实意图，如《君国篇·教育》说：

> 居今日言教育必自国民教育始，进而至于社会，又进而至于宇宙。（小字：康德谓教育主义非国家主义，非社会主义，又非个人主义，而为宇宙主义。必合世界所有之人教之育之，使底于完全，然后尽教育之能事。吾谓《中庸》言"修道之谓教，而其后至于天地位，万物育"，《论语》称"有教无类"，皆所谓宇宙主义也。然宇宙主义只可托之理想，中国古代教育，固未能极其量。即欧美今日教育之盛，绳以此义，亦不过大辂之椎轮，长江之滥觞耳。）有阶级焉，未可躐等跻也。国民教育，分家庭、学校二种。家庭教育，其略已具《家族篇》，本篇故专论学校教育。我国古代学校教育之权属于天子，诸侯非命之教，不敢兴学。则凡民之不能号召徒党、建设学校可知。其后国家教育衰，君、师折而为二，儒光圣哲，始有以聚徒讲学，补国力之所不逮者。沿及宋、明诸儒，讲学必于书院，私家教授之外，别有公众讲习之所，其事殆与今日民间公立学校相近，然犹未能普及也。[①]

---

[①] 《伦理口义·君国篇（教育）》，《柳集》卷2，第138页。

## 第七章 落幕：柳诒徵崇古思想探论

整体而言，《君国篇》所论的治平之事遵循"忠君—教民—成民—自治"的独特逻辑，看似仍在尊君的矩矱之内。此处引文对于宇宙主义教育的设想却越出了家庭教育、君国教育的范围，后两者成为随顺现实的权宜之计，迟早会被取代。这并不是强调新在当下必然取代旧，而是说旧会在未知的将来让位于新。柳氏指出，新的、宇宙主义的教育理想虽然是今人从西方哲人处发现，但在《论语》《中庸》当中也是可以找到的。与戊戌时期康有为的学说比较，柳氏言论同样可以解读成一种看似尊君、看似反对躐等，却有"保中国不保大清"嫌疑的学说。他的尊君立场产生于和政治现实的妥协，而在理想的教育中，尊君并非必要。[①] 之所以会有这种嫌疑，一大关键就在于将实现政教理想的手段寄托于师道而非君道。

此外，引文"国家教育衰，君、师折而为二"透露出的意思尤其危险。"儒教"理想中的君师道合之崩解，在此属一种历史的必然。进言之，宋明讲学昌明师道、将教育大权从天子受众接过，不仅是理势固然，而且是具有进化意味的历史现象。如果讲学能进一步普及，就能达到"今日民间公立学校"的程度。下文《群伦篇·广师》引述泡尔生（Friedrich Paulsen,

---

[①] 茅海建：《戊戌时期康有为"大同三世说"思想的再确认——兼论康有为一派在百日维新前后的政治策略》，《社会科学战线》2019 年第 1 期。

1846—1908）的观点，主张学者当以全社会为学校受教成德①，是对宋明理学的一种"民主化"阐发。另外从以下对自治的系统表述还可发现，柳诒徵在清季的新、旧之间何以趋新、又何以守旧：

> 吾国之注重地方行政，其来已久，正不必盛称欧化，诧为前古所无议者。或谓元、明以降，地方政务悉隶属于长官，人民参政之权，微弱已甚。今之国民所以逊于欧美者其弊在此，则复乡官、立议会、监督财政、选举职员，以自治伸民权，正今日之急务也。不知自治云者，不难于得权利，而难于称名实。使以自治之名，获自治之权，而无自治之能力，或反行其自私自利之计，则其所为，适足以自乱其地方，恶足以云治哉？②

在前文所述的嘉纳治五郎讲义中可以看到三个关键词：德育、礼教以及历史。《伦理口义》中的教育首先是德教，而要讲

---

① 《伦理口义·群伦篇（广师）》，《柳集》卷2，第138页。根据目前研究可知，王国维在1902年即开始接触泡尔生的思想，并在1906年于《教育世界》刊出了柳诒徵此处所引《教化论》的译文（参巴尔善：《教化论》，《教育世界》第126期，1906年；佛雏：《王国维哲学译稿研究》，北京：社会科学文献出版社，2006年，第225~239页）。笔者暂时无法获得《伦理口义》稿本、确定此书写作时间，目前只能推测通过江楚编译局的工作关系，柳氏能比较快速地接触到《教育世界》的译文。

② 《伦理口义·君国篇（自治）》，《柳集》卷2，第144页。

第七章 落幕:柳诒徵崇古思想探论

明德教是什么,就需要取资本国历史经验、归本固有礼法。由此,《口义》也就成为取本国政、教之史迹与外来观念互证的著作。趋新,是因为柳氏完全接受新的政教标准,例如这里"昉自英国"①的自治;守旧,是因为柳氏认为这些标准在中国已有,只是因为一些不可预知的退化暂时衰歇而已——"今之国民所以逊于欧美者,其弊在此"。更重要的是,趋新不可徒骛名相("不知自治云者"正是驳难此类欧化派),而是要根本德教、学习历史,培养人民自治的能力。这与前述访日考察的经验是有关系的。以下转向柳氏在清季编纂的两部史著,观察他以述史言教化的实践。

(二) 寓著于述的尝试

在商业学堂的讲义《中国商业史》与《历代史略》不同,跟同期的《伦理口义》接近,可以显示柳诒徵的著述意识,也可以视为柳氏的首部史著。在对1906年新学的一篇总结性评论当中,柳诒徵认为适当的教科书乃是精深的研究作品所必需的初阶。而这种研究本国文明的开山导水之作,非有力抉发学术精义者不能为。② 拿《中国商业史》来说,该书具有明确的崇古意识,或者说独特的宗周、尊《周官》的意识:

> 文王之时三分天下有其二,论者多归本于教化。不知

---

① 《伦理口义·君国篇(自治)》,《柳集》卷2,第144页。
② 《〈新学书法〉序》,《柳集》卷8,第237页。

> 其重实业、兴民利，关市道路诸政委曲详尽如此。即孟子述文王治岐，亦仅著"关市讥而不征"数语。微周公言，孰知文王之政策哉？①

> 推其行政之意，始之以董劝，以兴其业；继之以乐利，以遂其情。规画精而无苛峣，禁令严而无蠹害，虽今之欧美各国经营商业、慎立良法，何以过之？又如《秋官》朝士之职，凡民同货财者，令以国法行之，犯令者刑罚之。（小字：郑司农云："同货财者，谓合钱共贾者也。"）其法虽不详，疑必有如近世各国公司制律者。②

柳诒徵明确的宗周意识和他的文献意识是难以分开的。诚然，先周与周代有过理想的政教典范，具足今日政教的许多要素，但是没有文献就不能坐实。正是由此，周公之言才如此重要。从备载周公之言之政的《周官》当中，我们还可以看到近世商业公司的雏形——虽然不得不借助于汉儒的注解。③ 柳氏意在说明，在本国历史中发现近世文明带来的新知（例如有关"商业"的知识）乃是可能的。除去政客意味浓厚的康、梁，这种尝试也与孙诒让（1848—1908）、廖平（1852—1932）和杭辛

---

① 《中国商业史·周初之商业·周公追述文王之政》，《柳集》卷2，第11页。此处根据的"周公之言"引自《逸周书·大聚解》，文繁不具引。
② 《中国商业史·周官之商政·结论》，《柳集》卷2，第24页。
③ 《秋官》此文与郑众的注解为柳诒徵所乐道，参《中国文化史·周之礼制·市肆门关之政》，《柳集》卷6，第163~164页。

## 第七章 落幕：柳诒徵崇古思想探论

斋（1869—1924）等前辈经师同调。在《伦理口义》和《中国商业史》两部教科书以后，与黄绍箕（1854—1908）合著的《中国教育史》，更全面地体现了柳氏通史之学。

瑞安黄绍箕的交游与政学经历，跟柳诒徵有颇高的重合度：他有经世志趣，与康有为有过密切来往；他在1897年后参与湖北学务，从乡试考官做到湖北提学使，深受张之洞赏识；他的父亲黄体芳在担任江苏学政时期参与创办了南菁书院。① 而正是经由南菁学人陈庆年的介绍，柳诒徵才得以辑补黄绍箕的遗著《中国教育史》。从柳氏1951年的一件跋文来看，他诚恳地认为自己分享有此书的著作权。② 这也就意味着从此合著之书试探柳氏思想之发展乃是可能的。

《中国教育史》乃宗周之书，也是宣扬官师政教合一之书。该书引述了西哲"人为伦理之动物""人之为人，由于教育"的论点，认为这是黄帝之教的题中之义，并将禹帝和有扈氏的战争描述为"宗教战争"③，皆有清季新学之风味。更为重要的，是此书对周代政教的论述：

> 周代教育之品，便于夏、商，故其授受移写，足以广

---

① 对黄氏政学生涯最新的介绍参王静：《黄绍箕与清末学堂教育研究》，《江苏师范大学学报（哲学社会科学版）》2020年第6期。
② 《〈中国教育史〉跋》，《柳集》卷8，第449页。
③ 《中国教育史·中国古圣人教育大义》，《柳集》卷2，第162页；《中国教育史·虞夏文明大概》，《柳集》卷2，第184页。

> 文字之流布而启学者之闻知。谓曰方策时代，谁曰不宜？①
>
> 教育以政事为根本。政事不修，教育不可得而善也。周时政治之主义与教育之主义同条共贯，故其教育主义可以实行于朝野。②

首段引文是沿《中国商业史》宗周理路的发展。先圣之道布在周人方策，非求诸周制文献，不能知先圣之政教。再者，周人政教朝野一贯、体智并重，兼体、德、知三教。伦理其先，方册其末，而以体质锻炼统其中，不似后人耽溺形上之学。③ 但正如中西不能不相遇，旧学不能不面对新潮，周代官师合一之教，也会在历史进程中面临困境：

> 官守世学，为古今教育不同之大关键。周之教育所以盛者，在此；所以衰者，亦在此。盖世官世学，其业专，其心一，食旧德之名氏，父诏而兄勉焉，学术之所由光大也。然典章制度私之一家，传本既希，沾溉弗远。子孙之

---

① 《中国教育史·周为封建时代又为方册时代》，《柳集》卷2，第195页。

② 《中国教育史·周之教育兼体育、德育、智育三义》，《柳集》卷2，第198页。

③ 《中国教育史·女学及胎教》，《柳集》卷2，第215页。此论刻意与宋学作对，或为黄绍箕原稿。本书下文又引陈白沙语谈人禽之辨在乎此心此理，与此处论调显然不同，参《中国教育史·成人》，《柳集》卷2，第237页。

## 第七章 落幕：柳诒徵崇古思想探论

秀而灵者，固能保家学而绵世泽，其不贤者则数典而忘……故教育普及必不可专恃官吏，使人民懵［懵］然莫知、所自为谋。古代埃及印度，文教非不甚盛，迨其后国既不振，学术亦从而日衰者，亦由国家阶级之制甚严，司教学者非凡民所得与也。①

《中国教育史》在此节论述中使用了《左传》之"数典忘祖"事例与埃及、印度的事例用来说明官守之学的历史困境。在抑扬之间，柳氏明白世官世学的典型以长存，但仍希望后之学者追慕此一典型。他据《性命古训》之言，告诫学者当知行合一，如此方是践行周道：

阮氏所谓"商、周人言性命者，只范之于容貌最近之地"，则于教育之道极合，保氏教六仪而不教性命之理即其证。性命之理虚而不可教，范之于容貌最近之地，则性命所附丽之身体已日纳于天秩、天序之中，性命虽欲不正而不得。此商、周之教育与晋、唐以后不同之要义也。②

而于晋、唐以后观周人性命之教，莫过于以人道"本孝之

---

① 《中国教育史·科学皆世官世学》，《柳集》卷2，第248~249页。
② 《中国教育史·天命性道之教》，《柳集》卷2，第277页。

教"视之。三代变化，文质、人神损益无常，完成神道—人道之教决定性转换的乃是孔子——中国纲常名教之宗主。① 孔子教人以德，亦教人用世：

> 今世各国卒业于大学者，得受高等试验，服官从政，故孔子于十子，亦以仕进期之，其他如漆雕开之未信，子张之干禄，皆不与四科之列，则其难可知。而孔子教人，必主于用世，亦可因此推见焉……明乎仁之待人而见，则知孔门所谓"德行"，皆指治人之道，而言如"克己复礼，天下归仁"，"己所不欲，勿施于人"，皆为政者万变不可或离之宗旨。后世以苟且刻薄为政，而以德行无与于政事，其悖于孔子之教育大矣。②

柳诒徵的学问是基于信古的崇古之学，亦是宗周、尊孔，强调知行合一的学问。《中国教育史》的叙说包含了上述要素，也能在柳氏后来的著述中找到许多影响痕迹。另一方面，苟且刻薄的恶浊时代使得践行仁学非常艰难，也会不断刺激虔诚的学人在坚持学问的同时反思现实。柳氏在民国时期的学思变化证明了这一点。

---

① 《中国教育史·本教》，《柳集》卷2，第282页。
② 《中国教育史·四科》，《柳集》卷2，第297~298页。

第七章 落幕：柳诒徵崇古思想探论

## 三、新共和与旧典范

（一）《中国文化史》论政教典范

限于书信、日记类文献的匮乏，我们对柳诒徵在民国前期的学问与生活了解得不多。柳曾符的传略于此亦着墨较少。其间值得一记的人生"第一大变"，是辛亥—壬子参政之事。① 根据一份日期不详的回忆可以得知，膺孔子之教、怀用世大志的柳诒徵，在辛亥革命之后进入丹徒县议会就任副议长。他主笔上书江苏都督，希望为镇江争取到数十年丧失的市米之权，重振本地商业，未能成功，此为其一。丹徒民政长杨邦彦（1857—1936）和县议会争权，见柳氏好放言议事，遂在外散布流言、欲去柳氏而后快。糟糕的是，在柳、杨一次短兵相接的争论中，老友陈庆年竟未能给柳氏足够的支持，面对杨氏"柳某收钱"的指控反"颔首"不辩。② 后来，丹徒执事诸君又偶然卷入江苏新军哗变风波，焦头烂额。柳氏遂更无做官之心，转入学务。

在辞职一年后（1913），柳诒徵前往北京明德大学担任教师。从他写给缪荃孙的信中可推知，柳氏对这份背井离乡的工作不甚满意。③ 这或许也是为什么他在三年后（1916）又返回南

---

① 申耆：《柳诒徵传略》，晋阳学刊编辑部编：《中国现代社会科学家传略》第5辑，太原：山西人民出版社，1985年，第285~286页。
② 《壬子苏门记事》，《柳集》卷9，第9~13页。
③ 《致缪荃孙函》，《柳集》卷12，第145页。

京高师工作的原因。三年又三年。在1919年，缪荃孙撒手人寰，陈庆年瘫痪在床，"五四""新文化"运动也达到了高潮。本年前后，柳诒徵开始准备《中国文化史》讲稿。[1] 此书与同期抄撮而成的《北亚史》一类大不相同，是柳氏崇古思想的系统表述。《中国文化史》在1921年写毕以后的版本，目前不得而见。因《学衡》刊发需要，吴宓在1924年阅读了《文化史》全稿（同时还读了任公《先秦政治思想史》），然没有评论。[2] 论者判断此书的影响力扩散开来，是在1931年钟山书局重印以后的事情[3]——也就是说，此书撰成是在《学衡》兴起之前，真正大热又是在《学衡》派星流云散之际。无论如何，将《中国文化史》视为柳氏20世纪20年代前期的思想文献，是最为妥当的。

1921年，柳诒徵在南高的学术阵地《史地学报》上面刊出了名文《论近人讲诸子之学者之失》，该文一般被视为柳氏文化保守派形象的标识。在批判梁、胡疑古之论的同时，柳诒徵委婉地表达了自己的学术立场："若无刘歆，则公等从何知其谬？"[4] 这让我们想到了前文"若无周公之言，今人何以知周制，

---

[1] 蔡尚思认为柳诒徵在1919年即着手准备此稿，鉴于他和柳诒徵在1930年左右就有密切交往，可以采信他的说法。蔡尚思：《〈中国文化史〉导读》，柳诒徵撰，蔡尚思导读：《中国文化史》，上海：上海古籍出版社，2001年，第2页。
[2] 吴宓著，吴学昭整理注释：《吴宓日记 第2册：1917—1924》，北京：生活·读书·新知三联书店，1998年，第307页。
[3] 参前揭孙文阁书，第115~116页。
[4] 《柳集》卷9，第41页。

## 第七章 落幕：柳诒徵崇古思想探论

又何以知上古"的看法。同样，《中国文化史》以表出民族全体精神（文明）为关怀，以为后来研究者发凡起例自居①，这跟柳氏辑补《中国教育史》之际的心思也是类似的。虽然征引了陈汉章、夏曾佑和章太炎等旧学家的新史著，但《中国文化史》仍然是基于柳氏自得之见组织而成的历史。其中由黄帝之教进于周制的线索就是证据：

> 按井田之始专为塞争，亦犹市易之使人各得其所也。土地所有权虽属于公而不得私，而八家各遂其私，是实限制私产之意，特求私产之平均耳。《通典》所言十利虽详，而授受之法，初未陈述。疑黄帝时仅肇其端，亦未遍行于各地。历唐、虞、夏、商而至周，始详制其授受之法也。②

此处引文的最后两句，和《中国商业史》里面推论上古中国就有公司和公司法的文字在形式上是一样的。此外，《中国文化史》谈周代为方策时代，论宗法—军国社会进化史观忽略了中国孝道之伟力，又分别是对《中国教育史》《伦理口义》的发展。③ 在各类新义当中，最突出的莫过于柳氏对"无私"的阐

---

① 柳诒徵：《绪论》，《中国文化史》，第7页。
② 《中国文化史·家族及私产制度之起源》，《柳集》卷6，第20页。
③ 《中国文化史·忠孝之兴》，《柳集》卷6，第89页；《中国文化史·文字与学术》，《柳集》卷6，第213~218页。

发。古之有德者为政，不会自私自利，而是"就天道自然之秩序阐发而推行之，直无所用其一人之主张"。① 不过，夏代文字不可知、上古政教不得详，今人只能从《大传》等汉代文献中倒推《书》中圣王为政之风貌。诸如"君者能群"的阐发，殷人迁都乃贵让不贵争之类，都只能算碎片化的政教精义。② 大概是预料到了疑古者的责难，加之有整合经学资源的意愿，《中国文化史》解释了周制之渊源，俾古道连贯周制、焕发国史之生机：

> 三代制度虽有变迁，而后之承前，大都出于蜕化。即降至秦、汉，学者分别质文，要亦不过集合过去之思想，为之整理而引申。必不能谓从前绝无此等影响，而后之人突然建立一说，乃亦条理秩然，幻成一乌托邦之制度。故谓《王制》完全系述殷制，未免为郑、孔所愚，而举其说一概抹杀，谓其中绝无若干成分由殷之制度紬绎而生者，亦未免失之武断也。③

如此一来，"唐、虞、夏、商而至周"的政教传承呈现出愈

---

① 《中国文化史·唐虞之政教》，《柳集》卷6，第75页。当然柳氏也没忘记提示学者，古代禅让决不能看成是比当下的共和政治更为高尚者，参《中国文化史·唐虞之让国》，《柳集》卷6，第55页。
② 参前揭刘博滔学位论文，第21~25页。
③ 《中国文化史·传疑之制度》，《柳集》卷6，第122页。

第七章　落幕：柳诒徵崇古思想探论

往后愈可考的样态。周制是好的，古制亦是好的；周制是可以确证的政教典范，然古制亦是不应抹杀的政教事实。周代的法积道备之制，并不妨碍其先河之善端，故曰"蜕化"而非"进化"。① 由此，前述带有进化色彩的孔子改革神道教之论，在《中国文化史》的叙事中也不再凸显。相应的，文王、周公成了"哲学王"。② 在有德有学的王者制定的规模之内，官礼庶务各有史掌，有德有学者各有职位以发挥其学。或有弊政，贤士大夫议论亦足以维持君民共和。③ 如此则民主虽然不见于古代，但今日共和的精神已由中国读书人发扬于古代矣。不仅如此，周代政教的余波还能与秦政之恶相抗：

> 盖以吏为师，犹能通知当世之务，视专读古书而不知时事者，其为教犹近古而较善耳。周代教民，最重读法，汉之学童，亦籀尉律。是周、汉皆使人民学法令，以吏为师也……政府立法，恃国民之推行，民力不充，虽有良政府亦无如之何。民能自立，政府虽强暴压制，亦不能阻其进取也。吾观秦史，颇见秦民进取之迹。④

---

① 《中小学历史教学的意见》，《柳集》卷9，第86页。
② 此处引用了谢无量《中国哲学史》的说法，参《中国文化史·周室之勃兴》，《柳集》卷6，第130页："以哲学家主持国政，是实吾国之特色也。"
③ 《中国文化史·文字与学术》，《中国文化史·共和与民权》，《柳集》卷6，第212~228页。
④ 《中国文化史·秦之文化》，《柳集》卷6，第339页。

以吏为师的秦汉之政，承袭了周制知行合一之教的优点。这一优点可以充实民力，让人民在为恶政、专政的统治者出现时也能保持文化上的进取。但好景不长，柳氏指出，秦汉以后的文化中衰，一大原因正是"哲学王"被无赖之徒取代。在此，中衰不能与"退化"等同。一方面，政教合一的周制不得不面临"国家阶级之制甚严，司教学者非凡民所得与也"的困境，一旦出现圣王的长时间缺位，则汉后之衰败在所难免①；另一方面，后世以科举、神道为教，虽不如世官世学的周代之盛，但并非没有重光之几率。柳氏论宋代政教复兴有言：

> 隋、唐外竞虽力，而风俗日即于奢淫，士习日趋于卑陋。皇纲一坠，藩镇朋兴。悍将、骄兵、宦官、盗贼，充塞于唐季、五代之史籍，人群棼乱极矣。物极则反，有宋诸帝崇尚文治。而研穷心性、笃于践履之诸儒，乃勃兴于是时。②

> 盖宋之政治，士大夫之政治也。政治之纯出于士大夫之手者，惟宋为然……论史者恒以宋之党祸比于汉、唐，实则其性质大不相同。新旧两党各有政见，皆主于救国，

---

① 《中国文化史·中国文化中衰及印度文化东来之故》，《柳集》卷6，第383~388页。柳氏指出，即使在中衰时代，中国文化亦非是从黄金时代堕落的线性退化状况，而是不时有创造性的新发明，参《中国文化史·三国以降文物之进步》，《柳集》卷6，第438页。

② 《中国文化史·宋儒之学》，《柳集》卷7，第570页。

## 第七章 落幕：柳诒徵崇古思想探论

而行其道特以方法不同、主张各异，遂致各走极端。纵其末流，不免于倾轧报复，未可纯以政争目之。而其党派分立之始，则固纯洁为国，初无私憾及利禄之见羼杂其间。此则士大夫与士大夫分党派以争政权，实吾国历史上仅有之事也。①

《中国文化史》将《中国商业史》《中国教育史》二书崇古宗周以致用的旨趣发挥完备。发言宗周之旨不掩前代之善，不绝后代重光之可能。中国历史有进有退，对于今日学者而言，崇古贵德、致用当下，乃取进舍退之道。本国有三代周制，后有北宋政党政治，都是士人大公无私、学以致用所成就的政教典范。欲求共和自不必一味向外讨求。《中国文化史》谈民初，一则重视汉文之存废，一则重视外国宗教对本国教化之扰动，皆有深意。② 评骘新文化特其末节耳。要言之，柳氏学思中的文化、商业、教育乃至"文明"皆为"史"之枝叶，崇古、鉴往以论今，是为"史"之主干。

(二) 以古道应世变

柳诒徵在抗战之前发表于报刊杂志上的文字可以分为三类。《史地学报》和图书馆学的文字侧重论学，《学衡》的文字是以论学的形式谈时事，其它文字则多侧重评论时事。其中1922—

---

① 《中国文化史·政党政治》，《柳集》卷7，第579~582页。
② 《中国文化史·最近之文化》，《柳集》卷7，第968~969页。

1923年间刊于《学衡》的文章隐成统系,值得表出:

> 官尚法,民尚德;官尚利,民尚义;官尚势,民尚理;官重救时,民重法古;官重进取,民重保守;官重兴业,民重务本;官主集权,民主均富;官主救弊,民主正俗;官主国防,民主内治;官主拓殖,民主文化;官主实行,民主理论。卒致官吏理绌词穷,不得不从全国之民意而罢榷酤。呜呼!此吾国人民代表以正式选举、正式会议发表民意战胜官吏之一大纪念也。综观汉代会议之事迹,任人而不任法,议者无定员,会者无定期,随事召集,不立权限,裁可之柄,一在人主,其与今世法治国国会之性质大相径庭矣。然正惟其不拘于法,故重精神不重形式,正言谠论乃得自由发摅,无所挠屈。①

此文被论者视为柳诒徵以今释古之证据②,然考察此段引文及其语境,可知目的主要在于批判"金钱贿买"。盖20年代之议员在柳氏看来,如同之前旁人对他的诽谤一般,都是金钱运动而来。引文当中汉代会议的伟大事迹是柳诒徵从《盐铁论》当中整理而来。里面代"民"抗辩的士人是否就能代表今人所理解的汉代之民,柳氏认为可以。进言之,这些人在之前是周

---

① 《汉官议史》,《柳集》卷9,第98页。
② 参前揭茅海建《论戊戌变法期间康有为、梁启超的政治思想与政策设计》一文。

## 第七章　落幕：柳诒徵崇古思想探论

礼所造就的周士，在后来也是讲学维持世教的宋明之儒。有人而后法可以行，故今人拘泥之西方法权，不足当中国古贤之精神也。《学衡》此后刊载之《论中国近世之病源》与《选举阐微》亦矛头直指民初之金钱政治及其恶果。前文历诋李鸿章、康有为等近世新政闻人，以为尚不如尊孔尚德之迂腐书生，而京沪之间道德沦丧的城市文化亦有待孔子之教救赎。① 后文以为选民与代表终为资本力量操纵，今人不妨反求诸中国古人之德治、礼治理想——哪怕《周官》所言，只是理想。②

要之，人之德性、人格重于人之权利。有成人之人，才能成就基于真正公益的自治典范。故柳氏崇古宗周、与新人辩难，也是批判中外之钱选政治。翌年（1923），柳诒徵又有《中国乡治之尚德主义》《说习》之作。前一篇长文认为中国古人"不专重在争民权，而惟重在淑民德"，宋明诸儒之民治理想，在今日犹可对治金钱政治之弊。③ 后文主张以己之善吸收他人之善，不以己之不善合他人之不善。④ 1924 年，柳氏现身梁派阵地《学灯》，发表《什么是中国的文化》，采取康（此为柳氏所深鄙者）、梁不同时期的"欧洲有取于东方文化"论，为中国文化作辩护。此文被视为柳诒徵将《中国文化史》射向舆论界的一支利箭。不过根据时人反响来看，《中国文化史》重视固有伦理的

---

① 《论中国近世之病源》，《柳集》卷 9，第 118 页。
② 《选举阐微》，《柳集》卷 9，第 124~125 页。
③ 着重参阅《中国乡治之尚德主义》，《柳集》卷 9，第 263、298 页。
④ 《说习》，《柳集》卷 9，第 300~303 页。

政教理想只是谬谈。① 1925年爆发的东大易长风潮,很快让柳诒徵体验了一次新潮的威力。

论者认为此次风潮本质上是东大校长郭秉文(1880—1969)与国民政府教育部之间矛盾的发展。② 1921—1923年,东大南高成为一体,南高宿老柳氏自不得置身事外。只是阴差阳错,贵德守旧的柳诒徵却站到了革命的国民政府一边。郭秉文被教育部罢免引发了学生的抗拒活动,最终成功留职。在柳氏看来,旧的东大很腐败,学生被教育成了易于鼓动的社会渣滓③;在郭系师生看来,守拙的书生柳诒徵却不是书呆子,而是党国的内应。在1925年5月,柳诒徵登报说明自己被托名"马相伯"的某人诋毁。次年,柳氏在《学衡》发表文字,称中国"故职业有界,知能有界,惟墨化无界"④,语气愤激而绝望,与此前据古论今的学人气度截然不同。在此,不妨回顾他于1922年在《史地学报》上面的一段文字:

> 故在今日军阀官权横行无忌之秋,吾民惟有消极抵制,使官吏感受财政之困难,始可促其觉悟,然此实非厉行民

---

① 《什么是中国的文化》,《柳集》卷12,第205页。此文反响参见前揭刘博滔学位论文。
② 以下相关论述参李中平:《"前学衡"时期的柳诒徵:1921—1925》,南京大学历史学院硕士论文,2015年。
③ 《罪言(一)》,《柳集》卷10,第12页。
④ 《墨化》,《柳集》卷10,第112~114页。此文谈"墨",意指国人为金钱运动,不干不净。

## 第七章 落幕：柳诒徵崇古思想探论

治之正当方法。欲行民治，须乐于输税，而严于监督，用途一丝一粟不得隐匿，亦不得浪用。苟为兴学养民之要务，虽岁增千百万亦一致承之而不惮。此吾所敬为江苏人民告者也。①

前文称《史地学报》侧重论学，此段评语也是在罗列、分析了江苏省税收之后所附之评论，表达了柳氏对新共和国的期许。1925—1926年，柳氏赴东北任教，又看到了奉系的诸多丑态，未逾年而去之。② 次年，他返回南京担任江苏图书馆馆长，兼任东大重组为第四中山大学的筹备委员。根据柳氏自述，他在履职之初就动用自己的知识储备，起到了监督财政厅长"兴学养民"的作用。③ 然而读书人要发挥作用赞襄新共和，又有赖于各级机关谨其官守的大环境，柳氏1930年之名文有言：

> 吾国自古设官分职，各有其权限而不使相侵。其于政治之组织，至明确矣。职权虽重，而非其所当问，弗之问也。即有课殿最行赏罚之权，亦必待所属之报告，不必执一事以相绳。以故大小相维而各专其职守，譬之今日中央与地方之权限，固由百事草创，未尝有精密之分画，然而

---

① 《江苏之财政》，《柳集》卷9，第91页。
② 《辽鹤卮言》，《柳集》卷11，第24~26页。
③ 《我的自述》，《柳集》卷11，第426~427页。

大端不难知也。某一机关有统治某一机关之权，而所统治者不能举其职，则统治之者从而督责之可也，指导之可也，乃至变易之可也。若以上级机关擅夺下级机关所相沿治理之事，为之代庖，已为越职侵权……是则强有力者，不特对于团体不能争，即一民一物，苟非其所当求，亦不可以妄争也。此皆习见之事，非冷僻罕见者。然而此乃真正之文化，熟复而详体之，于政治之系统，有莫大之裨益。正不必炫鬻骨董，求人间未见之书而读之也。①

此文因殷墟发掘之事而作，暗讽中研院侵夺河南省地方的文物保管权限，绵里藏针，高妙绝伦。在本段引文中，柳氏在共和法治的大义名分中寄托了自己的政教理想：各级机关当珍重权限、各保官守；读书人应于习见之文献中体味真正之文化，不必求人间未见之书而读。故此文一出，傅斯年（1896—1950）不得不火速撰文为李济（1896—1979）一行发声。然而在史语所的研究报告公布前，面对各种诛心之论，动手动脚找东西的新派学者们自是百口莫辩。殷墟发掘也在本年暂时告一段落。②值得玩味的是，无论是此事还是之前的东大易长风潮，柳诒徵都坚定地站在了强势方的一侧。诚然不能说柳氏乃趋炎附势之辈，他在世变之中对崇古尚德的理想以及此中各种文化关切的

---

① 《论文化事业之争执》，《柳集》卷 10，第 338~339 页。
② 对该事件最新的讨论参岱峻：《李济传》（修订本），北京：商务印书馆，2021 年，第 108~124 页。

## 第七章 落幕：柳诒徵崇古思想探论

坚持，都是真诚的。但也必须看到，理想的政教典范之实现，不可能离得开自上而下的强权所支撑的建制。① 出于在新共和中保存旧典范的热忱，柳诒徵的学思在抗战期间有了新的发展。

## 四、以周制作新民

（一）国族危机之下的旧学

1931年，柳诒徵在《大公报》上面发表的文字提到："满清变法不认真变法，立宪不认真立宪，所以亡国。而民国依然不认真，共和不认真共和，革命不认真革命，奋斗救国，不认真奋斗救国。纸上谈兵，幻术搬演，何能有济？"② 总的来说，他在30年代的学思发展更重学问作为义理权衡之根本、学问对个人的意义。作为《国史要义》之前的一部系统性文稿，柳诒徵1932年在河南大学的史学讲义就以治史需知义理权衡为开始，以治史有应变全身之效为结尾。文末引朱熹对《老子》的评语为证，与后来的《国史要义·史原》一致。③ 在和蒙文通（1894—1968）、李源澄（1909—1958）的通信中，柳氏的尊儒、

---

① 例如金陵书局在革命后因为中央收权，地方无财，无力保护。故柳诒徵撰写《国学书局本末》，向社会与政府陈情，参《柳集》卷10，第391页。又参《地方改造与文化保存》，《柳集》卷12，第231页："《三民主义》上有一段说到有一次走到一家宗祠，看见常有的忠孝两个大字，仅存孝字，忠字拆毁了，他很不以为然。他以为中国最好的道德，即是忠孝、信义、和平、博爱。所以中国的文化不是在石头上，而是在总理的三民主义上，这是应当保存的。"
② 《罪言（二）》，《柳集》卷11，第5页。
③ 《谈治史方法》，《柳集》卷12，第281页。

宗周立场愈显牢固，其经世意图也更加炽烈。① 1934 年，柳诒徵在曾为作发刊词的《国风》半月刊发表了一篇与前述《论文化事业之争执》交相辉映的文字，记录了他当年的一次演说：

> 近百年来自道光以后，大多持此观念，以为中国的政法、道德、生活，都比不上各国，尽量模仿他国的物质文明，真是所谓尽弃其学而学之了，学得没有成效；又以为是对于中国固有的文化没有完全放弃，于是乎便发生五四运动，整个的把中国固有的学问文章、伦理道德一齐推翻不要，才能赶得上西方的物质文明。自从有《新青年》杂志提倡之后，无不高声疾呼打倒中国的旧文化，以致许多的青年也都受了他们的影响，主张如此办法。可是西洋的文明吸收了些皮毛，衣食住行虽是改头换面，模仿了西洋文明，这样便把中国人的自信力丧失了！近来也有厌弃这种思想的人，便复返于追求中国原来文化的忠心，蒋委员长提倡新生活运动，就是很好的一个例子。由五四运动以来，已经给我们有不少的经验，知道整个的废除中国旧文化来改造国家，还是没有效验，反转将国家的原气斫伤，民族的自信力丧失……现在听到君臣的名目，便以为是专制的帝王压迫臣下，不能有独立的人格存在。胡适之的《中国哲学史大纲》上面说，古人只教人做

---

① 相关文献参《复李君书》，《柳集》卷 12，第 156 页；《复蒙文通书》，《柳集》卷 12，第 158 页；蒙文通：《致柳翼谋（诒徵）先生书》，蒙文通著，蒙默编：《蒙文通全集·诸子甄微 史学甄微》，成都：巴蜀书社，2015 年，第 480~481 页。

## 第七章 落幕：柳诒徵崇古思想探论

儿子，不是做人，这岂不是笑话，做了儿子便不是做人了吗？那末做夫妇、兄弟、朋友、君臣都不是做人了！再说到君臣的解释，无论什么地方都有君，譬如对人称呼总称为某君，学校的校长，商家的老板，都是君。今天的演讲会顾先生当主席，他就是君，主持今天演讲会的事情，如果诸位都要做主席，这会的秩序就要紊乱了。从前的君臣，上有天子下有诸侯，君臣的地位是相对的，诸侯对天子说就是臣，而对卿大夫就是君了。像现在的省政府主席对中央政府是处于臣的地位，而对地方官就是君了，并不是说共和国体是没有君臣之分的。这种相对的关系，从古至今都没有改变，由父子推及君臣，是由天性发生的。养成牺牲一己之心，抱有帮助他人的热诚，在家庭里养成这种习惯，到了社会团体里，就肯帮助主持的人为公服务了，这就是中国文化根本的精神。《易经》说"观乎人伦以化成天下"，这"化"字和现在所谓纪律化、平民化相同，但并不是在纸上空谈的，乃是实际上的潜移默化。①

本段讲辞引文较长，然表述清晰直截，不烦解释。自"民族的自信力丧失"以上，是以批判新潮的方式宣扬崇古的立场。此后的文段，则是将政教合一的古代理想化入当局提倡伦理、

---

① 柳诒徵讲，柳定生记：《对于中国文化之管见》，《柳集》卷12，第286、290页。此处不知是柳定生误记还是柳诒徵原话，"人文"写作"人伦"。引文中所批评的胡适之言，颇有梁启超"公德—私德"二分的色彩，在当时人大概是心知肚明。在此不做过多推论。

牺牲的文化议程当中，手法精妙而站位明确。无论是这种化用，还是对《中国哲学史大纲》的具体批评①，都体现出了强烈的应时之意，与柳诒徵20年代的文字不类——倒是让人想起了三十年前，写作《君国篇》的柳氏。

在1935年前后，柳氏对义理之学的重视与时代实在有太紧密的联系。《〈唐荆川年谱〉序》言："居今日而讲切实有用之学，宜反之宋明而上跻于孔门。"② 柳氏观察发现，在此潮流下的居士学者欧阳竟无（1871—1943）、江易园（1875—1942）与唐大圆（1885—1941），也都自觉沟通儒佛、昌明爱国化俗之道。由此可见，新生活运动确实是顺天应人、返本开新的举措。③ 随着抗战局势的发展，政与学，柳诒徵与国民党的互动也在不断深入。1942年2月28日，在上饶文化设计委员会聚会上的演讲中，柳氏重申了中国之教本孝的老观点，并追溯了从总理、总裁到尧舜之道统。④ 此时，他的身份是"第三战区党政分会委员"。⑤ 那么国

---

① 笔者对三四十年代国民政府的政治—文化宣传尚无深入研究，未知此处对胡适《大纲》得罪伦常名教的具体批评，是否只是转述。必须指出，柳诒徵虽经常或明或暗地批评新潮与胡适，但如此尖锐刻深的文字是看不到的。据熟稔祖父生平的柳曾符之记述，虽然私下意见不少，柳氏与胡适的关系在明面上却是相当融洽，参柳曾符：《柳诒徵与胡适》，《劬堂学记》，上海：上海书店出版社，2002年，第188~191页。
② 《〈唐荆川年谱〉序》，《柳集》卷8，第358页。
③ 《三年来中国之文化教育》，《柳集》卷11，第171~188页。
④ 柳诒徵讲，周蛟腾记：《中国文化的认识》，《柳集》卷12，第311~313页。柳氏颇为重视此文，在月初发表后，又专门给报纸写信订正错误（《前线日报》，1942年3月26日）。
⑤ 徐则：《我与柳翼谋先生》，《镇丹金溧扬联合月刊》1946年第3期。

## 第七章　落幕：柳诒徵崇古思想探论

族危机之下的旧学，在应时的变化以外，是否仍有自生之新义？

（二）《国史要义》《礼俗史发凡》述论

答案是肯定的。在柳诒徵最后的著作《国史要义》和《礼俗史发凡》里面，我们确实可以看到对政教合一理想更为新颖的阐释。《要义》是柳诒徵在抗战时期的讲义，初版于1948年。从开头的《史原》《史权》部分在《国立中央大学文史哲季刊》的刊出日期推断，全书定型日期应在1945—1947年间。1945年刊于该《季刊》的《从周官观其时社会》揭出《要义》衡论中国史学一本《周官》的宗旨。① 再从柳诒徵在1946年所作的一件跋语来看，他有打通《春秋》与《周官》两经的意愿。② 按早在《中国教育史》当中，柳氏就已从世官失守的角度阅读《左传》，此处自然不是临时起意。可是，从《周官》的一代典制读出足以裁断万世政教是非的大义、进而撰成贯通二经之书，乃是非常困难的任务。在写作《国史要义》和《礼俗史发凡》时，年迈体衰的柳诒徵勉力承担着这一任务。

《国史要义·史原》将史官所持之礼视为全史之核心。如何理解这一判断？柳诒徵指出，国史的出现，是担任史官的古人运用理性裁断人事是非的结果：

---

① 《从周官观其时社会》，《柳集》卷11，第297页："《周官》积千百年之经验而成书，其所禁戒防制者，必皆古代所有之事。"
② 《〈左盦集〉跋》，《柳集》卷8，第417页。对柳诒徵这一意图的学术史背景梳理，参前揭沈政威学位论文，第210~250页。

> 他族史籍注重英雄宗教物质社会，第依时代演变，而各有其史观，不必有绷绷相承之中心思想。而吾国以礼为核心之史，则凡英雄宗教物质社会依时代之演变者，一切皆有以御之，而归之于人之理性，非苟然为史已也。①

所谓人存政举、人能弘道，此处引文亦把人之理性视为史与礼的枢纽。这里的理性非常类似由新学转入旧学的学者梁漱溟（1893—1988）的"理性"概念，是儒学"心知"概念的现代版本，指涉人类感知知识与价值的禀赋。正是人的这种理性，让人在后代能回溯历史经验，重光前代之官礼政教。② 所以第二章《史权》就讨论了此种禀赋在史学当中的运作。例证是柳氏在周制之外，也非常熟悉的汉代制度：

> 他族之言权者，每出于对待而相争；吾国之赋权者，乃出于尚德而互助。此言史权者最宜郑重辨析者也。历世贤哲，主持政权，上畏天命，下畏民喦，惟虑言动之有愆，致贻国族以大患。乐得贤者，补阙拾遗于左右……经典故事咸得其比，则权幸畏之，亦犹民主国家必援据宪法。其限制君权体恤民物，有时且可独申己意，不为群议所挠。故汉廷之优礼

---

① 《国史要义·史原》，《柳集》卷8，第10页。
② 干春松：《伦理与秩序：梁漱溟政治思想中的国家与社会》，北京：商务印书馆，2019年，第245~284页。

## 第七章 落幕：柳诒徵崇古思想探论

尚书冠冕百僚，良以尚书能为元首处理国事，恒得其宜。①

结合前述柳诒徵对民权、民主的看法可知，他眼里国人理性之运用并不带来个体相对待的共和格局，而是一种尚德互助、不以个人权力相争的共和格局。在这种理想化的中国式共和设计当中，历史以及研治史学的史官对应他族民主国家中的宪法。我们可以推论，柳氏理解的宪法准确来说是他心中的周制、礼制，学史者或者说士人是运用理性、运用史学以实践这种宪法的人员。由此，士人之代表（这里的尚书）和元首是这种宪政的核心。但这样一来，是否回到了秦汉以后的老路，政教体系的维持指望一两个人，随时可能会崩解呢？

在《史权》当中，史之狭义为记事，广义为官僚系统各分支的书记员。所以该篇之后的《史联》成为针对上述缺陷的第一个补丁。当元首、尚书在处理国事的时候，都有联络百司百官的义务。惟有放权于下、尊重联合协同，政教制度的向心力才能存续。② 再就书记员的职责推而广之，百官职位上的士人都需要谨其职守，这也就是《史德》篇的创作意旨。鉴于中国文明在汉后因为君主不得其人而衰败的问题，这两个补丁仍然是不够用的，共和的基础有待进一步扩大。于是柳氏在《周官》资源之外，再取私家之言为庶民说法：

---

① 《国史要义·史权》，《柳集》卷8，第28~29、44~45页。
② 《国史要义·史联》，《柳集》卷8，第82页。

识生于心，而史为之钥。积若干年祀之记述，与若干方面之事迹，乃有圣哲启示观察研究及撰著之津涂……治史之识，非第欲明撰著之义法，尤须积之以求人群之原则。由历史而求人群之原理，近人谓之历史哲学。吾国古亦无此名，而其推求原理，固已具于经子……老子之学从此出，故曰"万物并作，吾以观其复"。孟子之学亦从此出，故曰"天下之生久矣，一治一乱"。否泰治乱，消长往复，其迹象有纵横，其范围有大小，而赅括史事，驯至近今，此义尚未能破。盖人类心灵同此消长，不能有消而无长，亦不能有长而无消。论进化者，但就长之一面言之耳。①

　　人群之组织，必有一最高之机构，统摄一切，始可以谋大群之福利，一切礼法，皆从此出。而所谓君者，不过在此最高机构执行礼法，使之抟一不乱之人。而其臣民非以阿私独俾此权于一人，此一人者亦非以居此最高之机构为其私人之利。故孔孟皆曰"舜禹有天下而不与"，苟言民主之真精神，殆莫此言若矣。②

或许是受刘咸炘（1896—1932）著述的影响③，首段来自《史

---

① 《国史要义·史识》，《柳集》卷8，第124页。
② 《国史要义·史义》，《柳集》卷8，第143页。
③ 在《史识》篇中，柳诒徵仅仅提到了刘咸炘对《文史通义》的评论，但引文以及下文《史义》《史术》从特殊推理一般、由读书上提到心知的逻辑都与刘氏其他著作中所表现的类似。参拙文《论刘咸炘之理事说及其困境》，《人文中国学报》第33期，2021年12月。

## 第七章 落幕：柳诒徵崇古思想探论

识》的引文构造了一个相对完整的知识论话语，同时处理了柳氏曾多次谈到的进化、退化并存问题。在这一话语之下，个人更多是作为庶人的读书人而非有官守职权的史官。通过学习史学，人有能力去认识人群治乱的义理。此种义理，又指向对大群福利的追求。所以下一段引文的《史义》和之后的《史统》，都强调了大群福利有赖于一人，而一人执政又必须顺应众人之私的义理。① 顺着这条理路下来，《史术》就把大人通礼治世之术和庶人读史料成败之术相提并论，末尾又颇有深意地先后征引曾国藩（1811—1872）、顾炎武（1613—1682）的言论告诉学者：庶人与大人一样有学问、成德的责任，人人修己则天下治。② 如与同期钱穆（1895—1990）、马一浮（1883—1967）的文字合观，可知柳诒徵对民主之真精神的阐发并非孤例。

《国史要义》终于《史化》。该篇从行孝修身讲到大人立教、庶人循教，又从礼教讲到各谨官守以利用、记诵经典以传习文化的意义，将全书的主要观点冶为一炉。更为独特的是，该篇始于接引《殷周制度论》的"道德之团体"，终于"多数人民所选择"：

---

① 《国史要义·史义》，《柳集》卷8，第157页："由虞夏而至周，礼法明备，其于地政民治政纲军备，洪纤毕具，尤非汉、宋君臣徒托无为者所可比。然汉、宋君臣窃其绪余犹若可以为治，岂古之政术本天恤民所由来者远，而所谓集私为公者，固常能节制其私而恒出于公耶？"
② 《国史要义·史术》，《柳集》卷8，第209页。

> 实则所谓合天下以成一道德之团体之精髓,周制独隆,而前此必有所因,虽周亡而其精髓依然为后世之所因,不限于有周一代也。以近今而论,祠祭丧服,远异于周,然其意何尝不由周而来?犹存什之一二。故千古共同之鹄的,惟此道德之团体。历代之史,匪账簿也,胪陈此团体之合此原则与否也;地方志乘家族谱牒一人传记,亦匪账簿也,胪陈此团体中之一部分合此原则与否也。吾谓史出于礼,熟察之,莫非王氏所谓精髓之所寄也……真读书者,自知尽己及人物之性。昔之教也偏于尽人,今之教也偏于尽物。由《周官》而通之,讽诵必兼六艺,即知格致亦必读书矣。任何国族之心习皆其历史所陶铸,惟所因于天地人物者有殊,故演进各循其轨辙……近世承之宋明,宋明承之汉唐,汉唐承之周秦。其由简而繁或由繁而简者,固由少数圣哲所创垂,要亦经多数人民所选择。①

判断人事合礼与否是《春秋》之义,无此则史书为账簿矣。在历代文化"由简而繁或由繁而简"的人事变化中不断返回礼制的可考源头,是《周官》之义。《国史要义》未能将柳氏心中的义理完全发挥,尤其是未能考察多数人民所选择的具体路径,故1947年又有《礼俗史发凡》刊于《学原》。该书篇幅虽不能与《文化史》《要义》相比,但五脏俱全、未为不备。相比

---

① 《国史要义·史化》,《柳集》卷8,第213、231~232页。

## 第七章 落幕：柳诒徵崇古思想探论

《要义》，该书据《地官·司徒》发明了一点新义："以俗教安，次于礼仪。其安万民，则以本俗。故言礼而不言俗，未为知礼。"① 由礼而俗，正是前述元首—尚书到多数人民的发展。柳氏既主张士人与执政者尚德互助，亦认为《周官》可以包摄多数群众之俗：

> 礼俗之界，至难划分。笃旧之士，以《士礼》及《周官》所载，皆先王之大经大法，义蕴闳深，不可以后世风俗相例。究其实，则礼所由起，皆邃古之遗俗。后之圣哲，因袭整齐，从宜从俗，为之节文差等，非由天降地出，或以少数人之私臆，强群众以从事也……后世之礼，不必一准古俗。而焚香宰牲，犹缘其意。故推后世平民焚香祀天、割牲祷神之俗，谓自唐虞三代之柴望血祭而来，固无不可，治史而观其通，则礼俗之演变，古今不隔也。世儒诋斥《周官》，最致疑于《媒氏》《方相氏》诸文，盖隆礼而不达俗也。②

但是只看引文中的礼俗演变之史迹，仍然只能看到一个表面的过程。那么这一过程的起点何在呢？接下来的《秩叙》认为需要从孝行说起。焚香祀天、割牲祷神的民俗能发展为顺应

---

① 《中国礼俗史发凡·论读经史以治礼俗之法》，《柳集》卷11，第317页。
② 《中国礼俗史发凡·礼俗之演变》，《柳集》卷11，第319~320页。

节文的官礼，是因为圣哲完成了"移孝作忠"的制度设计。人们在家庭中的孝行乃民俗之大者，故周制"由其天性而节其私，则始自家庭，推至社会国家，始能戢小己之私，而奉身以为公"。① 也可以说，家庭乃是礼下于俗、俗渐于礼的起点与枢纽式场所。在周制失落以后，家庭之教也保存了典范的碎片，这正是后文《教育》篇的看法。② 包括宋明大儒在内的汉后儒者虽然维持了家庭之教，间或如前文所云发展了政党政治，但距离重光政教典范还差了不少。柳氏指出，汉宋之"儒先行谊，学校箴铭"只是"励少数人之礼文，不能立大多数之秩叙"，实现上述典范需要一种以兵法部勒群众秩序的强大执行力。这已然不是稽古读书可以胜任的了。③

有趣之处在于，《礼俗史发凡》的下文并未期待有圣人接续道统，以大力淘洗恶俗，而是倒回了前述《国史要义》的结论，再次呼吁各人负起重光周代政教典范的责任。这并不是特殊个人的责任，而是国中庶人的责任。有关这一责任，孔曾思孟已有精言：

> 化成天下，在观人文。人文之义，颇不易言。古所谓礼之文，惟在义理……孔子与子路论成人，兼知廉勇艺及礼乐而言。而见利思义，见危授命，久要不忘者次

---

① 《中国礼俗史发凡·秩叙》，《柳集》卷11，第331页。
② 《中国礼俗史发凡·教育》，《柳集》卷11，第337页。
③ 《中国礼俗史发凡·仪法》，《柳集》卷11，第343~344页。

## 第七章 落幕：柳诒徵崇古思想探论

之。人之分量，若是其难副也……人人不能尽为天子、诸侯，而人人本其性之善，皆可以行尧舜之道。则人之上达之途，至宽至平，无阶级地位、贵贱贫富之别。凡病吾国古礼尚等威、严仪式，以为不合于今人平等之精神者，皆由不知《中庸》为说礼之书，必合《周官》与《中庸》读之，更参以《论》《孟》之精义，自可晓然无疑矣……曾氏谓风俗厚薄，自一二人心之所向。吾人苟不以一二人自诿，奋发其亲爱精诚，爱我国家，爱我民族，爱我礼教，爱我良俗，爱我圣哲遗传丰美之宝典。本秩序，兴教育，定仪法，章人文，因时制宜，折衷至当，不独可以扬我国光，实可由兹以翊进世运。至诚尽性，与天地参，固非异人任也。①

本来按第二章《礼俗之演变》的理路下顺，柳氏应取《周官》之义评论汉唐至近世礼、俗分裂，政、教解离的问题，做一种《春秋》式的工作。或许是因为精力不济，柳氏没有选择这条路，只是在此从《四书》的角度对《周官》之教化状态加以评论，强调人皆可以为尧舜，庶人皆可参赞教化。参赞化育的能力和责任，诚然也能解释为庶人需要顺服君臣父子的伦理，就像我们在柳氏战时演讲中看到的一般。

---

① 《中国礼俗史发凡·人文》，《柳集》卷11，第344、346、349页。此节所论柳氏主张，严寿澂先生在对近代学人思想的比较研究中亦有所见，参《礼与国史》，《南洋中华文学与文化学报》创刊号，2011年。

但此处引文的重点,是"无阶级地位、贵贱贫富之别"——"宇宙主义"的实现。

从中体西用、尊孔尊君的时代,到民主共和的时代,再到"爱我国家,爱我民族"的时代,柳诒徵崇古的思想立场没有变过,宗周、尊孔、尚史、隆孝悌的种种思想特质没有变过,甚至他以抄录纂集为学、寓著于述的学风也没有变过。在上述种种不变之外,柳氏也不断吸纳新辞汇,调整表述声调,以旧学发明应时之新义,由此,不变的崇古学思和变易的时代主题琴瑟和谐。在人生的最后几年,保持这种和谐显得尤其困难。从 50 年代初草成的《〈人民生活史〉前言》中可见,柳氏还希望接着《礼俗史发凡》写一部应时之作。① 结合柳氏 1951—1952 年写与女儿女婿②和陈垣(1880—1971)③的书信来看,他此时面对新潮有着如履薄冰的谨慎。下文将略述学思共通的熊十力

---

① 《〈人民生活史〉前言》,《柳集》卷 8,第 456~457 页。郑逸梅云"柳翼谋未刊之《奴隶史资料》《人民生活史资料》,均存文物保管会",待考。

② 《与章诚忘、柳定生信》,《柳集》卷 12,第 171 页:"我数十年来能以旧学贯通科学方法乃是与许多留学生相处得的益处,中国老先生没有科学头脑,故尔思想落伍。诸人不前进,也是因为没有新人切磋鼓舞。我问以中,龙蟠有文化局所印参考资料否?渠谓似有,或没有也可向北京去索。我看那些资料,就想起中国人实在可怜,假使有思想,照苏俄办法每一县每一乡都开办□□,何愁没事做没饭吃?大家只在旧路上走,越走越窄,只能做两句诗词发发牢骚,诉说穷饿,骂骂人,真可怜得很。"

③ 也可以读作一句无关紧要的调侃,参《与陈垣书》,《柳集》卷 12,第 153 页:"蜀中改土,闻藉高贤,神赞新政,龙马精神,闻而健羡。"

在新中国成立初期与柳诒徵的交流①,简评柳氏崇古学思之历史处境。

## 五、结语

在1951年1月,上海史学会成立的时刻,柳诒徵小心翼翼地把尊孔、理性、尚和的理念包裹起来,藏在书面发言里。② 熊十力则不然。鼎革之后数月,熊氏即着手撰写回应世变的著作与书信多种③,其中包括1951年完稿、尝试主动影响当局的《论六经》。同年,十力对《国史要义》的赞语被柳氏附入《要义》再版之题辞,他的《论六经》也寄给柳氏阅读,二人乃有论学长信之往来。从信函中可知,柳诒徵认可熊十力的尝试:

---

① 在四五十年代,他们两人共同的朋友蒙文通贬抑《周官》,但学思走向大体类似,参张凯:《今古分合与"国史"叙述:以柳诒徵、蒙文通为中心》,《中国哲学史》2019年第5期。

② 《与周谷城书》,《柳集》卷12,第168页:"目前讲爱国主义的历史教育无他途术,即放弃数十年来为欧美帝国主义、资本主义者所迷惑的历史观念,自然即发生爱国的作用。盖数十年来吾国学者多为帝国主义资本主义学者吓倒,不敢自信其历史,往往要将中国历史附会欧美。例如墨子在历史上久经沈晦,因为欧美有耶教,中国脱离宗教最早,遂思以墨子附会耶教。不知墨子讲历史喜欢说鬼神,中国相传的历史专重在人事。许多学者不悟此理,反将墨子从九流中抬起,想建设一种新的历史。看似思想进步,实则是可耻的奴性……盖决斗者浅化之民之俗,讲理者进化之民之习也。西史所诩如斯巴达之盗狐,西班牙之斗牛,以及葡人之以海盗觅新地,德人之以战勇为哲学皆浅化之证。吾人讲史学不以理性倡导学者,转以其非理之观念评判吾史,安得发生爱国的作用哉?"

③ 参拙文《弘道与护学——从贺麟论王安石说到熊十力论张居正》,《鹅湖学志》第62期,2019年6月。

>《周官》曰："儒以道得民。"此五字极有关系，向来人多忽略读过去。诒以为自道经危微精一之说至程朱陆王，皆括在此五字之中。公所提均天下之大义，即儒者之大道也。赐书详示礼乐与中和之功效，精辟之至。诒之管见，妄谓乡三物之六德与成均之乐德有同有异，其同者即中和与忠和也，此亦人所易于忽略者。妄谓解此可知《中庸》中和位育一节及《大学》格物之学。大本达道，固发明于圣哲，而着力在致字格字。致知格物，是率天下人致之格之。自成均至乡学，倡此六德之言者非空言也。人人养成中和之心习，推而至于治天地万物。①

此信9月6日草成，是对前述《礼俗史发凡·人文》内容的发挥，三天后即送抵熊十力处。十力于当日作长信答复，望柳诒徵"纠旧史之失，而开新史之路"，行《春秋》之事，扫荡汉后奴儒的家天下史著。② 柳氏之覆信未见，《人民生活史》又仅有前言、提纲③撰成，熊氏的期待自然是落空了。但从引文对"儒以道得民"之疏释来看，柳诒徵有意地把新社会"均天下之大义"化入《周官》的官礼之制和《四书》的格致之学当中，正如他过去几十年所做的那样。只是在新时代的化用要继续下

---

① 《与熊十力书》，《柳集》卷12，第166页。
② 熊十力著，刘海滨选编：《复柳诒徵》，《熊十力论学书札》（增订本），上海：上海古籍出版社，2019年，第165~167页。
③ 《〈人民生活史〉研究草目》，《柳集》卷11，第418页。

## 第七章 落幕：柳诒徵崇古思想探论

去的难度也会比在过去更高。宗奉《大易》《春秋》和《周官》三部宝书的十力后来写有《原儒》、《乾坤衍》和《体用论》(附《明心篇》)三书，兼及"均天下之大义"和"格致以治天地万物"两端，代价却是将"秦以下之窠臼"扫进了历史的尘埃。① 如柳氏能在1956年之后继续述史、存旧于新，完成这样的调适也并非易事。

柳诒徵、熊十力的友人蒙文通一度认为《周官》是周人残暴对待被征服者的历史档案，也一直认为此书并无垂范万世之效。他们的另一位友人马一浮在与柳氏交谈时，认为以吏为师的主张只会引向思想控制，师法《周官》当师其意，其意无非"政治即是道德，道德外无别有所谓政治"。② 至于柳、熊的后辈儒者徐复观（1903—1982）与牟宗三（1909—1995），那就更不客气了。徐复观以为《周官》无非王莽私心造作而成，法《周官》以抑兼并、隆教化绝无可能，倒会引向更糟糕的后果。清季《教学通义》《周礼政要》之类作品亦属无稽。③ 牟宗三径言尊周公的经制之学不过空言事功、哗众取宠，与近世以考据为

---

① "宝书""窠臼"皆出自柳氏1951年8月写与十力的书信，参《与熊十力书》，《柳集》卷12，第165~166页。

② 蒙文通的态度参前揭张凯文。马一浮的言论参《匑堂学记》，第80~81页；马一浮：《复性书院讲录·孝经大义·释明堂·附语》，《马一浮全集》第1册，杭州：浙江古籍出版社，2013年，第214页。

③ 徐复观：《〈周官〉成立之时代及其思想性格》，《徐复观全集》第11册，北京：九州出版社，2014年，第300~305、399页。

能救世实学的风气无二。① 以上诸儒的负面评论，无不与今人对清季《周官》学的研究遥相呼应②，也折射出了柳诒徵崇古宗周之学的历史困境：即使在尝试调和新旧的现代儒者内部，人们面对周制也难以达成共识。也许正是体味了这些艰难，柳氏之后晚年自述未及政教理想，反而有百味杂陈的一句话："由旧而新，决不能如我一生遭际。"

## 附说：老革命，新经学——熊十力"晚年定论"之前史

去世前不久，徐复观偶阅熊十力的晚年定论《乾坤衍》，不明其师"何以疯狂至此"，乃有言曰："彼虽提倡民主，而其性格实非常独裁。"③ 这一判断当然和徐复观病中忆旧的特殊状态有关，但多少反映了一些真切的阅读体会。以下从《乾坤衍》回溯，侧重十力的师友学缘，一探"晚年定论"之前史。

熊十力的早年生活（1900—1920）在其哲思当中留下了三记印痕。限于关键文献的缺乏（其早年经验只能通过他的回忆文献和提及"熊升恒""日知会"的文史掌故了解），很难撰就大文研究它们的历史意义，但这里可以将之简述如下：

其一，中国经典的现代价值。熊父爱谈本土固有的虚君共

---

① 参本书第八章。
② 参前揭 Rudolf G. Wagner 文。
③ 徐复观：《徐复观最后日记》（1980 年 11 月 16 日），《无惭尺布裹头归·生平》，《徐复观全集》第 24 册，第 323 页。另参张文江记述：《潘雨廷先生谈话录》，上海：复旦大学出版社，2012 年，第 208 页："王阳明不读六经，只读四书，故有'朱子晚年定论'。熊十力之研究，犹'孔子晚年定论'。"

## 第七章 落幕：柳诒徵崇古思想探论

和学说、谈《尚书》、谈《周礼》，这些东西影响了新军时期的熊（在军营中宣传梨洲、船山），也影响着最晚年写《原儒》《乾坤衍》的熊。这些倾向和世纪之交的新学风气当不无关系。此外，从熊的回忆可知，谭嗣同的《仁学》可能比"大同三世说""中国古有议会说"对他影响更大。惟有《仁学》的普遍性和激进性，才与下面两点相应。仅从一般新学出发，十力只是一位保守的老新党。①

其二，仁心感通和体用论。接着上面那一点来讲，熊对古代圣王开物成务之事的民主化阅读，关键在于"知圣"。圣人的用心是对的、仁的。有仁心用仁心者以天下为一体，众人为手足。治天下如治身，不识此义则新政也要走回秦政的老路。这种对明贤的激进发展跟马一浮有可比性，他们厌弃恶浊现实、走向义理之学的途辙也是类似的。"孤冷"地在身心性命上下功夫、见真体，再由见体而知大用，是二人所共之命。虽一度亲交而水火，但二老的根本见地终究相去不远（至少没有他们互相以为的那么大），处境也差不多：不约而同地领了新政府的津

---

① 谭嗣同的激进之处在于一种墨家式的人类学。他认为人是具备仁这一属性的个体，在跟仁有关的道德—政治议程面前，身体这一物理形态以及跟肉身有关的儒教礼法都得往后排。大家相亲相爱，仁就会真的实现，上面这些东西也都不重要。这或许是清末一度流行的一种思想，康有为、廖平在后来出版的作品中不约而同地将此境界放到了社会发展的最后阶段。熊十力的《体用论》（附《明心篇》）虽然重视身体的位置，可是旨仍然是以心主身，展望世界人民一起实现明体达用的未来世界。人人平等，都是神仙皇帝。在这个意义上，熊有远绍谭嗣同的激进特质之处。见本书第八章。

贴，又同时间在孤冷中逝去。

其三，生生、恒转和即人即天的神圣激情。新军同僚为国族做出的牺牲长久地感动着熊，军阀、蒋介石不仁的用心、权变（依熊所见）又一直让熊保持着痛感。熊以生生判"儒教"与佛老，以恒转昭示不断革新的必要，这使得他的体用论需要维持住"即体即用即变易"的相状——也是他早年即有、晚年定论的见解。而作为一种学说来讲，恒转体用之学是要教给人们一种敢于牺牲、保持高洁的精神，起步点则是自己的"心"。故船山、阳明之学千载同参①，释教也是值得衰年哲人专门评判的对手。毕竟后者也部分地具有上述性格，一度与熊之孤冷相应。

综上所述，熊十力是一位老革命，也可讲是老新党。严格地说，他的锐利和激进并未超出清季的知识背景太多。前面说熊氏对普遍和激进的要求接近《仁学》，由《新唯识论》观之，十力是用和西学的普遍主义权威雷同的中学普遍主义权威与之对垒。② 在之后重释儒经的过程中，从论说的资源和语言来看，

---

① 王元化：《再记熊十力》，《王元化集》第 7 卷，武汉：湖北教育出版社，2007 年，第 37 页。

② Philip Major："The Politics of Writing Chinese Philosophy: Xiong Shili's New Treatise on the Uniqueness of Consciousness and the 'Crystallization of Oriental Philosophy'"，*Dao: A Journal of Comparative Philosophy*，vol 18, 2019（2），pp. 241~258.

## 第七章　落幕：柳诒徵崇古思想探论

他同样是完整地待在了旧学领域里面，间用新语而已。① 中西虽然有别，熊十力对抗姿态下的诉求却是普遍的，是给全人类找到一种革新、进步的不二法门——只不过在他的剧本里面，华夏诸人要率先争取建设地球首善之区的责任。在这个剧本里面，孔子和"六经"其实是先于"儒教"的。

这个看法，在孕育了老新党的清季已经存在。看不上后世儒者的纷争倾轧和迂远空疏，学者们愿意直接回到圣人以求统一和切时，儒者学的不是儒学也不是儒先，直接就是孔学、经学（这种案例想必也存在于宋、明士林之中）。魏源、康有为、廖平等人如此，熊十力（可能还有他的父亲）也如此。圣与凡、真与俗是截然有分的，不管三代以下乃至今日的现实生活中我们需要多少机巧，也不妨碍三代以上的圣心白璧无瑕。持有这种带有超越意味的知圣标准，一切内在于儒林、内在于文化史的有限事物都显得无关紧要，可以在第二义的范畴中慢慢处理。出于这个原因，熊十力对反古西化的种种声音表现得比张东荪更淡定：胡适们不管怎么骂，（谭嗣同岂不是骂得更狠？）都是在谈历史上一些属于中国文化枝叶的毛病，未及根本精神。另一方面，死老虎章太炎对中国前贤史事的表彰，也不过是"时有善言"、未见根本。换句话说，看不到中国根本精神的复古和看不到西洋根本精神的西化（熊十力），都不值得严肃对待。辨

---

① 黄冠闵：《革命经学与哲学改造：论熊十力》，《中国文哲研究通讯》2020 年第 1 期。

出枝叶荣枯而未见根本精神,说谁是儒家谁不是、谁作为儒家对国事有何贡献,有什么意义呢?①

"根本精神"催生了奇特的"新经学"。在老革命熊十力跟老新党中的旧派康有为之间有着耐人寻味的思想纠葛,我们难以衡定《原儒》和《乾坤衍》在多大程度上受益于《新学伪经考》《春秋笔削大义微言考》《春秋董氏学》等书,但明显可见的是,熊十力每每发明大义微言之际,都爱批评康有为。此其"所最攻之人,即其所从以得力最多之人"(顾颉刚语)也欤?有趣的是,十力的批评还伴随着与封建遗老张尔田的深厚友谊,以及对宋明学统的独到反思:

> 《春秋》本素王改制之书,汉儒犹能绍述,宋儒程伊川亦言之,至近人康有为而益张。然有为虽扬三世义,但虚张条例。张孟劬先生讥其浮浅,诚然。故学者于康氏书可以涉猎,然必习群经、诸子并三传及诸儒著述。总之,孔学广大精微,学者不易研寻。汉儒虽略存古义,要是守文之徒。宋明诸大师于义理方面(小字:孔子哲学方面),虽有创获,然因浸染佛家,已失却孔氏广大与活泼的意思,故乃有体而无用,于物理、人事少所发明,于社会政治唯诵说古昔。今欲董理孔氏之学,谈何容易!后生可畏,唯拭目俟之尔。又今人每诋儒家为封建思想,此不通《春秋》

---

① 熊十力:《熊子真与罗志希》,《熊十力全集》第8卷,第24页。

## 第七章 落幕:柳诒徵崇古思想探论

故也。《春秋》有三世义,与《礼运》小康大同说、《易》"革""鼎"二卦革故取新说,皆相互发明,谁谓其限于封建思想耶?①

政见无论,张尔田、张东荪兄弟的宋学观跟熊十力的上述看法实有接近之处。结合别处文献可知,借着清季新学的壳子,张尔田、熊十力都有继宋学而上之的雄心。他们尊重宋学拱卫伦理、为文化立本的意义,又慨叹其中难以尽去的出世意味。他们将此空虚归罪印度宗教,却既不否定佛教对国人学思的助益,也不彻底否定宗教本身——他们在呼唤一种入世的宗教。②1950年初,熊十力发表《韩非子评论》,并在与友人的通信中说:

> 我所以有在北住之意者,确有一种苦心。陈寅恪在粤云,五千年文化当断灭。张东荪亦谓,今后文化有全灭之可能。此二人之言,实一般人之公同感觉。我于此实有无限凄伤,此并不是舍不得旧东西,但大抵就人类说,我相信吾先圣之仁道,与天地万物一体的爱,及其德治或礼治的精神,实不可亡灭。小之则一国家一民族的文化与学术,

---

① 熊十力:《十力语要·与沈生》,上海:上海古籍出版社,2019年,第73页。
② 熊十力与张东荪的交流参《十力语要·复张东荪》,第111~114页。张尔田的看法参《历史五讲》,《张尔田卷》,第210~211、218~219页。

> 究是精神之表现，此等精神原是其国族之所由成立。虽云文化不能无流弊，学术思想亦不免有短处，然须知其弊与短是随时代与环境之特殊而不可避免的。①

此后，十力接连撰写《与友人论张江陵》《论六经》《原儒》诸书，据学论政，弘道护学。所谓"天机自发高文在，权教还依世谛传"是也。② 在这之后写作《体用论》时，他回忆起了多年前与张尔田交流的往事：

> 抗日战前，张孟劬尔田尝谓余曰："世界上三大宝物：一、《易经》，二、《论语》，三、《老子》。望老熊作新注。"余曰："《论语》《老子》未可与《易》匹也。"余与孟公见面才两年，逢国难，余入川，而孟公以悲愤逝于北京，哀之不忍忘也。余平生为无用之学，不敢求知于时，讲学无徒。新运既开，余已衰矣。孟公之言，余弗克践。孟公于中国学术源流有创见，《史微》一书，问世甚早，晚而学极精博，惜未写出。③

---

① 熊十力：《熊十力论学书札·复张难先》（增订本），第137~138页。
② 马一浮：《寄怀熊逸翁即以寿其七十》，《马一浮全集》第3册，第455页。
③ 熊十力：《体用论·成物》，上海：上海古籍出版社，2019年，第128页。

## 第七章 落幕:柳诒徵崇古思想探论

从与柳诒徵的通信来看,熊十力的"三大宝物"大概是《易》《春秋》和《周官》。《体用论》完稿后三年,十力又成《乾坤衍》,践行了注《易》的职责。① 老新党的新经学始于经学退隐的民初,但及至新运既开的世纪中叶,学脉尚未衰绝。其生命力,或在不以求知于时自期欤?

---

① 张尔田治学,考据与理解并重,务大体而疾委琐,与十力相类。二人最大的共同点除了前述人文宗教观念,还有对《易》的理解,张氏认为乾元资始的意象反映了人类有能力改造自然、成立文化的人文学真理。(参梁颖等整理:《与王国维》,《张尔田书札》,上海:上海人民出版社,2021年,第240页)当然,他应该不会赞同熊十力"晚年定论"中的各种激进变革思想。

# 第八章

# 遗响：晚年熊十力的经学评论

人道只求乐，天心惟有仁。先除诸苦法，渐见太平春。——康有为：《大同书成题词》

## 一、引言

黄冈熊十力（1885—1968）以儒者、哲人见称，所著《新唯识论》《体用论》诸书研究者甚多，兼之译文①流布，现已成"熊学"之势。《孟子》终于叙说尧舜周孔之道统，是精神自觉性的流露：一则见自任之重，二则愿来者有以自任。② 十力对过往经学、儒学的总结和评论，同样是他后期著述中很重要的部

---

① 对十力生平、思想的诸多中外文研究不胜枚举。需特别指出的是，《新唯识论》和《体用论》（附《明心篇》）的英译为梅约翰师已完成的工作，分别在2015年、2023年由耶鲁大学出版社（*New Treatise on the Uniqueness of Consciousness*）与牛津大学出版社（*Xiong Shili's Treatise on Reality and Function*）出版。

② 邓秉元：《孟子章句讲疏》卷十四《尽心章句下》，上海：上海人民出版社，2022年，第831页。

第八章　遗响：晚年熊十力的经学评论

分，因十力本人之思想、志愿，也跟过去、未来的儒学传统生长在了一起。① 有关这些思想史评述，质疑实多，欣赏也一直存在。② 本章希望考察的，乃是相比他的哲思体系和古代思想评述较少被注意的，十力的"现当代学术史论"。

不可否认，在内学院学佛是熊十力进入严肃学术思考的开端③，在北京跟张东荪（1886—1973）、贺麟（1902—1992）等西方哲学研究者的交往，也有助于他面对西学、定位自家哲学。另一方面，做哲学固然是本体论和工夫论层面的学理探讨，多少亦是实现全中国、全人类的公正平等之生活的一环。④ 后一类关切，总摄在

---

① 十力晚年的重要著作《原儒》《乾坤衍》之第一部分（不算导言）先后是《原学统》和《辨伪》。这或可说明，清理历史是探索孔学真理所必需的预备工作。

② 熊十力持论勇决、果断，还喜欢借题发挥，常常有失偏颇。读者产生怀疑很正常。在极端的情况下，最重实证的文史学者会看到十力最不着边际的史论，予以酷评，例见邓之诚：《邓之诚文史札记》，南京：凤凰出版社，2012年，第578~579页。下文也会谈到来自其同道学人的质疑。近来欣赏十力思想史洞见的案例参陈来：《20世纪中国哲学史论述的多元范式——以熊十力论中国哲学与中国哲学史为例》，《文史哲》2022年第1期。

③ 关于佛学对熊十力思想体系之构建的意义，许多学者已经做过研究，最近的专著似是黄敏的《新唯识论儒佛会通思想研究》（北京：社会科学文献出版社，2020年）。特别值得补充的是熊十力在辛亥革命前夕为筹措经费，去寺庙里面截下菩萨金身换钱的计划，所谓"革菩萨之命以革皇帝之命"。（李耀仙：《一位困学而知的思想家》，《梅堂述儒》，成都：四川大学出版社，2005年，第483~484页。）这一则故事，暗合十力学思生命的轨迹。

④ 十力有本体、本心之专论，分别对应此处所说的本体论、工夫论。据十力及门弟子所述，这些专论又可以看作是阅读《原儒》之参考。参张文江记述：《潘雨廷先生谈话录》，1986年1月5日，上海：复旦大学出版社，2012年，第392页："《明心篇》《体用论》之于《原儒》，等于《通释》之于《新唯识论》。"

致意辛亥革命的十力经学之中。由此，面对西潮的国故新读包括了两层普遍的要求：中国本有的学问就包含了可以在新时代被普遍理解的知识（哲学），因之能安立地球各国学林之间①；因中国哲学对宇宙本体和证体之工夫的独见，今人又得以上溯中国经典所载之常道，为万世人类开太平。② 此一宏愿，以"衰年心事如雪窖"告结。身在清季③趋新思潮当中，十力在评骘前人经学的同时，寄托了自己的儒学新思。研究他的相关评述，不单是理解其人思想，也是观察整个儒学传统在近现代史上的转变轨迹。

笼统地讲清季趋新思潮，容易失之汗漫，其间学人多多少少所分享的特点实在太多：以新知识比附儒经、诸子，藉由对

---

① 近来有一详细讨论此问题的研究，参蔡岳璋：《在中国思考"本体"：以熊十力、张东荪的对话为线索》，《人文中国学报》第 36 期，2023 年 6 月。

② 参黄冠闵：《革命经学与哲学改造：论熊十力》，《中国文哲研究通讯》2020 年第 1 期。最近注意到《原儒》经学论述意图的研究还有黄燕强：《"四经"：熊十力晚年经学思想研究》，《社会科学》2022 年第 5 期。

③ 清季对熊来说有分水岭意义。尽管程朱理学和清代朴学，在熊看来都有严重缺陷，可是它们二者一度孕育了可观的风气，让经历清季世变、社会退化之后的熊十力在最晚年仍耿耿于怀，参熊十力：《存斋随笔》，上海：上海古籍出版社，2019 年，第 121、134 页："余回忆前世老辈朴实者多，犹不忘内省之功。世变以来，淳风遂丧，无可复矣。诸老先生常在理欲交战中过活，莫求立本之道，此为程朱所误也……清季以来，社会各方面活动者，如政界、学界、实业界之类，务结朋类相标榜，争取名流地位。在学校者，必得教授始快，甚至游海外，取博士为荣。清世朱九江、李慈铭诸公，外人求其诗文，拒而弗见，曰：彼焉能通吾旨耶？闻庸俗之称誉而来，吾耻之。文学古邦，朴学巨人之风，亡绝久矣。"

## 第八章 遗响：晚年熊十力的经学评论

比、夸张的学术表达来宣扬改革理想，顺承道咸今文、史地之学以偏锋致用①，等等。熊十力侧重《周官》的经学评论因此具有一种收束之效②，让孙诒让（1848—1908）、严复（1854—1921）和康有为（1858—1927）等持论各异之学人，"同场"论学。十力与"老派"学人张尔田（1874—1945）、柳诒徵（1880—1956）之交流，以及同道儒者梁漱溟（1893—

---

① 近来值得关注的总体、个案讨论参罗志田：《能动与受动：道咸新学表现的转折与"冲击/反应"模式》，《近代史研究》2022年第1期；李天纲：《宋恕与经学：经世学近代学术取向：兼论〈六斋卑议〉与清末变法思想及"瑞安新学"》，《中国文化》2021年第2期。

② 本文使用评论而非论述称呼十力有关经学的文字，是因文中并没有整体呈现出熊十力的经学论述和相关的儒学思想，而是着重引述具有学术史意味的评论式文段，分析十力点评之后的意图。至于为何特别强调《周官》？首先，该书在熊晚年的思想体系中非常重要，是他理解的孔子政治思想的具体章程（《易》《春秋》为纲旨），参前揭黄燕强：《"四经"：熊十力晚年经学思想研究》。其次，他从义理路径解释、挪用《周官》文献的选择，跟最新的相关研究可以参照（例如杨儒宾：《原儒：从帝尧到孔子》（新竹：台湾清华大学出版社，2020年），第382~383页；陈赟：《周礼与"家天下"的王制：以〈殷周制度论〉为中心》，北京：中国人民大学出版社，2019年，第374~376页），但又显得特别激进（跟前两位相比，他根本不承认宗法的历史合理性，更不会去跟王国维对话）。如正文所述，适合放入历史语境中进行分析。那么，为何不围绕十力《周官》学行文？笔者本意如此，然本章所及十力《周官》论述分量太轻，不足以成为复述熊十力晚年儒学思考的枢纽。而且《原儒》也提示了我们，十力自己都限于精力，未能将《周官》当中后人窜乱的部分一一检出。所以把十力《周官》学作为论文的地基，会是比较危险的。参熊十力：《原学统第二》，《原儒》，上海：上海书店出版社，2009年，第88页。

1988)、牟宗三（1909—1995）等人对他的批评①，也能让研究者在定位其人经学评论的同时，一窥新学大潮的风势余响，不至由个例侈谈儒学总相。本章并不是对以《原儒》《乾坤衍》为代表的十力后期著述之整体的研究，而是基于他批判式承继清季经学问题的经学评论，比照相关学人思想的研究。希望本章能呈现出历史中的熊十力，以及他所亲验的历史。

## 二、因缘际会

（一）走出清季之学

跟我们很多人一样，熊十力的回忆多少有不符合历史事实的地方。有的是不慎记错，有的，自然是刻意为之。他在最晚年回忆自己父亲当年的话语时写道："夫功者何？盛德大业，国以之建，民以之新者是为功。（小字：建国，见《周官经》。新民，见《大学》。）名者何？德业为当年与后世所称颂，不可泯

---

① 前揭罗志田《能动与受动：道咸新学表现的转折与"冲击/反应"模式》一文指出，讲今文经学、佛学，追求迎新、致用的道咸新学是中国传统中内生的新学。这种新学，比起光宣时期欧西（假途日本）输入的"大新学"，显得像是"小新学"。张、柳跟更老派的曹元弼（1867—1953）、缪荃孙（1844—1919）对比，是更新派的学者，可是跟从新学起家的梁、牟相比，不免"小新见大新"之尴尬。需要指出的是，这不是说梁、牟二位比前两位更"反传统"，而是形容一派是"由新返旧"、用新眼光保存旧传统，一派是"据旧迎新"、基于旧基地消化新事物。熊十力晚年调和新旧的努力，处于这样的语境当中。

## 第八章 遗响：晚年熊十力的经学评论

灭者，是为名。功名之义深远矣。尔曹不求真解，可乎？"① 十力回忆中的中国传统，似乎特别有孕育新事物的气象。结合另外的回忆，可知少年十力的旧学根底固不可轻。② 也同样是在回忆当中，他有一种冲决网罗的趋新能量：

> 孔子外王学之真相究是如何？自吕秦、刘汉以来，将近三千年，从来无有提出此问题者。吕秦以焚坑毁学，汉人窜乱六经，假藉孔子以护帝制，孔子之外王学根本毁绝，谁复问其真相？清末欧化东渐，守旧者仍护持汉代所揭纲常名教，革命党人则痛詈六经为皇帝之护符。（小字：皮锡瑞《经学历史》言当时有烧经之说。吾侪回忆少时群居非圣诋经，犹如目前事。）③

---

① 熊十力著，刘海滨选编：《先世述要》，《熊十力论学书札》（增订本），上海：上海古籍出版社，2019年，第329页。以下引用熊十力著作，皆省去作者姓名。十力父亲的这番话超迈世俗功利之见，强调真正功业必能利益国民公正、平等，当然符合熊十力后来的价值观，也不一定出于造作。但是小字里面说"建国，见《周官经》"，恐非十力父亲当年说话时刻意用典，更像是十力自己心意所见。

② 在和徐复观谈话时，十力刻意回忆了自己早年私塾教育时期能读书、能作文的天分（《有关熊十力先生的片鳞只爪》，《无惭尺布裹头归·交往集》，《徐复观全集》第25册，北京：九州出版社，2013年，第103~104页）。他后来能在革命之后写出《心书》中的文字，也反映他的阅读积累与写作训练。

③ 《原外王第三》，《原儒》，上海：上海书店出版社，2009年，第100~101页。皮锡瑞的言论见吴仰湘编：《经学历史》，《皮锡瑞全集》第6册，北京：中华书局，2015年，第93页："乃自新学出而薄视旧学，遂有烧经之说。圣人作经以教万世，固无可烧之理。"

305

非圣诋经，不是十力写作《原儒》时候的思想。然而年轻时候这种求新的趋向并不完全是毫无道理的少年意气，而是针对"假藉孔子以护帝制"的老问题自然而然的反应。皮锡瑞（1850—1908）这样的儒者，不能妥善回答年轻人对中国旧学无法开出良善政治问题的质疑。1909 年的熊十力和他的朋友们，正在构想"倡真我之教、发大同之声"的黄种人领导全人类移居外星的故事①，此种豪情，如何是简单一句"圣人作经以教万世"可以消化的？经过了接近三十年的艰辛探索之后，十力才在一份讲义当中，头次系统表出了对孔子内圣外王学真相的系统理解。② 又过了五年，在抗战胜利之际完成的《读经示要》里面，十力批评了皮锡瑞汉人经学致用的观点，兼斥清季汉学：

> 汉治为后世所不及，诚经术之效。遭秦绝学，经籍初出，儒生确守古义、敦笃践履，故治效可观。然汉道毕竟苟简，不能开民治之弘基、立百代之大法。诸儒思想，只在帝者专制之下补苴罅漏而已。汉治卒衰，迄典午以来，不可复振。此则诸儒思想锢蔽，未能发挥孟轲、孙卿之义，所以衰敝亘二千余年而未已。近世康有为亦张今文余焰，而专己自封、

---

① 刘依平：《论熊十力的早期经历与思想转折——以新发现文献为中心》，《孔子研究》2022 年第 4 期。
② 《中国历史讲话》，《中国历史讲话（外三种）》，上海：上海古籍出版社，2019 年，第 6~7、55~56 页。1938 年讲。更早有《读经》短文一篇（《天津益世报》，1935 年 6 月 6 日 11 版，第 3 张），单举《论语》《诗经》为例，虽然已显出辩护经为常道之意，但终究不成统系。

## 第八章 遗响：晚年熊十力的经学评论

拥护帝制，徒为大盗袁氏张目，犹汉儒之遗风也。故知汉后经师，其学无分今古，要皆考据之业，不足发生思想。①

这段评述非常重要，里面体现的秦汉之后历史堕落、孔子孟荀大义沦落的意旨，十力一直坚持到了写作《乾坤衍》前后。本段引文的上文亦说"《周官》一书，大抵明升平之治，以德礼之精神，运法治之组织"②，将《周官》放在了《易》与《春秋》两部根本大经之间，为孔子外王真论之详细章程。在十力引用的学者当中，皮锡瑞是清代今文经学的典型，康有为则是在学以致用的路上走得太远的另类。③ 这两位学者，十力都没有亲身接触。然而，他跟既熟悉清代经学，也熟悉"经术致用"的张尔田④，有深入的交流。

---

① 《读经应取之态度》，《读经示要》，上海：上海古籍出版社，2019年，第166~167页。所批评的内容参皮锡瑞：《经学历史》，《皮锡瑞全集》第6册，第31页。
② 《读经应取之态度》，《读经示要》，第154页。
③ 章太炎认为魏源、康有为等以经术为治术的所谓汉学者，都不算严格的经学研究者，参《清儒》，朱维铮点校：《章太炎全集·訄书初刻本訄书重订本检论》，上海：上海人民出版社，2014年，第157页。按照他的看法，经学者要严察汉师经学流派，不能杂糅诸家经说。这种意见符合清代汉学的事实，所以这里不妨把皮、康二位称为典型和另类。
④ 张尔田具有辨别师法、使经说各得其位的治学旨趣，参梁颖等整理：《与王国维》，《张尔田书札》，上海：上海人民出版社，2021年，第194页："弟所以欲著《两汉今古文家经义类征》一书者，即拟先从分析入手。盖深知后世讲六艺者门户纷纭，受病之原非此不足以澈底澄清也。"从下文叙述可知，张不满康有为以肤浅之学致用。而张氏本身又有复兴教化的大关怀，不停留在静态的"圣人作经以教万世"信条上面，会反思清代经学考据学风不能致用的缺憾。这都是他在老派学人当中比较新的地方。

张东荪之兄张尔田远比十力年长,"遗民"色彩的政治观念,也跟十力大相径庭。是张东荪的关系,让两个很不相同的人走到了一起。① 张氏对佛学、考证、义理学问的思考,其人严肃求是的学风、狷介自守的品格和对中国政教的情怀,吸引了十力,后者在写作《体用论》时回忆:

> 抗日战前,张孟劬尔田尝谓余曰:"世界上三大宝物:一,《易经》,二,《论语》,三,《老子》。望老熊作新注。"余曰:《论语》《老子》未可与《易》匹也。余与孟公见面才两年,逢国难,余入川,而孟公以悲愤逝于北京,哀之不忍忘也。余平生为无用之学,不敢求知于时,讲学无徒。新运既开,余已衰矣。孟公之言,余弗克践。孟公于中国学术源流有创见,《史微》一书,问世甚早。晚而学极精博,惜未写出。②

合《易》与《春秋》说"元"字之义,发明人类的文化自觉心,是张氏在新文化运动时期已有的考虑,然直至晚年也没

---

① 张氏兄弟虽然思想、行事新旧不同,但一生和睦、没有分家。对旧道德的信守,是兄弟和而不同的基石。兄长对传统学术的了解,也是张东荪探索西学的部分底色,参高波:《追寻新共和:张东荪早期思想与活动研究(1886—1932)》,北京:生活·读书·新知三联书店,2018年,第22~24页。

② 《体用论·成物》,《体用论(外一种)》,上海:上海古籍出版社,2019年,第128页。

## 第八章 遗响：晚年熊十力的经学评论

有付诸实践。①《体用论》可视为注《易》之书，所以十力也未必是辜负了亡友心意。在鼓励注《易》之外，张尔田对于中国学术源流的思考在不同的案例、不同的层面上，都跟十力的思想产生关联。例如他讥康有为之汉学为浮浅②，主张做学问需认清对象、明确义法③，以及因此所批驳的，实证考据之学可能存在的任私意取材问题。④ 种种议论，在张氏此前的通信中都能发现痕迹。这些批评所指向的，自是考据学风对价值世界的负面影响。⑤ 从学问的角度看，张氏所主在于考据之学不得妨碍认识古人义理本有之条贯。⑥《史微》之作，并非偶然。至于熊十力

---

① 张尔田：《与王国维》，《张尔田书札》，第240页。此信作于《彊村语业》序文之后，或在1924年和1925年之交，当是针对考据学者以及科学治史者所发。类似言论亦见于四十年代的讲义，参孙文阁、张晓川编：《历史五讲》，《中国近代思想家文库·张尔田、柳诒徵卷》，北京：中国人民大学出版社，2014年，第208~209页。

② 熊十力屡屡称道张尔田的这一评论，例见《与沈生》，《十力语要》，上海：上海古籍出版社，2019年，第73页。

③ 张尔田：《与熊十力》，《张尔田书札》，第313~314页。此为答信，《学术世界》1937年3月转载。

④ 张尔田：《论伪书示从游诸子》，《张尔田卷》，第204页。又见熊十力《复张东荪》，《十力语要》，第113页。

⑤ 张尔田：《与王国维》两通，《张尔田书札》，第171、214~215页。尤其精彩的一句话是"由古文考据之法言之，虽谓西京今文家说皆不出于孔子可也；若由余所论之方法言之，则虽谓西京今文家说皆不背于孔子亦可也"。

⑥ 张尔田跟熊十力类似的地方，还在于他的学问得力于佛学阅读，张尔田：《与王国维》，《张尔田书札》，第174页："往治六艺，深恨西京今文家说多亡于汉魏之际。今治佛学，亦同此慨。弟生平为学，喜探原成一统系。此但体例上之不同，至所用考索之方法，一遵国朝诸老。"张氏佛学，亦为十力所称道，参《佛家名相通释》，上海：上海书店出版社，2007年，第29页："印度大乘菩萨，无有不精研小乘学者。吾国人向少提倡小宗，此一短也。近张孟劬先生，独精小乘学云。"

的经学评论,更是远比张尔田激进的清学批评。另一位跟十力有深入论学的柳诒徵,年纪较张氏为轻,但同样成学于清季。对于孔子外王之学,熊、柳两人有更直接的讨论可考。

(二) 探索民国之学

在现代学术史上,柳诒徵以其精深的史学和保守的文化姿态著称。近来有论者发现,在深厚的经史学养之外①,他的本土议会论说有冥契康有为学说之处。② 从柳氏的其它经验来看,20岁进入江楚编译局接触西学,以及1903年作为随员访日所见之日本国粹教育,也都对他后来的学术思考有所影响。③ 还有论者指出,柳氏抗战后期作成的代表著《国史要义》一书,无论从内容还是当时接受情况来看,都不像是今人理解的"历史学"名著,反而是为文化保守派如熊十力者所乐见之书。或者说,乃是前代旧学在民国学术中的延续,未预现代新式史学之流。④

1951年,《国史要义》再版收入了熊十力的著名评语:"公精于礼,言史一本之礼,是独到处。"《要义》结尾的《史化》,接引《殷周制度论》的"道德之团体"说,主张近世中国的礼法制度可以溯源至周代,同时也是"多数人民所选择"的结

---

① 可参沈政威:《国史要义与柳诒徵春秋经史学》,"中央大学"文学研究所硕士论文,2011年。
② 茅海建:《论戊戌变法期间康有为、梁启超的政治思想与政策设计(下)》,《中国文化》2017年第2期。
③ 参本书第七章。
④ 李孝迁:《印象与真相:柳诒徵史学新论》,《史林》2017年第4期。

## 第八章 遗响：晚年熊十力的经学评论

果。① 回看十力评论，可知礼指的是《周官》经所涉之礼制，而史则包含有众人谨守职分，以文字形式传习礼教的意味。与此同时，跟熊、柳都有互动的学者蒙文通对于《周官》持有非常不同的看法，值得对比。早在抗战爆发之前，在京研究宋史的蒙文通致信柳诒徵，表达自己对王安石（1021—1086）、吕祖谦（1137—1181）和叶适（1150—1223）据《周官》论经制之共性的体会——不过信中并未表达他对该经的负面意见。② 柳氏的回答十分坚定："中国经制之学，只有《周礼》一书，如讲制度，必从此出……盖心性文章有他途可循，经制则舍此无他途也。"③ 等到1942年，蒙文通明有贬抑《周官》之论，柳诒徵《国史要义》虽无驳论，熊十力却是坐不住的。以下回击收入《十力语要》：

> 孔子称文王至德、武未尽善，可知决定灭殷者武也。武既已灭殷有天下，周公不得不因其成功而固其基，其徙殷民亦有以也。兄直以惨刻罪之，似无佐证。设止于一徙而未有其他种种苛待之法，固不得罪以惨刻。孔子本殷后，《论语》则曰："久矣夫吾不复梦见周公。"其精神之相感也

---

① 参本书第七章。
② 蒙文通：《致柳翼谋（诒徵）先生书》，蒙默编：《蒙文通全集·史学甄微》，成都：巴蜀书社，2015年，第480~481页。对熊、蒙、柳相关文献的分析可参张凯：《今古分合与"国史"叙述：以柳诒徵、蒙文通为中心》，《中国哲学史》2019年第5期。
③ 柳诒徵：《复蒙文通书》，《柳诒徵文集》卷12，第158页。

如是。使周公而如今之帝国主义者，或如希忒拉及倭奴，则孔子于周公何慕焉？观孔子思想，固非崇拜帝国主义之人，兄随便诬前哲，未免时下习气过重。①

上述引文所涉，已经全然不是辨析《周官》真伪，或者该经内容是理想还是实事、何处制度的真实性妥当性可以商榷的问题，而是更加根本的儒家教义问题：信从孔子，就应认同周公，就不可说周公惨刻云云。不然，就是被西潮裹挟，无法认识古人美意真相。这是十力在别处主张把《周官》理想美意推而广之的理论基石之一。塑造过蒙文通经史观念的廖平（1852—1932），是以孔学容摄各类大小新知的代表人物，蒙氏自己也并非没有立足儒学响应新潮的立场。然出于不同的经学理解，他未再回应十力。② 后者尊奉《周官》，主张据之推演重构古代民治的《与友人论张江陵》③，蒙文通也没有在收到后反馈意见。④ 倒是同时通讯的柳诒徵，对十力的经学观念赞许有加。1951年柳氏响应十力来函（现时未见）的书信，可以视为民国儒学走出帝制、构想古代民治理想的范文：

---

① 《与蒙文通》，《十力语要》，第235页。
② 当然蒙文通并不是没有儒家理想、不信从孔子，他只是反对把一些史学上明显靠不住的文本当作理想之寄托，参前揭张凯：《今古分合与"国史"叙述：以柳诒徵、蒙文通为中心》。
③ 《与友人论张江陵》，上海：上海书店出版社，2007年，第109~110页。
④ 《复柳诒徵》，《熊十力论学书札》，第162页。

## 第八章 遗响：晚年熊十力的经学评论

《周官》曰："儒以道得民。"此五字极有关系，向来人多忽略读过去。诒以为自道经危微精一之说至程朱陆王，皆括在此五字之中。公所提均天下之大义，即儒者之大道也。赐书详示礼乐与中和之功效，精辟之至。诒之管见，妄谓乡三物之六德与成均之乐德有同有异，其同者即中和与忠和也，此亦人所易于忽略者。妄谓解此可知《中庸》中和位育一节及《大学》格物之学。大本达道，固发明于圣哲，而着力在致字格字。致知格物，是率天下人致之格之。自成均至乡学，倡此六德之言者非空言也。人人养成中和之心习，推而至于治天地万物。观星象者致之测候，治水地者致之沟洫怀方、训方、职方之言……致之于九州九胙五谷六畜，才可说位育。窃疑朱子未尝以《中庸》与《周官》联系，乃别补《格致》一章，而其解位育曰：吾之心正则天地之心亦正，吾之气顺则天地之气亦顺。似只就一个圣哲言，不是率天下人致之于事物。以至补传教人，即凡天下之物穷之至极，亦似不甚分析清楚，若说古之学者，先从六德、六行、六艺致力，其后兴贤长治，随其所至致之，则内圣外王一一达到，非空言矣。《周官》《学》《庸》打成一片，儒者之道澈上澈下，非若梵学欧学，亦非如流俗所讥之道学也。①

---

① 柳诒徵：《与熊十力书》，《柳诒徵文集》卷12，第166~167页。

就柳诒徵此前的回信来看，熊十力致函他所表达的观点还包括把儒学称为哲学，把《大易》《春秋》《周官》列为中国三部宝书。第一条柳氏不同意，他认为儒学应说是道学，跟欧洲、印度那些内圣外王相隔膜的学问区分开。① 第二条柳氏则选择性地认同，并且在以上引文中阐发了他眼中的《周官》精义。从前文可知，熊十力判断孔子外王学真相被秦汉以后奴儒遮蔽，所以此处信文劈头一句"儒以道得民"，无疑很对十力胃口。信文下面的内容以《周官》乡三物（六德、六行、六艺）为纲展开，旁通朱子之四书学，或与十力不尽契合。② 然而"率天下人致之格之""人人养成中和之心习，推而至于治天地万物"的庶民化论述，已和十力后来著书的义理旨趣一致。③ 所以熊十力此后的回信毫不意外地鼓励柳诒徵秉"圣贤之精神志气"以涤荡

---

① 柳诒徵：《与熊十力书》，《柳诒徵文集》卷12，第166页。
② 熊十力寄给柳诒徵的《论六经》，就把乡三物看成是汉人改窜《周官》的结果，参熊十力：《论六经·与友人论六经》，见《中国历史讲话（外三种）》，上海：上海古籍出版社，2019年，第223页。
③ 参《原学统第二》，《原儒》，第86页："君虽贤，以一人统治天下庶民，终不可为治。且贤君不世出，而君主制度究是大乱之所从出也，故必改乱制。政权操之庶民，方是革命成功耳。"又《明心篇》，《体用论（外一种）》，第245、254页："余主张万物与吾人各各以自力发展其本体之潜能……万物进化至于人，则其内部生活丰富、创新，与智、德、力种种发育，遂乃建立裁成天地、辅相万物之大业，人道扩大其本体之伟绩，庶几近于完成，故曰天待人而成也……孔子亦赞成尧舜无为而治，但不同于道家之无为，盖以大公之道联合众志而为之。无私弊，无废事，是孔子之无为也。（小字：可玩《周官经》。）"

## 第八章 遗响：晚年熊十力的经学评论

专制时代的史学，"纠旧史之失，而开新史之路"。① 柳氏此后的《礼俗史发凡》亦开此端倪，然限于身体精力，未克深入。他在之前回答蒙文通来信时以为《周官》虽然是讲固有经制之学所必由，但不幸"王莽一试而败，王安石再试而败"②。此问题，在十力寄来的著作中已有回应：

> 《周官》本为民主主义，如欲实行之，必须提醒民众，完全为民主之治而后可。今莽、绰、安石乃在帝制积弊之下而盗袭《周官》一二节为文饰，宜其不可通也。③

因"世事孔艰，余心已乱"，《读经示要》在写完《易》学部分以后就不得不辍笔——"异时有暇，当别为一书"④。而今风波甫定，在十力看来，申说"儒以道得民"的外王大义，正在其时。

---

① 《复柳诒徵》，《熊十力论学书札》，第 166~167 页。
② 柳诒徵：《复蒙文通书》，《柳诒徵文集》卷 12，第 158 页。
③ 《与友人论六经》，《中国历史讲话（外三种）》，第 223 页。
④ 《略说六经大义》，《读经示要》，第 239 页。这一方面是因为《易》的重要地位，其他可先不谈，《易》需要先谈（"五经根本大义皆在于《易》，《周官》为万世制太平之意，其根源亦在《易》"，参《读经示要》第 253 页）；另一方面熊十力进入儒经文本，是在五十以后彻悟了体用不二的《易》道之后（参《存斋随笔》第 156 页），这个时候，讲《易》是讲他最有心得的部分。

## 三、摧惑显宗

（一）非今

在上述通信中，熊十力告诉柳诒徵，"《六经》书系与徐特立先生之信，当然不能尽意，然确重要"①。这里的重要至少包含两个层面，第一是致信对象在当时的权势地位，第二是其中义理虽发之未尽，仍属"《周官》为万世制太平之意"，这也是十力在他最后的二十年中，竭尽全力想要表出的孔子外王学真义。除去《新唯识论》删订本，十力从《读经示要》到《原儒》的一系列论著无不和中国历史文化问题密切相关。《读经示要》批评前人学无根底、随意比附新名词，又不时流露出对严复甚至王安石之观点的认可。② 1951年定稿之《与友人论六经》则更有和前人切割的意味。③ 盖清季

---

① 《复柳诒徵》，《熊十力论学书札》，第 165 页。
② 《经为常道不可不读》，《读经示要》，第 26 页："三曰诚恕均平为经。六经言为治之大经，不外诚也，恕也，均平也……昔王荆公谓半部《周官》均言理财。而近人严又陵则云《周官》言治之要，不外均平二字。"严复此语未觅得出处，怀疑是十力从名文《原强》中创造性化用而来，且待高明发覆。另外，十力对同宗船山的谭嗣同之称许（"自清季以来真人物，唯复生一人足当之而已。惜其学未成熟，感世变已剧，孜孜求知"）也值得注意，参同书第 233 页。
③ 如同样称引王安石，后书则指明安石不知"地官此等属吏，大概皆与冬官所主办国营事业即各大工厂或商业机构有联系者"，参《与友人论六经》，《中国历史讲话（外三种）》，第 187 页。这是一个非常重要的判断，从前一年出版的《韩非子评论》来看，法家理解的国家机器，缺点就在于不具备这种有机团结式的相互关联（跟《国史要义·史联》有所呼应），参《韩非子评论》，第 72 页："《周礼》以各职业分联系，各举其职，同为治，（小字：各业联，互相和同。）故其政制为多元，复杂而不至纷歧，合作而不容独断。"

## 第八章 遗响:晚年熊十力的经学评论

经学论者于根本义理已经无知,不过"震慑西洋之威势,而想慕其学术,欲与之亦步亦趋。其隐微之地,盖早已失其对于经籍之信仰"①。该书径言:"张《广雅》旌诒让以抗有为,卒无所发明。炳麟尊孙学,而于《周官》实毫无省发。章学诚方志之业,妄言六经皆史,炳麟袭其唾余,至夷孔子为史家,可哂也。廖、康之流,更无讥焉。向曾与友人张东荪言及此,彼亦以余言为然。"② 限于篇幅,更详尽的学术史批判,要到三年后写定的《原儒》当中才有展开。③

《周官》学重镇孙诒让应当是熊十力阐释《周官》时的主要标靶,然而十力虽屡屡提到孙氏,却没有给他以批判康有为的待遇,予以密集、具体的评断——上面说"廖、康之流,更无讥焉",显然是表达贬抑态度,而不是真的轻视不管。盖因孙氏所代表的"历史化谬误"流弊远不如康氏严重。前者只是把经

---

① 《经为常道不可不读》,《读经示要》,第 8 页。
② 《论六经·赘语》,《中国历史讲话(外三种)》,第 158 页。
③ 《与友人论六经》结尾是一段呼吁当局保护旧学、作育人才的议论,其用意跟卢弼(前清提学,1951 年作有《整理国故方案》,1958 年印行,近年《卢弼著作集》再版)一类"化石"级老辈相近,表述还热烈许多。此议论上承《论张江陵》《韩非子评论》当中的许多类似的、呼吁保护讲学的内容。这些文字试图影响当道的意图之强烈,当时人一眼就能看出来,在今人观之,仍觉十分强烈。(例见刘小枫:《共和与经纶:熊十力〈论六经〉〈正韩〉辨正》,北京:生活·读书·新知三联书店,2012 年,第 279~301 页。)所以也不必奇怪,意识到如此收效甚微的十力此后转入《原儒》《乾坤衍》之写作,全力清理历史、护学传道,不再有出位之思。

典理解为形而下之政事，杂钞类聚①，忽视了孔子传经宣化之地位。②后者则是承认孔子的地位，却错解其外王学真相，使之沦为专制鼓吹。尤其康有为看似以《春秋》三世义融摄《礼运》，承继前人正论③，却不明遮小康而显大同之旨，软化了孔子外王学推翻君主制度的革命精神，罪莫大焉。其人在大同与复辟之间摇摆不定，便是此种奴儒学术取向之表征。④另一方面，康氏

---

① 并参《第一分 辨伪》，《乾坤衍》，上海：上海书店出版社，2008年，第14页："当时孙诒让作一小书，曰《周官政要》，为清季主张变法者所盛传。是时，余已参加革命，亦知孙氏之书甚肤浅，非真能通《周官》者。"

② 此类判断，也见于十力友人张尔田、马一浮的著述当中。而章太炎在六经皆史的理念之外还有一套独特的佛化义理学，熊十力同样作文批评，认为他未窥生化之源。参拙文《良知与世教：江右王门与现代新儒家论良知之发用》，《鹅湖学志》第65期，2020年12月。

③ 《与友人论六经》，《中国历史讲话（外三种）》，第176页："东莱弹击胡氏以《礼运》说《春秋》，只是汉以后奴儒之见，独惜朱子亦同吕氏，未能自拔也。康有为以《春秋》三世义融摄《礼运》，自矜创说，其实胡文定在宋世首创此说，而东莱一派盛斥之，早为学术史上一大公案，康氏何创之有乎？"并参吕祖谦编著，黄灵庚、吴战垒主编：《与朱侍讲》，《吕祖谦全集》第1册，杭州：浙江古籍出版社，2008年，第417~418页。十力判断康有为袭用此信意思，可能受钱基博（1887—1957）1933年的评论所影响，参《后东塾读书杂志》，《青鹤》1933年第1卷第4期。按吕祖谦跟朱子通信，认为胡安国尊《礼运》属墨学倾向，故为熊十力所批判。其实包括熊十力在内的一些经历从君政到民政的近代儒者，多是在墨学的影响下，发展出了贵民的思想。最近可供参考的一份案例研究，见成棣：《章太炎早年政治思想中的墨学因素》，章太炎研究中心主编：《章太炎研究》第1辑，上海：上海人民出版社，2023年，第41~86页。

④ 《原外王第三》，《原儒》，第99页。如果说康有为的论述让他能方便地调整政治声调，依违于激进与保守、大同与小康之间，也合乎事实，参茅海建：《戊戌时期康有为"大同三世说"思想的再确认——兼论康有为一派在百日维新前后的政治策略》，《社会科学战线》2019年第1期。

错解《礼运》大同之说,也阻断了学者认知《周官》大义的路径,故《原儒》驳之不遗余力,并在上卷《原学统》《原外王》写定后又作一长文曰:

> 《礼经》之为孔子创作者,惟《礼运》《周官》二经,此余所往复详究,而后敢作此判定也。二经皆根据《春秋》而作,《原儒》辨之甚明。《礼记》之赞礼也,曰:夫礼,极乎天而蟠乎地,穷高极远而测深厚,天地将为昭焉。(小字:礼乃经纬万端,其位天地、育万物之一切制作,将使天地为之昭明。)此盖七十子后学赞扬孔子创造新礼之盛也。(小字:新礼,谓《礼运》《周官》。)尸子为商鞅之师,其称"孔子贵公",即据《礼运》而言。谈小康一节,从"大人世及以为礼",至"礼义为纪,以正君臣,以笃父子"云云,明小康礼教,以宗法思想为主干。(小字:严又陵言:封建社会,以宗法思想居十分之七。)① 又云"以设制度,以立田里",则痛斥天子、诸侯、大夫皆以土地为私有,而天下劳动小民无以为生。又云"以贤勇智,以功为己"云云,则揭穿统治者自固之术,而终无救于覆亡。《原儒》谓小康一段,是反封建之先声。康有为谈《礼运》只袭取大同数语,而于小康半字不提,则大同思想将是凭空幻现,无有来由,

---

① 此语或从严复《〈社会通诠〉译者序》中化用而来,其批判意味也跟严序文意一致,参甄克思著,严复译,方挺点校:《社会通诠》,汪征鲁等主编:《严复全集》第3卷,福州:福建教育出版社,2014年,第358~359页。

岂不谬哉！岂不悖哉！盖汉人改窜《礼运经》，虽篇首尚存大同、小康两段，而《礼记》之编辑者实以小康礼教为天经地义，孔子天下为公之新礼教，则彼所深恶而痛绝也。孔子虽斥破小康，而若辈乃昏然不知其非，反奉之为正理、为常道。故此篇毕竟将大同义姑置而弗肯深论，卒盛演小康礼教。王肃无耻，伪造《孔子家语》引《礼运》开始两段，厌小康两字而删去之，并多改变《礼运篇》原文。① 贱奴是何心术，不可问也。康有为剽窃三世、大同诸名义，不过在经学界寻出前人未注意之题目，以惊世炫俗而已，要其脑中犹是汉人思想一全套，即小康礼教是也。今若责其不非难小康，毋乃为康氏所蔽乎……孔子之礼明明反小康，（小字：小康正是封建思想。）而预为大同造其端。（小字：《周官经》以夏官领外交，而与冬官相联，其职方、合方诸官皆主联合大地万国，注重交通与生产及互通有无等事业，实行平等互惠，是为大同开基。）严又陵不通六经，不辨三礼之孰为古制，孰为孔子创作，乃谓儒者言礼适为君主之利器②，不悟《礼运》《周官》皆消灭统治、废私有

---

① 这句分析颇为重要，对比《孔子家语·礼运》（上海：广益书局，1937年，第112页）可知，上面引用的"以设制度，以立田里"，《家语》未及，这就是熊十力所谓的改窜原文之一证，王肃遮住了孔子批判土地私有制的言论。更严重的是，《孔子家语·礼运》删掉了《礼记》本孔子答语末尾"是谓小康"四字，读者会误认为上面所说的众多制度不是小康礼教，而是大同理想制度，罪莫大焉。

② 孟德斯鸠著，严复译，郑有国、薛菁点校：《法意》，《严复全集》第4卷，第32页。

## 第八章 遗响：晚年熊十力的经学评论

制，明文彰著。今之学者不可承严氏之陋也。①

在这段引文中，熊十力已经隐去了康有为承继前人正论的贡献，把他跟同样有拥立、靠拢污点的王肃（195—256）相提并论。作为奴儒之一，王氏伪书的无耻用心如注文所说，是误导学者忽略大同小康之辨，进而忘记孔子大同之礼就是要革君主之命（如上文所说，不明确贬斥小康，那么大同思想将是凭空幻现）。被误导的人之一，是天演的引介者严复。十力当然赞同宗法制度已经不符合演化趋势，无法让中国富强②，但另一方面他又指出，严复未能发现在《礼经》之中固有的破局资源。不过，这也不能怪他一人，千年以来，多数人都未发现本《春秋》而作之《礼运》《周官》应结合来读，开出《礼经》所有之孔子外王学。进而言之，严复的固陋跟清末革命青年很像，虽然都想通过革旧迎新来让中国变得更好，但是不知孔子外王学真相。他们在把汉以来宣传的小康礼教当作攻击标靶之余（"清末，革命党青年诋孔子为皇帝之护符者，即由此"）③，也污名化了孔学——当然，酿成这一历史错误的，还有前面所说的清季今文、古文诸家。十力探索《礼运》削改痕迹，终于打

---

① 《六经是孔子晚年定论》，《原儒·附录》，第315~317页。此处论《周官》，亦承袭前引《韩非子评论》《与友人论六经》之论述。
② 申说此义的论文有承红磊：《从"宗法社会"到"军国社会"：中国近代思想史上的严译社会阶段论》，《中国文化研究所学报》第61期，2015年6月。
③ 《原外王第三》，《原儒》，第101页。

开了《周官经》的大同坦途。① 此刻,在这条路上,尚待清理的还有康有为在《礼运》以外所提倡的董、何之学,乃至更在此前的孟、荀之谬。

(二) 议古

《原儒》辨析《礼运》真本以开《周官》之坦途,还对《公羊传》何休注做了类似的工作:从奴儒的窜改中把外王学真义解放出来。相关的一脉系谱,是1961年写定之晚年定论《乾坤衍》继续学术史批判的线索:"康氏宗《公羊传》,不得不尊《繁露》也。其实,公羊寿完全背叛其先人所传孔子《春秋》经传,而甘心改从小康之曲学。托于图谶,诡称孔子作《春秋》是为汉制法,以拥护皇帝,稳固统治阶层为主旨。"② 正如发现真本不能不依靠被改窜的文献,抉发真义理也有必要像"出入唯识"一样出入康学。1955年秋,十力在写毕《原儒·原外王》后与人通信,透露了对康学的一些看法:

> 八月起,用牛奶,体气较好。闷坐心无寄托,仍欲写下卷,但恐写不好耳。康氏《春秋笔削大义微言考》,卷帙甚少,容易看,不费脑筋,吾嘱元亮看这书内引《左传》

---

① 《原外王第三》,《原儒》,第104~105、119~120页。
② 《第一分 辨伪》,《乾坤衍》,第5~6页。该部分在肯定《易经》根本地位之余(毕竟是衍"乾坤"大义),也特别告诫读者:"《礼》《乐》《诗》《书》四经皆《春秋经》之羽翼也。"

## 第八章 遗响：晚年熊十力的经学评论

"天王狩河阳"传否，须在其谈大义处找。① 而元亮抄《公羊传》文来，不相干，告之。湛翁只是不赞成科学，老人鲜不如此，章太炎晚年亦然，他又素不喜《周官》，此亦任之可耳。倘下卷可作成，留家了此残生，亦好。②

信中所言"元亮"具体所指不详，但是在另外的信文中和张遵骝（1916—1992）、刘锡嘏（公纯，1900—1979）并提，应是十力相熟的学生。《大义微言考》是康有为的所有著作中规模最大的，但在十力眼中，还算"卷帙甚少，容易看，不费脑筋"。该书推重孔子所尊之周制，主张中国当以宗法制度为文明之基，融摄各国所长，自立于天演竞争之中。③ 熊十力当然不会同意这个主张，但并不妨碍他重视该书挪用《左传》之巧妙——这是十力现存文字当中，唯一一处推荐学生阅读的康氏专书，同时还给出了学习的窍门。考虑到熊十力形同古人一字

---

① 康有为：《春秋笔削大义微言考》，姜义华、张荣华编校：《康有为全集》第6集，北京：中国人民大学出版社，2007年，第131页："'不修《春秋》'当有月、当有诸侯，孔子削之，以明自此诸侯无王，此真微言大义者欤!"康有为判断孔子没有笔削之《春秋》未能体现大义名分，理由如上，这是参考了《左传·僖公二十八年》之传："冬，会于温，讨不服也……是会也，晋侯召王，以诸侯见，且使王狩。仲尼曰：以臣召君，不可以训。故书曰：'天王狩于河阳。'言非其地也。"（左丘明撰，顾馨、徐明校点：《春秋左传（一）》，沈阳：辽宁教育出版社，1997年，第84页。）这些解说，无法在《公》《穀》两传的相应年份找到。

② 《致刘静窗》，《熊十力论学书札》，第225页。

③ 张荣华：《文明本质及其发展的探索与构造——〈春秋笔削大义微言考〉述论》，《学术月刊》1994年第7期。

不放过的作风,他不吝文字所表述的建议应当是非常重要的。可惜代为检查文献的学生学力未到,未能找到十力需要的文献。①《原儒》已经论说了《礼运》真义在理解《周官》时的重要意义,《乾坤衍》更加入《春秋》大义曰:

> 《春秋》虽亡于公羊寿等,而马迁所记董生语(已见前文),及何休在伪《公羊传解诂》中所述孔子《春秋》三世义,犹可据以推见两经大旨。(两经谓孔子之《春秋》与《礼运》)《礼运经》大道与小康之辨,亦略存于伪《礼运篇》。治《周官》者,若能于两伪书中求得孔子原经之鳞爪,则可观其会通,而体会圣人裁成天地、曲成万物之造化本领矣。②

此由康氏之伪上溯两汉《礼运》以及董、何之伪,清出《周官》正读之大道。《乾坤衍》下文更由两汉而先秦,正孟、荀之谬:

> 余在清季,闻康有为以孟子为大同学,荀子为小康

---

① 《文哲集刊》外审人提示:"十力书信极可能是十力于病中请人代为翻查康有为著作而已。若此,既无治学方法上的见解可言,也不见得有推荐阅康有为著作的深意。"甚是。正文的这段分析,只能说是根据十力阅读痕迹所作的一些疏通,请读者详察。

② 《第一分 辨伪》,《乾坤衍》,第14页。

## 第八章 遗响：晚年熊十力的经学评论

学。其实，孟、荀皆坚守小康。孟轲极固蔽，盖小康学派之正宗。不知康氏何故以孟轲为大同学。岂以其有"天下定于一"之论欤？秦王吕政固已并六国，而实现孟轲之希望矣。殊不知吕政以暴力将天下定于一，是侵虐天下人，非《礼运》大同之谓也。稍有智者，将《礼运篇》首"大道之行，天下为公"至"是谓大同"，与其下段"今大道既隐"至"是谓小康"，此两段文，字字句句互相对照，学者能详究之。则吕政之定于一，决不是《礼运》之大同，本不待辨而自明。小康之下流为霸道，霸道之下流为昏暴。（小字：今之帝国主义者，正是昏暴。）吕政残兆民、愚黔首，欲万世私有天下，终乃十五年而亡，皆昏暴之果也。康有为头脑混乱，于《孟子》犹未能通，真怪事已。①

如此苛评孟、荀，甚至以康有为（著有《孟子微》发挥其大同说）之故而直言指斥"孟轲极固蔽，盖小康学派之正宗"，跟熊十力此前的论调（"诸儒思想锢蔽，未能发挥孟轲、孙卿之义，所以衰敝亘二千余年而未已"）不同。牟宗三认为这是十力在历史的激流面前行权——"能把孔子保住便可以了"。② 从

---

① 《第一分　辨伪》，《乾坤衍》，第45~46页。
② 牟宗三：《熊十力先生追念会讲话》，《时代与感受》，《牟宗三先生全集》第23册，台北：联经出版事业股份有限公司，2003年，第289~290页。

老友蒙文通 1961 年声调类似的演讲词来看①，牟宗三这种同情之理解，是可以成立的。当然，保住孔子的同时，十力还有保住尧舜、保住晚明诸老的意图，差可对应经、史、子三大传统②，此处就不及详论了。

熊十力的经学评论有很强的"当代意识"，他尝试超越（他所亲自体验的）清季民初学风，修正中国学者自认为根底经术、实则邯郸学步的错误，改变中国学问和西方的不对称交涉。③ 其

---

① 蒙文通：《孔子思想中进步面的探讨》，《蒙文通全集·儒学甄微》，第 17~25 页。

② 《乾坤衍》别处尚有将尧舜之公天下和孟子所希望之君主国区别开来的言论，相比《原儒》微有调整、更加激烈，可归为十力之《尚书》论述。《尚书》则孔子之史学，记录有中国历史上大同政治的事实（尧舜），明末思想家（以及熊十力之父，又如前述之谭嗣同）对大同政治的向往，可算作子学之正宗，参《先世述要》，《熊十力论学书札》，第 331、339 页："天倾地覆之际，顾亭林、王船山、颜习斋、傅青主、吕晚村诸明哲皆攻击帝制，光复华夏，与倡导格物学之鸿论与毅力，独惜拥护帝制之贱竖，伪藉汉学以锢思想，而晚明王、顾诸儒之学，竟绝绝不行……先父赞扬唐、虞公天下之制，谓其可进于民治也。夏、殷、西周三代定家天下专制的乱制，流毒数千年。不肖幼闻庭训，不敢信禹、汤、文、武是圣王也。"

③ Rudolf G. Wagner, "A Classic Paving the Way to Modernity: *The Ritual of Zhou*", in Sarah C. Humphreys and Rudolf G. Wagner edit., *Modernity's Classics*, (Berlin-Heidelberg: Springer, 2013), pp. 77~99. 瓦格纳指出，《周官政要》等书主张控制社会言路，这显然是思想交流过程中，东方惯性够大，压倒西化需求的案例。但我们看前面熊十力的论述，反复强调实行《周官》需要民治发达、各部门完全自由，要不就会重蹈法家故辙。很显然，他比瓦格纳笔下的清季论者更有"新"的自觉。

形式虽仍是比附，但接受"民主"、"自由"①、"科学"、"哲学"② 等观念的程度和随之而来批判本土落后现状的烈度，皆非清季可比。盖因时代演进太速，旧学非日新又新，无法为自己辩护："不发挥《易传》知周万物及裁成辅相等大义，而恶言科学如马兄，则孔子有何宝贝可为后人所不弃者乎？不明《周官》之法制，孔子又何所有乎？"③ 另一方面，孔子当然没有保住，即使在儒家同道学人之间，"孔子外王学真相"也是孤掌难鸣。

## 四、新学回响

（一）同辈的批评

在熊十力那些精于旧学的朋友当中，蒙文通对其经学论

---

① 自由在此如何关联于现代化的大业（在此问题意识当中，自由更多是实现代化和国家富强的要素之一，更少是在其自身而为目的者）？以家庭制度为例：旧的家庭制度在清季被认为桎梏了个人，妨碍自由。这样的后果是新共和国公民无法形成，积贫积弱的现状无法改变，所以旧式家庭本身又是坏现状的一大策源地。康有为、梁启超、熊十力、梁漱溟等人都在此语境之中，参罗志田：《序》，赵妍杰：《家庭革命：清末民初读书人的憧憬》，北京：社会科学文献出版社，2020年，第1~18页。

② 感受到西方"哲学"的话语霸权，十力《新唯识论》尝试用汉语建设义理学传统与普遍真理的关系，其成绩也是一种"哲学"。或者说，是拟态霸权以对抗乃至取代霸权。一份富有洞见的分析参见 Philippe Major, "The Politics of Writing Chinese Philosophy: Xiong Shili's *New Treatise on the Uniqueness of Consciousness* and the 'Crystallization of Oriental Philosophy'", *Dao* (2019) 18: 241-258.

③ 《复钟泰》，《熊十力论学书札》，第230页。

述的态度是前面所说的不回应。"恶言科学"之老友马兄①和晚年频繁与十力交谈之钟泰(1888—1979),也颇为冷淡。②相对年轻且西学背景不浅的梁漱溟,成为十力同辈中最突出的一位批评者。他的《读熊著诸书书后》在今日看来,仍是一份颇有价值的思想文本。梁漱溟在1961年4月开始撰写该文,然在本年1月和更早的1956年两阅《原儒》之际,他已有相关念头。③ 在二十多年后,梁氏自承与十力有佛、儒宗主之别④,但仍将此文视为十分重要、坚卓可立的作品。⑤ 其价值可知。

这件长文涉及了《十力语要》之后的几乎所有十力著作,

---

① 熊、马在复性书院时期一度交恶,众人皆知。其实十力当时对经学、西学的理解与马氏之不同,从《复性书院开讲示诸生》的一段夹注长文中,就可以看得很明白(当然更加根本之处还在于体用论方面),全然不用从人际交往、教学方法层面判断,参《十力语要》,第178页。

② 在1955年2月13日,钟泰收到了十力送来的《原儒》,三日读毕,以为虽然学思精锐,但有诬古之嫌,然未予深论,参钟泰著,钟斌整理:《日录》,《钟泰著作集》第8册,上海:上海古籍出版社,2021年,第476页。

③ 梁漱溟:《梁漱溟日记》,1956年9月30日、1956年10月1日(此日梁氏恰好遇到康同壁"略谈其静功",非常巧合)、1961年3月27日,上海:上海人民出版社,2014年,第255页、308页。

④ Catherine Lynch, *Liang Shuming and the Populist Alternative in China*, (Leiden: Brill, 2018), p. 59. 此为作者1985年春访问梁漱溟所得。

⑤ 梁漱溟:《致郭齐勇/1984年》《致田镐/1984年》,梁培宽编:《梁漱溟往来书信集》,上海:上海人民出版社,2017年,第197、389页。

## 第八章 遗响：晚年熊十力的经学评论

但重心在《原儒》。① 其开头两节，着重摧破十力《礼运》《周官》论述中的比附之论所以闹笑话，根源在他对新社会、新知识都毫无了解：不知"土改只分配田地，未废除私有"，又把"地质学误认为研究土壤的学问"。② 点出此类错误，说明十力在目标上就是胡涂的，比指出他臆断经典文本的方法问题③还要来得直接。在列举十余处十力附会之误以后，其文次节更有抉原之语：

> 近百年来中国人常遇到有两个大问题在面前，一个是中国为什么没有近代的民主？又一个是中国为什么没有近代的科学？从社会发展、文化演进来讲，我们开发之早既为世界所不多见，而民族文化几千年一直绵续下来不断，尤为他方所不及，却为什么还待世界大交通后乃从西洋来输入它呢？近代的民主亦即资产阶级的民主；而近代的科学亦正是与资本主义的工业发达分不开的科学。所以这个问题亦就是为什么我们总淹留在封建社会而不得进于资本

---

① 对于形式接近，持论更激烈的《乾坤衍》，梁漱溟的体验是"阅之甚久，大致如其旧著耳"（梁漱溟：《梁漱溟日记》，1961年6月7日，第319页），故没有给太多篇幅批判。另一方面，此文专辟一节讲自己会怎么写《原儒》。该节写毕，梁漱溟即用大量笔墨批评十力误执佛教之无明如实有一物、必须扫除，也是在为《东方学术概观》预热。

② 梁漱溟：《读熊著诸书后》，中国文化书院学术委员会编：《梁漱溟全集》第7卷，济南：山东人民出版社，1993年，第734~735页。

③ 今日有识者容易发现此类错误，例见邓新文：《马一浮六艺一心论研究》，上海：上海古籍出版社，2008年，第256~268页。

社会的问题。在熊先生各书中无可免的都要谈论到这些……人们于一些理论或一些规律往往会讲,而临到实际上要用它来解决问题时却不会用;用出来的,仍不外其头脑中那些简单粗朴的想法。不料我们在熊先生身上又遇到这种事例。又很显然,当熊先生轻易地谈论这些问题(上列十五例证在内)时,绝没有看近若干年有关中国社会史论战的那些文章,从而对于中国社会发展何以竟尔淹滞好长时期不进于资本社会的一大问题,至今在学术界尚难有很好的解答,亦未尝措意。却只顾自己说自己的话,自己肯定自己的话。①

此论立稳德、赛二先生之坐标,衡定十力为一求新失败的老辈学者。这位老学者像此前的很多儒者一样,有迎新变旧的志愿,但因为知识不足、脱离时代,只能用一些脱离具体新经验的自说自话来表述自家所知之"新",于二先生之欧洲背景无自觉认识,对新文化运动发生后的社会史潮流更无了解——也就不能借由新知识来了解中国之过往。② 尤为巧妙的是,下文更以恕道匡正《原儒》之失:

---

① 梁漱溟:《读熊著诸书书后》,《梁漱溟全集》第 7 卷,第 738、743 页。
② 有关清末民初本土—西来新学之权势消长的讨论,可参前揭罗志田:《能动与受动:道咸新学表现的转折与"冲击/反应"模式》。

## 第八章 遗响：晚年熊十力的经学评论

诸经虽遭毁灭窜改，而孔子晚年真义——革命、民主、社会主义，毕竟埋没不了，隐藏不住的。孟子言"民贵君轻"，言"武王诛一夫纣不为弑君"；荀子言"上下易位然后贞"。此其民主思想、革命精神要皆有所传承而来。然止于易姓更王，不废除君主制度，犹未为真革命……此外如说《周官》建国之理想在成立社会主义之民主国，以农工为主体（见《论六经》第75页）等等，皆资人非笑之所在，却不为其要点。总起来说，熊先生根据《大易》《春秋》《礼运》《周官》，参合其他经、史、子等书，发掘出孔子的"革命""民主""社会主义"，颇有以自成其说，但我却不能站起来举手赞成，相反地，我将表示我不敢苟同于他。另一方面，我更不能全然否定它，相反地，我将反对那些全然否定它的人。因为像革命、民主、社会主义这些思想或精神，其见于儒书而为中国古人所曾有，固不少明征在。未容忽视，更不容抹杀。但我不同意像熊先生这样作风和做法，只应当细心地指点出来，要人们加以深思。①

---

① 梁漱溟：《读熊著诸书书后》，《梁漱溟全集》第7卷，第747、749页。"细心地指点出来"，听众是谁？此不待言。梁先生撰写《建国之路》《中国——理性之国》的用意跟十力很相似（甚至连写作的时间点也可以比较），但他更为谨慎，没有流布自己的文稿。而且，此后的徐复观也未必会全然否定二位影响当道、保存传统的宏愿。限于所见文献，难以深论，望有识者根据更多的回忆录、书信、日记类材料予以发明。

此节首先抄录十力论点,而不取《乾坤衍》打倒孟、荀之过激者。此后说十力之《周官》建国论虽然附会社会主义显得可笑,然错失主要不在于此,而在于太鲁莽、不细致,其用心有可取之处。如因其附会乃全然否定之,那也不啻抹煞中国古人所固有的现代思想萌芽。救正十力之失的办法,本文下节也已交代:

> 一事一物必有其特征,而特征皆从比较对照中认识出来。今天写《原儒》正宜从世界各地不同文化和学术来作种种比较对照功夫……理智只在人类生命中起工具作用,而理性则其主体。科学为理智所有事,而理性则人类道德所自出……至如儒家身心性命之学,不可等同于今人之所谓哲学,在熊先生何尝不晓得,却竟随俗漫然亦以哲学称之。这便有意无意地模糊了儒家特征,没有尽到原儒任务。①

在写作该文时,梁漱溟也在创作《东方学术概观》《人心与人生》两部重要的晚年定论。借评述《原儒》的机会,下文即

---

① 梁漱溟:《读熊著诸书书后》,《梁漱溟全集》第 7 卷,第 752、753、755 页。

第八章　遗响：晚年熊十力的经学评论

顺道陈述了他自己的思想。基于更加充分的西学知识①，梁氏判断中国文化相比世界文化的特出之处在于上面的"理性"考虑，这也是十力著作中最可宝贵之处。末了，他在长文之后加上附记，将康有为之《大同书》和十力的孔子外王学一同拟为形而上之空想，注定在历史发展中坠入幻想。② 可作一推论曰，晚年

---

①　早在1958年6月，梁漱溟读过《原儒》《体用论》之后，就致信十力批评之，惜函件不可得见。十力回信称："西洋人从小起就受科学教育，科学基础有了，各派的哲学理论多得很。我相信，我如生在西洋，或少时喝了洋水，我有科学上的许多材料，哲学上有许多问题和理论，我敢断言，我出入百家，一定要本诸优厚的凭借，而发出万丈的光芒……你把《体用论》看成无用物，所以我忍不住气。此与宰平兄一看，亚三、艮庸、渊庭同看。"（《与梁漱溟》，《熊十力论学书札》，第243~244页。）此处所言喝过洋水者，指梁漱溟。亦可推论：梁氏作为喝过洋水的人，难解没喝过却要趋新的十力之苦闷。另一方面，梁漱溟还是十力开始出入佛家的引路人——不仅是内学院方面，认识张尔田，梁漱溟也在十力之前（很巧的是，张那时候就在北大教授《俱舍论》，参梁漱溟：《值得感念的岁月》，《梁漱溟全集》第7卷，第641~642页）。佛家，尤其是小乘，在十力的观念中是一种科学知识基础的替代品（《复柳诒徵》，《熊十力论学书札》，第162页）。在方方面面，家世不凡的梁氏在接触儒家以外的新学之际，都有得天独厚的条件。

②　梁漱溟：《读熊著诸书书后·1965年重阅恩格斯书补注》，《梁漱溟全集》第7卷，第785~786页。这是引述《马克思恩格斯文选》中《社会主义从空想到科学的发展》文本后的评论。那么梁漱溟本人对东方学术、理性理智的看法，是否能全然免于马恩"空想""脱离历史"的指控？可是，梁漱溟的中西印三系文明进退说，是否摆脱了清季新学以中格西、矮化外国文化的问题？可参罗志田：《曲线救文化：梁漱溟代中国"旧化"出头辨析》，《思想史·英华字典与思想史研究》第7册，台北：联经出版事业股份有限公司，2017年。依鄙意，梁先生晚年的言说，尚未对闻见德性之知之平衡、道德理性与德、赛先生之和谐，有一妥善处理。继之者为牟宗三良知自我坎陷，开出对列平等之局奠基德、赛先生的理论。此当专文研究。

十力的儒学思想,正是理智之迷执、滥用。此处的理性—理智之分,实为熊、马、梁本宋学闻见—德性之知正见而有过的共识——"在熊先生何尝不晓得"。在马一浮看来,十力此时师心自用,梁文来得正是时候。① 下文将介绍十力几位门人对《周官》的有关看法,折射出十力晚年思想的另一些回声。

(二) 后辈的观点

南渡抑或留下?徐复观、唐君毅(1909—1978)和牟宗三有跟熊十力不同的选择,从十力之后寄出的多封信函来看,他希望学生们理解甚至选择(尤其唐、牟)自己的路。在徐复观的笔下,十力《论张江陵》以后的著作之委曲求全获得过理解,但没有得到如同牟宗三那样的同情。因为知识人委曲行权,也不应该以损害中国历史文化的原貌为代价。② 这一方面有人际交往之影响③,另一方面,又产生于不同的学术取向之中。

在1981年的访谈里面,徐复观主张民族要在自己的历史里面生根,而经学又是学术史很重要的一部分。用《中国经学史的基础》之序文的话来说,反省经学为反省中国文化之历史基

---

① 马一浮:《致梁漱溟》,吴光主编:《马一浮全集》第2册,杭州:浙江古籍出版社,2013年,第650页。
② 徐复观:《熊十力先生之志事》,《无惭尺布裹头归·交往集》,《徐复观全集》第25册,第110~111页。
③ 交往上的不谐,如徐复观对于熊十力滞留广州、北上入京期间的姿态问题有看法,会影响他对十力委曲求全的接受。但我认为更重要的是,徐氏本身是更加政治本位的学人,也不像唐、牟二人一样"跟熊十力念过书",他和十力一开始的师生交往模式,就和前二位不一样。后来种种不同,学术取向上的差异,都应从此出发理解。

型所必由。① 这样的论调，非常近似于他和他的老师、学友们所贬抑的章太炎。徐氏对《周官》的判断又和蒙文通接近，与十力相反，然其方法是完全史学化的。牟宗三之名著《心体与性体》有一段反思"外王学"的名论，其取径就明显是哲学化或者说子学化的。此论借由批评浙东事功学派所直面的对象当属近现代主张富强、科学的种种新派论者。不过，跟前述熊十力"经为常道"论也形成参照：

> 一切学问理想未有不期其向现实有所构造者，亦必终落于综和构造而始得其真实与客观化。然历史是在发展中，综和构造亦在历史发展中为一期一期之形成，故综和构造有其历史阶段中之形态。此是强度的、历史的、非逻辑的（数学的）、永恒的也……古人之原始生命往矣，原始之综和构造不可复见，而若不辟理想、价值之源，重开文运与史运，则综和构造不可再见，虽念念不忘即事达义、即器明道，而实百事无成、一器不备，徒腾口说而已。此所以言实用者终无用，重事功者总无功。②

---

① 徐复观：《徐复观谈学术与政治的关系（节选）》，《儒家思想与现代社会》，《徐复观全集》第13册，第266页；《中国经学史的基础·周官成立之时代及其思想性格》，《徐复观全集》第11册，第3页。
② 牟宗三：《心体与性体（一）》，《牟宗三先生全集》第5册，第255~256页。

经为常道、经不为史，是熊十力后半生多次陈说的信条。在"天下"成为"环球"、"华夷"变为"国际"以后，如梁漱溟所见，超离历史发展的《周官》经不免为空想，再谈"经为常道"更类自说自话。梁漱溟著《东方学术概观》《人心与人生》倚靠《论语》《大学》《中庸》，牟宗三《原善论》宗《孟子》，跟熊十力的新经学计划形成对比：在新的时代，唯有侪孔学为世界诸子之一，方有翻身、发声之空间。两宋时期出现过《周官》经世之高潮，此后雅好《周官》的管志道（1536—1608）、颜元等人，未能掀起大的风势。十力和近代的诸多学人，或希望在西潮面前重光孔子外王学，而终不能逆时而动。牟宗三感慨"原始之综和构造不可复见"，当有感于此。

早在写作《历史哲学》的时候，牟宗三就征引过柳诒徵的著作，据《周官》而论中国史官的职责，这是他众多著作中引用《周官》的少数案例之一——或者说，就是唯一一处。① 至于唐君毅之《中国哲学原论》，则将《周官》和《繁露》并列，是为汉儒损益秦政而得。既非孔学正宗，也非宋明主脉。② 《原论》终卷述宋明心性学脉呈一圆之象。船山侧重民族历史文化，承宋初儒者而为一外郭之圆。顾、黄更外求天下事势之理，及

---

① 《中国哲学十九讲》论法家（中国政治逻辑）与《周官》史职相关的一条，顺承此论，参牟宗三：《历史哲学》，《牟宗三先生全集》第9册，第14~15页；《中国哲学十九讲》，《牟宗三先生全集》第29册，第156页。

② 唐君毅：《中国哲学原论·原道篇（二）》，《唐君毅全集》第20卷，北京：九州出版社，2016年，第188~191页。在讨论先秦和宋—清学术时，《原论》再未给《周官》戏份。

清季民初("至梁漱溟、熊十力二先生由佛入儒")社会剧变,近人思虑"向外向下"之势不能不回返宋儒"向内向上"之故宅、护住心脉。① 此论较"言实用者终无用,重事功者总无功"温和,用心却是一样。"外郭"之扩张,总归有其界限。跟清季的诸多先行者一样,为在历史当中找回中国传统的普遍价值,十力撞到过自己乃至旧学的限度。只是他用力尤猛,倒地的回响之大,尤其令人侧目。

## 五、结语

本章尝试通过三个部分定位晚年熊十力的经学评论,以观察20世纪前中期逐渐退场的儒学传统之一斑。② 首先,本章从十力批判清季儒者不懂经义、不知民主的评论开始,探索其人追寻"孔子外王学真相"的问题意识,然后重访了熊十力和张尔田、柳诒徵之互动。在与这两位学者互动的同时,十力也形成了自己独特的经学理解。特别需要指明的是,柳诒徵对《周官》之推崇,让他成为十力在这方面少数的知音之一。其次,本章研究晚年十力的经学新论,尤其是他极度强调后人改窜经典、经典包含共和微意的两种释义倾向。这种比较极端的经学评论,伴随有对康有

---

① 唐君毅:《中国哲学原论·原教篇》,《唐君毅全集》第22卷,第6~7、579~580页。

② 十力晚年的思想历程,不见得能代表同时的其他学者学思历程与学术影响。此论诚是。笔者的想法是,将熊十力作为清季趋新思潮之遗响环节,跟前面的不同学者相对照,观本书导论可知。

为、严复之先行论述的精心消化、破斥。对这些"现当代学术史"的系统清理，又引导十力不断回溯历史，对孔子以外的许多古人大加批判。由是，十力经学呈现出了"仅保住孔子、不保其他儒家"的非常姿态。而后，本章梳理了老友梁漱溟对熊十力的批评，指出梁漱溟不满十力推尊儒经太过、比附太多的原因所在。相比之下，梁漱溟和十力的几位后学倾向于采用去经学化的路径实现对中国文化在新时代合法性的辩护。所以十力所坚持的孔子外王学，哪怕在同道当中也孤掌难鸣。晚年十力经学评论的因缘、姿态和最后的尴尬位置，暗示了喜好新立义旨、比附西学的一部分近代儒者之命运：不再坚持儒经为普遍常道，与此同时，克制对外王问题的过分关切。

跟上历史的节奏绝非容易，定晚年十力之苦心为新学遗响，不是对他的嘲弄。"九域神奸归禹鼎，百年经制付周官"。在十力写成《与友人论六经》的同年，亦主"经为常道"的马一浮写下《寂观》，预告"孔子外王学"可以休矣。① 对于坚持创作《原儒》的老友，马氏还有"天机自发高文在，权教还依世谛传"的戏谑之词。② 世法流转、权教湮没，留下的是学者弘道护

---

① 马一浮：《寂观》，《马一浮全集》第 3 册，第 430 页。钟泰、马一浮是熊十力的朋友之中特别精熟义理之学的两位，与他对话的能力并不亚于梁漱溟。虽然都不赞同他，但也都没有对其书有太多批评。需要指出的是，他们二位应该是终身坚持了对经学的钻研。只是他们后来的姿态，在十力看来，恐是钟"老"马"释"，得罪孔门。参拙文《游世：现代儒者钟泰的学问历程》，《文与哲》第 42 期，2023 年 6 月。

② 马一浮：《寄怀熊逸翁即以寿其七十》，《马一浮全集》第 3 册，第 455 页。

## 第八章 遗响：晚年熊十力的经学评论

学、心忧文化传承的志向。熊十力与争议人物巨赞法师（1908—1984）[①] 有过一则通信，内容如下：

> 人生不过数十寒暑，所可宝者此心耳。世事无论若何，此心之公与明、刚与毅，不容埋没。如是者，谓之有守。吾子担荷大法，不随外缘移转，十方三世诸佛，皆当赞叹。老夫亦随喜。宗与毅昨曾函劝其回乡，而未得复，今亦无法通信。
> 漆园老人三月二十五日[②]

信中充满了熊十力对学生去向的关切。此刻，十力自署"漆园"（道），引述儒者陈白沙（1428—1500）之语，亦认同巨赞革新佛教的志愿。"三教"并举，归本存旧于新之"心"（志）。[③] 在非今、议古、辟二氏的言论之外，晚年十力著书之意更在"存旧"——"若非末法存知解，何事先天论有无"。[④]

---

① 如 Holmes Welch 之 *Buddhism under Mao*（Cambridge, MA: Harvard University Press, 1972）和学愚之《中国佛教的社会主义改造》（香港：香港中文大学出版社，2015 年）一批判、一回护的不同看法。此非本文主题，暂不深论。
② 《致巨赞法师》，《熊十力论学书札》，第 154 页。
③ "所可宝者此心"，对比熊十力另外的文章，可以推断，当看自白沙，参《陈白沙先生纪念》，《十力语要初续》，上海：上海古籍出版社，2019 年，第 249 页。《潘雨廷先生谈话录》有评论十力去世前持《往生咒》的记载两则（第 165、350 页），可参看。
④ 马一浮：《论道》，《马一浮全集》第 3 册，第 164 页。

# 结语

# 新的尺度？

作为公众阅读历史、学者研究历史的一种名义，广义的"中国近代史"（1840—1949）本身存在一尺度。和过往人事之实际相应，这种尺度是"近代化"。① 近代化意味着不近代、不够近代的事物须得主动、被动化为近代的。化的过程当然兼括知行诸端，我们这里仅从知解一端来讲，可否从"知识西化"这个小的切口来理解近代化？由此，近代化的具体名目乃是议会、立宪、公民、商会等所谓西方要素。历史上的人们确实基于这种理解，做了不少近代化的事情。惟作为参照物之"西方"常住变化之中，这让"中国近代化的具体理解"多有变动。②

另一方面，"近代化"是一翻新的过程。"新"本身是个大词，但一说起来容易理解——any news？没人知道"新"的具体

---

① 茅海建：《后记》，《近代的尺度：两次鸦片战争军事与外交》，上海：上海三联书店，1998年，第376页。较新的讨论有吴义雄：《时势、史观与西人对早期中国近代史的论述》，《近代史研究》2019年第6期。

② 请看书中所及罗志田、杨国强的最新研究。

是什么，然亦为人所乐闻。盖因新之切口可以极小、发端可以极微①，故而求知之意兴可以顺此进入、行其所无事。相比之下，"西化""现代化"反因其过于具体而显得滞重，故不易为人所了解。这也是为什么本书选择了时间跨度、内部要素都颇为模糊的清季新学为题。笔者相信，它是走入近代思想幽微境地的一扇方便之门，能帮助读者渐次闻见旧人旧学的近代化历程。

本书未能讨论学人文本之外的太多问题，加上存有补充先行研究的意图，对上述历程之呈现必然是片面的。只是笔者相信在对局部有过细致的体验以后，往往更易理解整体。②经由回顾学界先进所得，本书决定从人物而非科分出发研究新学，同时不避格义、错置之嫌，顺应前人以旧学词汇、逻辑言新学之表述，以便呈现新陈代谢之实相。此后，本书研究了朱一新、梁启超、文廷式和刘师培在帝制时期的思想，以及陈黻宸、柳诒徵在民国时期的论说。又考察新学之先河魏源、末流（非贬义）熊十力，作为全书首尾，展现了清季出生、成学的一批近代学人根底旧学、回应世变的努力，也

---

① 参克尔凯郭尔著，王齐译：《前言》，《哲学片断》，北京：中国社会科学出版社，2013年。

② 李文杰：《后记》，《辨色视朝：晚清的朝会、文书与政治决策》，上海：上海人民出版社，2020年。至于"整体"是否只是形式规定、无涉实际认识？抑或就是形式规定诱生的一个赘疣？此处不论。根据导言第三部分所引用的傅斯年和石里克之论，穷究整体显然不会是历史科学的工作。本研究虽很难称得上属于历史科学，这里的立场却是接近的。

展现了旧学趋新的困难："穷事势之理"，有脱离故宅的风险，也难免新事新理不可胜穷的无力感。①

跟上新的尺度需要几代人的努力，从本书屡及之天与人的角度来看，又是不同世代、立场的人们直面日新之天运的蜕变。个人的才力、愿力，对具体群类的关怀、具体理想的追求，不得不在特定的时刻熔化。② 这种熔化表现为失去自我的盲动。为把握这种意象，不妨稍微绕一下弯路，看看《吕览》记载的一条故事：

> 荆人有遗弓者，而不肯索，曰："荆人遗之，荆人得之，又何索焉？"孔子闻之曰："去其'荆'而可矣。"老聃闻之曰："去其'人'而可矣。"故老聃则至公矣。天地大矣，生而弗子，成而弗有。万物皆被其泽，得其利，而莫知其所由始。此三皇五帝之德也。③

这条故事意在阐发大公无私、法天为治的王道。然太上贵

---

① 对"穷事势之理"这一议题的解释以及全书各章内容的概要，见本书导言的第一、第三部分。

② 在本书涉及的1890—1920年间，这种熔化的突出表现是进化论对儒教道德的冲击，由此刺激了各路研究者观察近代史上存在的普遍与特殊、进步与保守、功利与义埋（在这个语境当中，包括欧美论者使用的事实与价值）等对子。书中对相关研究多有引述，此不赘言。

③ 陈奇猷校释：《吕氏春秋校释》，上海：学林出版社，1984年，第44页。

结语：新的尺度？

德之事悬格太高，以之治人或流于空疏忤时、不能实行。① 人国两忘的境界，当求之治术以外。后人传习之余，治术意味渐淡，对天地圣王的思考、对外界公道的思考，遂收摄到了"我"的上面：

> 楚王失弓，左右欲求之。王曰："楚人失弓，楚人得之，何必求也？"仲尼曰："惜乎其不广也。胡不曰：人遗弓，人得之。何必楚也？"大矣哉！楚王固沧海之胸襟，而仲尼实乾坤之度量也。虽然，仲尼姑就楚王言之，而未尽其所欲言也。何也？尚不能忘情于弓也。进之则王失弓，王犹故也，无失也；假令王复得弓，王犹故也，无得也。虽然，犹未也，尚不能忘情于我也。又进之，求其所谓我者不可得，安求其所谓弓也、人也、楚也。②

上一段引文讲的是天运有常，不会照顾哪个国家或者哪些人，国、人、弓的关系在此之中消泯了。本段引文讲的就是根据这个道理，这三者本身也该熔化、不见。此文由治人而修己，侧重阐发"吾丧我"的身心修炼问题，固是妙解，但在此得罪

---

① 参"太上贵德，其次务施报"的注、疏，郑玄注，北颖达等正义，黄侃句读：《礼记正义（附校勘记）》，上海：上海古籍出版社，1990年，第34~35页。

② 袾宏：《竹窗随笔分类略编·楚失弓》，上海：佛学书局，1929年，第22页。

古人、借题发挥一句："有弓无人"在治人的世界里面会是什么样的？参证近代化和趋新之学的历程，物质演进伴随着"国""人"的熔化。弓弩不再需要具体的人和国来生产、传递、使用，人在天运之中显得多余，那些无法熔解的情感亦无处安顿。① 此种异相，滋生出一种担忧操弓之人没有健全自我的烦恼：

> 中国有句老话说，童子操刀，其伤实多。这句话恰好形容了三百年来科学进步的一半的结果……我们要认清楚，一切问题的症结在人，关键在人。童子操刀，问题绝对的不在"刀"而在"童子操"。人运用科学，问题也决不在科学，而在人的运用与运用的人。②

---

① 这一历程又不像上述故事那样轻盈、超脱，近乎套曲 Winterreise 所言："但我常常迷失道路，哪条道路都一样……河水都要流入大海，人间痛苦也要埋葬；河水都要流入大海，人间痛苦也要埋葬。"参考译文见舒柏特（F. P. Schubert）曲，缪勒（W. Müller）词，邓映易译配：《冬之旅》，北京：人民音乐出版社，1958 年，第 35~36 页。参考录音版本：Gerhard Hüsch (Baritone) & Hanns Udo Müller (Piano), 1933. 此作成于贝多芬第九交响曲写成数年之后，反倒更准确地预言了（后）现代人的实况。

② 潘光旦：《说童子操刀（1946）——人的控制与物的控制》，《政学罪言》，上海：观察社，1948 年，第 1~2 页。童子的比喻很形象，用本文的话来讲，童子应该是敝于天而不知人的思想后果。孔老的古典道论人学思考以及明代佛教的近世解脱论人学思考，提示人们要避开一个膨胀、执着的我。作于 1946 年的这篇评论，面对现代世界却是反其道而行之。古人复生，也会应机说法。

## 结语：新的尺度？

此文是一篇卓有见解的文化批评，在今日仍有亮眼之处。但是之所以强调其作为"烦恼"的一面，在于它所批评的问题，过去、当时、未来都很难解决。人们在创造历史的过程中看不到自己的心，有识之士恒有"不成熟"之烦忧，当前问题的复杂因缘，一时一地之识者也很难看清。① 进言之，清季新学当中"新"的尺度或者作为尺度的"新"，并不在人的控制当中。上文所见的人道主义乐观，脚下是巨大的虚空。以新的尺度衡量物我，所得出的结论常会变化，此变化同样是不受控的，故重访清季新学，难免有"新的不新，旧的不旧"之观感。赓续"经世：清季新学史论"（1850—1950）的"民国旧学史论"②，似应作为下一阶段的研究议题。新非恒名，但新旧相随、恒转不息，赖以正心待之。③ 孙诒让制《周礼政要》觊杜守旧者之口，复自题绝句数种于书后，堪当新学升降之烧饼歌，兹录此以竟全篇：

---

① 以引文所说的人运用科学问题为例，可参 Richard Kennington, "Descartes and mastery of nature", in Pamela Kraus and Frank Hunt edit., *On Modern Origins: Essays in Early Modern Philosophy* (Lanham: Lexington Books, 2004), pp. 123~144. 据此关照19世纪至今的历史，可知上述成人操刀之 mastery 一直都是问题。

② 《史论》书稿写定之后，偶然重阅翟志成《当代新儒学史论》（台北：允晨文化，1993年）序文。翟氏或感觉到，"博物馆化"所催生的焦虑（其实列文森事天顺化，何有此虑），能通过探究历史来疗愈。假使如此，本书的价值无疑又多了一桩。

③ 钟泰：《庄子发微》卷三《山木第二十》，上海：上海古籍出版社，2021年，第360~363页。

契舟訾论陋儒冠，急就奇觚属草难。纵是屈平能制法，却愁腾怨到椒兰。（士林横议）

绵蕝孙通世所宗，议郎博士自雍容。中兴事业由图谶，作奏何劳属葛龚。（洋务制策）

百年礼乐未嫌迟，微管经纶亟救时。周室成均汉街弹，承平治教此荄兹。（托古兴教）

太平经国细参详，王道由来足富强。重见始元议盐铁，昔年星散几贤良。（光绪变政）

党禁纷纷士气伤，秋荼禁网到文章。兰陵祭酒杜门久，犹有新书法后王。（戊戌党锢）

午贯姑榆战教宗，漫天飞䄎苦连烽。杀机金火终当尽，要看潜霆起蛰龙。（庚子劫后）

六典周官炳楬橥，辎轩绝域更搜书。中西政理元同贯，始信荆公太阔疏。（既济）

东西瀛海匝环球，行见隆平接盛周。中外文明傥同轨，岂徒闳侈说齐邹。（未济）①

---

① 孙诒让：《自题〈变法条议〉后》，徐和雍、周立人辑校：《孙诒让全集·籀庼遗文》，北京：中华书局，2013年，第409~410页。略去诗人自注，次序较原稿也有所调整。又孙氏去世太早，未及阅见后来世相，绝句八首意思有所不全，当举马一浮之《寂观》补充，参《马一浮全集》第3册，第430页："唯将寂默送衰残，众妙皆同壁画观。九域神奸归禹鼎，百年经制付周官。中宵梦熟藏山失，坏劫人稀避世难。纵使疲氓犹望岁，风来绨绤已增寒。"篇次有改动。

# 附录

# 《柳文指要》述论

廿年抱宏愿，卅卷告成书。众病如其已，吾言亦可除。——康有为：《大同书成题词》

## 一、引言

长沙章士钊（1881—1973）为近代中国政学两界之闻人，政论文章驰名一时，而且是共和国成立之后仍保有相当地位的旧派大老之一。① 按照历史学、政治学等不同学科范式对章氏所

---

① 章士钊曾在毛泽东（1893—1976）之师符定一（1877—1958）去世后，于1959年担任中央文史研究馆第二任馆长。1951年该馆成立之际，章士钊、叶恭绰（1881—1968）和柳亚子（1887—1958）是三位副馆长。考虑到叶恭绰在1958年任代理馆长不到一年就被打成右派，上述经历更能体现出章氏的地位。参中央文史研究馆编：《中央文史研究馆馆员传略》，北京：中华书局，2001年，第1~13页。

作研究，数量已经不少①，共同的特点却是罕言其人的共和国经历以及晚年定论《柳文指要》（下文简称《指要》）。② 文献资料之匮乏，以及《指要》本身的政治化修辞③，当然都在限制相关研究的推进。惟在此现状之下，冥索锱铢之功益不可少。本篇即尝试动用相对有限的研究资源，探索章氏藉由评述柳宗元（773—819）作品，为旧学旧人曲折寻觅生存空间的努力。

---

① 郭华清：《宽容与妥协：章士钊的调和论研究》，天津：天津古籍出版社，2004 年；森川裕贯著，袁广泉译：《政论家的矜持：章士钊、张东荪政治思想研究》，北京：社会科学文献出版社，2017 年；Leigh K. Jenco, *Making the Political: Founding and Action in the Political Theory of Zhang Shizhao*. Cambridge University Press, 2010.

② 前述诸书无论，资深的章士钊研究者邹小站出版过两部章士钊传记，对于其人晚年情况都未做太多讨论（后出一书稍多），参《章士钊传》（郑州：河南文艺出版社，1999 年）；《章士钊》（北京：团结出版社，2011 年）。这种现象反映的是，边缘的、被放弃的思想选项重新获得关注，需在日渐宽松的环境中经历一个过程。Jenco 在其研究中已经注意到了这一点，参 *Making the Political: Founding and Action in the Political Theory of Zhang Shizhao*, pp. 7、223~224.

③ 文汇版《章士钊全集》在整理程度和收文范围方面都有待提高，《柳文指要》有过数次增改，因稿本、进呈本不得而见，其中消息也无从得知。这是文献匮乏所带来的困难。另外，《指要》本身也让读者很难理性地审视该书，它作为资料书受到重视和利用，作为著作却被多位名家视作迎合时风之劣作，参郭华清：《〈柳文指要〉研究回眸——写在《柳文指要》出版四十七年之际》，《青海师范大学学报（哲学社会科学版）》2018 年第 2 期。

附录:《柳文指要》述论

《指要》在 1966 年春写成,此后五年续有增补①,乃是以旧瓶勉力盛入新酒的尝试,旨在向政府领袖展示旧学旧人融入新社会的可能性以及诚意。该书所点评的人物和思想,多与柳文无直接关联②,其出发点包孕在章士钊的历史体验当中。该书论史尺度有明确的进步、落后之标签,而从近代的进步与落后上溯,中国古代也须得有相应的进步代表和落后典型——《指要》书中,代表民主、革命思想的柳宗元,跟韩愈(768—824)等"反动"人物形成了对比。从近代中国回看柳文,又以中古故事为近现代人事之寄托,《指要》最大限度地突出旧学旧人中的进步成分,同时与落后的成分完成割席。在这个意义上讲,当时跟章士钊类似的作者至少还有写作《论六经》(1951)、《原儒》(1955)和《乾坤衍》(1961)的熊十力。③ 后者是北京大学一级教授,地位、人脉自然不及章士钊,可是在当时的旧人里面

---

① 据 1971 年的跋文可知,增补的是有特定意味的末卷,具体何时补上难以确定,参章士钊:《柳文指要·再跋》,《章士钊全集》第 10 卷,上海:文汇出版社,2000 年,第 1654 页。下文引用简称《指要》,《全集》。

② 甚至文本身也绝不能理解成集部著作之文,而是经、史、子论理纪事功能无所不包的著述之文,这个定义得之于章学诚(1738—1801)的启发,参《指要》下编《通要之部序》,《全集》第 10 卷,第 998 页。《指要》对章学诚、王闿运(1833—1916)等人物特别友好(恐怕不单是出于同乡同姓之故),评论文廷式(1856—1904)、汤国梨(1883—1980)等人又特别尖刻,具体原因可能需要更多文献披露才能探知。

③ 撰写《建国之路》《中国——理性之国》的梁漱溟(1893—1988)也可以跟这两位对比。惟梁氏更少依托传统文本立论,而且十分谨慎,没有流布自己的文稿。曹聚仁(1900—1972)晚年有著述之意,身后亦有《中国学术思想史随笔》结集出版,殆与《指要》同属告别国故之作。

也算不错。日后如能发现更多文献,读书界或可看到更多相关努力。①

着眼上述旨趣,下文选取、排比、解释《指要》文本,会使章氏思想呈现于"近现代—古代—近现代"的条理之中。章士钊对于近代的回忆、省思,直接受到共和国政协文史资料收集工作的影响,所以下文也将首先梳理他在参与文史资料工作前后的文献,说明其论史姿态。

## 二、重访清末

1955年元旦,章士钊寄赠毛泽东一件满人女子自题影像,附信有言:"按此诗为该女子自撰自书,以文字论似亦女知识分子中之佼佼者。况益以身为满人零落,不偶之境遇乎!"② 两年之后,溥仪(1906—1967)进入了"逐步改造"的宽松环境,开始撰写自传,从该自传初版序言可知,该作有如下寄托:与过去的罪恶历史告别,向新社会坦承过恶,进而表达做新国民胜于做旧权贵之欢欣。③ 1961年此书与收录章士钊长篇著述《疏黄帝魂》的《辛亥革命回忆录》同时出版,都是全国政协文

---

① 例如巨赞(1908—1984)法师遗失不见的《新佛教概论》,参朱哲:《巨赞法师全集序》,《巨赞法师全集》,北京:社会科学文献出版社,2008年,第11页。
② 《致毛泽东》,《全集》第8卷,第88页。
③ 爱新觉罗·溥仪:《我的前半生(未定稿)》,北京:群众出版社,1962年,第1页。

史资料研究委员会所助成的历史作品。① 作为辛亥老人，章氏乃是民主革命之功臣，无须那么明确地跟过去的自己划清界线。② 然回顾其十余年前的旧作，在省思历史的同时调整姿态，却是有必要的。

1947年初，眼见当局颓势，章士钊在《天文台》发表了一些时评。其中《安定天下议》以屯田剿匪为靖国良策③，《宪政与吏治》三篇以尊重学问（包括旧学）化成士风为宪政基础。④ 后者尚有如下论述称：

> 今日精神教育，古曰名教……光绪癸卯，吾曾著孙逸仙一书，其弁言曰：孙逸仙非一世之私号，有孙逸仙，而后中国始可为，孙逸仙之与中国，当使如克虏伯炮弹成一联属名词，时尚无同盟会（后二年始有之），何论国民党，而此书风行，天下想望先生之言论丰采，追随唯恐不及，不料经今四十余年，其学说反与天下人隔阂，人瞻仰遗像而无所动心，微论宏旨精蕴之所存也，即粗举章节不误者亦绝罕。何以故？国民党误解学说二字，不符先生之精神

---

① 章同：《周恩来与政协文史资料工作》，《文史精华》第225期，2009年2月。

② 当然在《柳文指要》里面（尤其是下半部分），章氏就不得不这么做了。对比《指要》和下文摘引的论述，例如士君子政治和礼教虚伪论，反差很明显。

③ 章士钊：《安定天下议》，《天文台》1947年第1卷第1期。

④ 章士钊：《宪政与吏治（中）》，《天文台》1947年第1卷第3期。

> 故……夫学说者，流传百世之物也。倘必以党力持之，则党力何时止，学说亦相与何时止耳。①

《宪政与吏治》提及作者对陈立夫的一条陈述："坊间所售杂志，有名中学生者，标一题曰：反对青年读古书。吾曾为前教育部长陈君立夫言之，以为学风放纵如此，隐隐有亡国灭种之惧。"② 联系陈立夫1948年初出席世界道德重整会议③，以及章士钊在同期大力撰文、演讲的事实④，上引文字的主张更加明确：当下的统治者，需要撷取旧学来建树一种影响人们精神的学说。但是，学说本身的运转，不能依靠政治力量长久维持。这无疑是在暗示治人者重视士权，助成《宪政与吏治》所鼓吹的"以士君子政治（gentleman politics）变腐败吏治"。⑤ 特别值得注意的还有，文中"吾曾著孙逸仙一书"附带一种山中宰相的意味。因为论者不光是一个提建议的社会贤达，

---

① 章士钊：《宪政与吏治（下）》，《天文台》1947年第1卷第4期。
② 章士钊：《宪政与吏治（中）》，《天文台》1947年第1卷第3期。
③ 《天下事：立法院陈副院长立夫出席世界重整道德会议在洛杉矶会议场与该会发起人布雪门合影》，《南京中央日报周刊》1948年第5卷第5期，封2页。关于1948年这一时间点，以及该会议的历史背景，参见陈学然、张志翔：《文化冷战："道德重整运动"的意识形态整合（1948—1979）》，《南国学术》第13卷第2期，2023年4月。
④ 章士钊：《世界道德重整问题》，《中华》1948年第1卷第2期；章士钊讲，章学良记：《世界道德重整问题》，《国立暨南大学校刊》1948年复刊17~18期。
⑤ 章士钊：《宪政与吏治（中）》，《天文台》1947年第1卷第3期。

附录：《柳文指要》述论

也是参与过民国成立事业的老辈功臣。在共和国时期，章氏重新表述了"吾曾著孙逸仙一书"之事，调适在新时期的发言姿态：

> 时海内革命论已风起云涌，但绝少人将此论联系于孙先生。吾之所知于先生，较之秦力山所谓海贼孙文，不多几许。一日，吾在湖北王侃叔许，见先生所作手札，长至数百言，用日本美浓卷纸写，字迹雄伟，吾甚骇异。由此不敢仅以草泽英雄视先生，而起心悦诚服之意……既因王侃叔而知先生之抱负与方略，复求得滔天先一年壬寅所发行之新著作，本其一知半解之日文知识，择要移录，成此短书。一时风行天下，人人争看，竟成鼓吹革命之有力著述，大出意外……在当年启蒙时代，谓官文书中之"海贼"，将驾郑成功、洪秀全而上之，为中国共主，力何啻狮子吼！①

《疏黄帝魂》是一部评述清末革命宣传文集《黄帝魂》的著作，章氏本人就是后一文集中一些篇目的作者。本段引文较十年前所言谦退许多，却仍不忘标榜论者和革命领袖"孙逸仙"

---

① 《疏黄帝魂》，《全集》第8卷，第207~208页。

形象的紧密团结。① 上文更是有意提示读者，论者比革命同侪更早地意识到孙中山是不同于旧式反政府人士的人物。同时期另外一篇文章也指出，老大哥章太炎（1869—1936）囿于对桐城派的偏见，没有立传表彰吴樾（1878—1905），诚属贤者不与时俱进之过。盖桐城之落后腐朽，得此革命健儿可以涤荡也。② 这些细节，体现了在野旧人回忆自家革命功勋，响应当下新潮的迫切感。

出于这种感受，章士钊在评论戊戌后社会思潮的时候又说："近今公羊家颂言三统，悬想太平，凡此都是革命糇粮，可得长养革命体质。"③ 公羊三统之说的种种变体，见于康有为（1858—1927）、谭嗣同（1865—1898）和熊十力等人的文字，大多与经传本意无关，反而代表诸子百家的非常异议。④ 章士钊从少年时期就喜好的柳文，同样具有诸子学的色彩，《指要》回忆称：

---

① 根据上引文献，有论者把"不敢仅以草泽英雄视先生"判断成章士钊当时编译《孙逸仙》以宣传革命的时候就有的想法。参川尻文彦：《孙中山民主共和思想再考：以宫崎滔天〈三十三年之梦〉与章士钊〈孙逸仙〉为线索》，潘朝阳主编：《儒家道统与民主共和》，台北：台湾师范大学出版中心，2017年，第83页。笔者认为，章氏是到了写这段话的时候，才刻意强调自己的这一先见之明。
② 《书吴樾狙击五大臣事》，《全集》第8卷，第179~180页。
③ 《疏黄帝魂》，《全集》第8卷，第216~217页。
④ 个案研究参本书第八章。限于文献，很难确定晚清时期的革新儒学以革新政治的风气如何影响了章氏。熊十力恰好是一个能间接反映晚清—共和国伏流的参照物。

附录：《柳文指要》述论

> 清末自道光以后，追求子书之风特盛，甚且有慕王充、仲长统之为，自撰一子以自炫者，如湘人汤鹏海秋之著《浮丘子》是。顾海秋书成，而读者殊罕，此可知士风躁妄，眼见洋务萌芽，及科举制度不稳，因求以子书为进身之阶，吾少时曾躬与此一风尚。①

章氏对晚清风尚的参与度，以及此风尚对他的具体影响，因缺乏文献而难以证明。不过，文中所及知识人晋身之阶的制度变动确实是革命的重要助推器之一。在此过程中，旧学中的各种异端元素不同程度地成为过接引新思想的中介，也就是像上文所论公羊三统说那样的"革命糇粮"。② 儒家政教建制摇动的时代，有儒者意识到了百家有别于儒家的淑世旨趣。在共和国时期观之，不失一定进步意义，但又不够进步。③ 真正能透彻

---

① 《指要·辩鹖冠子》，《全集》第9卷，第177页。
② 关于糇合子、史、新知的策论如何影响士林，参杨国强：《甲午乙未之际：清流的重起和剧变》，《衰世与西法：晚清中国的旧邦新命和社会脱榫》，北京：中华书局，2014年，第258～307页。关于公羊学变体的政治表达，参茅海建：《戊戌时期康有为、梁启超的思想》，北京：生活·读书·新知三联书店，2021年。
③ 《指要·辩列子》，《全集》第9卷，第149页。"中国之所谓九流，乃八流与一流为难，而自寻出路，换而言之，即道、墨、名、法诸家，一致与儒家为仇，而欲摧陷廓清之也，此其义，至清末陈兰甫恍有所得"，显然，这里的陈澧（1810—1882）就没有撰写《孔子改制考》捅破窗户纸的康有为那么进步。在另外的地方，反对今文学的陈澧成了落后的，参《指要·古文与读书多少之连谊》，《全集》第10卷，第1425页。同样的，康有为又没有革命党进步。

两千年不革命之痼弊的人物，非柳宗元莫属。① 抓住两千年之后新社会所带来的机遇，将其思想系统整理而出的人，自然是章士钊。辨析柳学超越其他旧学的革命独见，也是《指要》作者与时俱进的表现。

## 三、远溯韩柳

清季的公羊思想为革命思想做铺垫之余，还有启发学者上溯中国本土进步传统的意义。比如皮锡瑞就在暗中接受康有为思想的时候，不自觉地契合了柳宗元和西汉今文经学者代表的托古革政传统。② 这个传统，无疑是内生于中国历史文化土壤的传统。除此之外，中国还有柳宗元、顾炎武（1613—1682）等人所代表的民主传统，可以跟霍布斯、卢梭著作中"君民系统之所由来"的论述等量齐观。③《指要》下编《通要之部》完成时间较晚，章氏或许对外在的左倾风势有所察觉，所以数次强调中国民主共和思想相对于欧洲思想的独立性，其背后的逻辑

---

① 《指要·辩列子》，《全集》第 9 卷，第 150 页。
② 《指要·陆文通先生墓表》，《全集》第 9 卷，第 219、226 页。章士钊拥有十分理想的研究资料条件，而他在撰写这段话之前是否参考过蒙文通（1894—1968）的《儒学五论》（1944?）无从得知。
③ 《指要·游黄溪记》，《全集》第 9 卷，第 658 页。此处"君民系统"希望强调的是君主政治之权力的来源问题。在此略作疏通，可知章氏意在告诉读者，中国古人跟欧洲近代思想家一样，产生了有民约而有国家的政治学思想。民约及其中国表述形态，恰好是章士钊早年即关注的核心议题，参 Jenco, *Making the Political: Founding and Action in the Political Theory of Zhang Shizhao*, pp. 53~58.

乃是："既然从群众中来到群众中去"乃是真理①，那么独立思考的人自然可以无待而兴，不存在后人因袭前人、中人学习西人的问题。②

人民路线如此，唯物论路线亦如此，"王充《论衡》，未见子厚稍一涉及，然而两家唯物论点，无形中适与暗合……刘梦得亲承其流，交相阐发，蔚成唐室唯物论宗，为屈曲世间之韩退之之流所望尘莫及"。③ 受年寿所限，《论衡指要》未克动笔④，章士钊只来得及侧重实务问题辨析韩柳之别——不过，这些文字已足够重要。因《柳文指要》中多处对韩愈的批驳，都指向曾国藩（1811—1872）乃至陈寅恪（1890—1969）等章士钊希望"对话"的近代、现代要人。⑤

《指要》上、下两编引述曾国藩推尊韩柳"组织工""匠心

---

① 比如章学诚就以跟《封建论》类似的方式体会到了这个真理，哪怕他没有充分意识到这一点，参《指要·章实斋原道书后》，《全集》第10卷，第1048~1050页。
② 参考该书批判包世臣（1775—1855）、焦循（1763—1820）说柳宗元因袭《荀子》《吕览》之语，《指要·包慎伯之于柳文》，《全集》第10卷，第1211页。
③ 《指要·答刘禹锡天论书》，《全集》第9卷，第735页。
④ 卞孝萱口述，赵益记：《冬青老人口述》，南京：凤凰出版社，2019年，第50~73页。
⑤ 书中相关文献的全面整理可参郭华清：《论〈柳文指要〉的扬柳抑韩》，《青海师范大学学报（社会科学版）》2021年第1期。是篇对论者的言外之寄托未加申论，故论者之言和外在风气、历史环境的关联析之未澈。本章将加以补充。

密"各有一次,均刻意隐去了姓名,只称"某"。① 引述此语只是引子,意在导出下文对韩柳之别的刻深分析。曾国藩推尊韩柳固有可取之处,就像韩愈的文字表面上也有"孔墨互用"的可取之处。② 如穷原竟委,可知二氏皆有根本谬误存在:

> 子厚与元饶州论政理,主张维持富民,平衡赋税,理想达不到后来王介甫铲除富室之新法观点,此自是天然局限性,无可解免……贫民安其贫而不匮,历史过程,殆无是境,颖滨特未之思耳。亭林之《菰中随笔》,吾别纪录者,亦是同一论旨。吾国国民经济之根本问题,必迟至20世纪之末叶,始得解决,乃由无产阶级执政,于前贤无取苛论……吾为子厚解说者,有一特点,即子厚并未尝如其他陋儒之所为,啧啧颂言礼教是也。近人有为秦蕙田画像作记者,立说如下……上论为作者蠹国殃民、得意自信之笔。此从先王之道一笔扫来,中经汉、唐、宋、明,以至逊清咸、同末造,不论朝野儒生,汉宋门户,其崇礼观点,大概趋于一致。以知中国两千年社会沉滞不进,皆此种悖谬理论从中作祟。③

---

① 《指要·报袁君陈避师名书》,《全集》第9卷,第851~852页;《指要·湖南文风》,《全集》第10卷,第1372页。后一处引述列出所引之具体篇名(《圣哲画像记》),随后的评论,就带有批评曾国藩妄以桐城名义范围湖南文学的意味。
② 《指要·送僧浩初序》,《全集》第9卷,第605~606页。
③ 《指要·答元饶州论政理书》,《全集》第9卷,第790、791、793页。

附录：《柳文指要》述论

　　上述文字依次提到柳宗元、王安石（1021—1086）、苏辙（1039—1112）、顾炎武和曾国藩（为秦蕙田画像作记者）五人有关贫富高低秩序的不同看法。大抵王安石最激进，柳宗元偏保守，苏辙、顾炎武更保守而对激进举措颇有微词。在当时回看，固然王安石最是政治正确，但制约柳宗元之局限性也客观存在。① 柳氏之尤可称道者，在于承认等差而不鼓吹礼教如曾国藩之流。《指要》另处专门批评王夫之（1619—1692）的"儒病"深入膏肓，"全不似子厚排击封建，着眼人民"，同样剑指推崇船山之湘乡。② 这两处隔山打牛的批评，不得不说是有章太炎的影子。③ 惟时代不同，章太炎尚认可礼教，以曾氏为坏人办好事以求名，而章士钊则直以礼"乃人类表现虚伪之总现象"，崇礼"为造乱之源"。④ 用前述康有为的话来讲，《指要》总体是把礼当作乱世社会不得不有的过恶⑤，至于平世必将被淘汰者。假设柳宗元在唐代获得机会，必将颠覆礼乐，而后"从根

---

① 前注所引篇目（第791页）岔入一句"夫颍滨，腐儒也，但所述新法流弊，无一字不实"，可能是有鉴于当时左倾问题而发，文献不足，难以坐实。
② 《指要·为王户部陈情表》，《全集》第9卷，第939~940页。
③ 章太炎：《书秦蕙田〈五礼通考〉后》，马勇整理：《章太炎全集·太炎文录补编》，上海：上海人民出版社，2017年，第668~669页；章太炎：《书曾刻〈船山遗书〉后》，《章太炎全集·太炎文录续编》，上海：上海人民出版社，2014年，第120页。
④ 《指要·为京畿父老上府尹乞奏复尊号状》，《全集》第9卷，第968页。
⑤ 参郭华清：《从〈柳文指要〉看章士钊晚年的礼乐观》，《广东社会科学》2021年第1期。

本竖立基础,作为万世典范"①——如前述孙逸仙所为。

所以,生于旧时代的旧人同样能是共和国意义上的进步人物,前提是要跟韩愈、曾国藩等糟粕划清界线,这显非陈寅恪所愿为。1957年章士钊南游省港之时,以旧交故与陈氏夫妇聚会,有和诗可考。② 陈氏推崇韩愈之名文《论韩愈》发表于1954年③,很难说章氏当年没有看过。总之,《指要》对陈寅恪分别中外、进退儒佛的宗旨感到惊诧,"不料寅恪思致之锐退一至于此":

---

① 《指要·为京畿父老上府尹乞奏复尊号状》,《全集》第9卷,第968页。
② 《广州集》,《全集》第8卷,第101页。
③ 陈寅恪:《论韩愈》,《历史研究》1954年第2期。根据陈氏高足的记述,此文作于1951年冬,意在说明韩愈辟佛旨在反对印度传来的出家生活风气,"至其保卫中国文化社会之固有制度,所不辟也"。(蒋天枢:《陈寅恪先生编年事辑(增订本)》,上海:上海古籍出版社,1997年,第150页)结合写作时间来看,带有在新时代保存旧文化的意图。当时不少旧人都有这样的想法。可是,毛泽东《别了,司徒雷登》(1949年8月18日)之断语显然力量要大得多:"唐朝的韩愈写过《伯夷颂》,颂的是一个对自己国家的人民不负责任、开小差逃跑、又反对武王领导的当时的人民解放战争、颇有些'民主个人主义思想'的伯夷"。陈文发表之后,多数的韩愈批判(有的也针对陈文而发,如黄云眉:《读陈寅恪先生论韩愈》,《文史哲》1955年第8期),包括文中章氏批判陈文的言说,皆在"别了"的延长线之上。到了《柳文指要》撰成前后,韩愈的负面形象更是广受认定。前及黄氏1955年文尚属学理讨论,至1969年所作《韩愈柳宗元文学评价》之《引言》(香港:龙门书店,1969年,第1~3页),已不能维持在学言学的姿态。氛围变化和韩愈负面化的问题,在此不必多作介绍。此时章士钊更重要的任务是"保住柳宗元",详见下节讨论。

附录：《柳文指要》述论

盖佛教之入中国，与耶教之有兵力盾乎其后，迥不相同，试观佛自印度来，而中印三千年间无边衅，可见佛自佛，夷自夷，二者不得并为一谈。今寅恪必将西汉今文家之破帽子，强套在退之头上，除退之自身惶恐不胜外，而在旁人观之，立觉寅恪无病呻吟，自蹈狂易，论史果何必狂费气力如此……查以辟教与攘夷连为一线，在中国历史中，惟庚子年反八国联军有之，诚不料寅恪思致之锐退一至于此。寻佛教之入中国，以接受者多高僧名士，译笔精当，转瞬间遂成为中国自有之哲学部门，认作夷狄之人所强加于我，谅六朝时代已无此类疯汉，何况后二千年之今时？为问三藏远游五印度，经十余年返国，赍还经论六百五十余部，亦岂夷狄迫我为之者耶？光绪末造，严幾道译《天演论》，吴挚父序之，谓如读马、班之书，不认是赫胥黎之著作，又况佛法根深蒂固，已弥年载者哉？①

从前文可知，韩愈认为孔墨互用而坚持排佛，是因为他有

---

① 《指要·送文畅上人登五台遂游河朔序》，《全集》第9卷，第597~598页。承高明提示，王汎森已注意到《吴宓日记》中的一则记载，陈氏在1961年的私下谈话中，表示反对当时对苏一边倒的外交策略（《时代关怀与历史解释》，《古今论衡》第23期，2011年12月）。《论韩愈》一文确是背靠华族本位，主张抗拒夷风。刻深论之，文中所述韩愈所抗拒的印度出家风俗，不无影射新社会家庭伦理观念的意味。章士钊之批评，同样可能有针对陈文微意之用心——既然外来的是先进的，那国人就没有理由用民族本位来推诿不接受。不过，隐微的交锋通过明面上的韩文解读而呈现。本章着重分析章氏立论本身，限于篇幅，诸多微意只能引而不发。

华夷分别的成见，之所以有此成见又是因为他有礼教文化之定见而无利益人民之定见。如此人物虽言利益民族，又怎能和主张革政之进步西汉今文家相提并论？反观陈寅恪行文还有另外一个错误，就是把中国人自主和平引入的印度文化当成外国以武力后盾注入的文化。此处党同昌黎之偏狭不从柳州之开放，甚至比不上清季自主引进西方新学的桐城末流，在新时代落后了。①

上面的引文只是非议陈寅恪在中外交流上的错误，此后写成的评论更涉及道不同不相为谋的严肃问题，以至于《指要》给了陈寅恪类似曾国藩的待遇，称某公不称姓名。其具体论述，颇有与落后旧人划清界线之意：

> 尝论封建社会之于民，既总持民之生产资料，同时复掌握其精神资料，此之精神资料，非得御用学者为之主张施设，辄不能自圆其说，而招致人之景从。如退之者，正此类御用学者之前茅也，以是退之之道，号为远大，彼并不能自为远大，特不过投合后来民贼之需要，供求相应，而为人利用，姑予推崇而已。韩学如何至宋大行，得此数语，如画龙而点睛，正绰绰然有余。惟如此也，子厚之道，崇民至上，断唐之受命不于天，于其民，已为中唐所接受不了，于宋又何望？彼濂、洛诸

---

① 特别需要注意的是，《指要》正面表彰的"新学"人物康有为、严复，同样是受到官方认可的有相对进步性的形象，参毛泽东：《论人民民主专政》，北京：人民出版社，1949年，第3~4页。

儒，拘牵六艺，曲解君亲无将、天王明圣诸说，以寇雠、土芥乎人民。于斯时也，视民如伤之子厚，将避之若浼之不暇，惟望数百年后，以一九四九年之有朝一日，或有人焉，大书深刻此一民字，而显现其真实意义。①

据此，陈文所持韩愈为唐宋中国文明传承功臣之义全不成立，因 1949 年之前，学人所为无非成就民贼掌握人民精神资料的虚伪施设。② 惟柳宗元等少数先觉察知君王礼教之伪而谋变革，然终无实绩。论述至此，立场已经过于鲜明。在立场、路线如此不同的情况下，柳宗元和韩愈之间的私人交谊，也值得认真检讨。

读过韩愈所作柳宗元墓志铭之后，章学诚提出过一个鲁莽而尖锐的问题：为什么韩愈在有条件的情况下，不出力援救柳宗元？《指要》之回答较章之提问更加尖锐：韩愈发现自己须得跟老友划清界线，乃徘徊于落井下石和仗义出手之间。柳宗元亦早知韩愈非道义至交，故托付遗文与同道刘禹锡。③ 跟今人一

---

① 《指要·辟韩余论》，《全集》第 10 卷，第 1275 页。引文本页下文，再次暗示陈寅恪所见甚至不如严复。

② 即"意识形态国家机器"一部分，参路易斯·阿尔都塞著，吴子枫译：《论再生产》，西安：西北大学出版社，2019 年，第 173~180 页。

③ 《指要·章实斋论韩不援柳》，《全集》第 10 卷，第 1281~1282 页："吾揣此时退之所取态度，可能有三种：一、附和武陵，参加营解；二、坐视不救，不加可否；三、反而挤之，又下石焉。夫以道谊言，子厚于退之，友也，为友故，应取第一义。又以政治言，子厚于退之，敌也，为敌故，应取第三义。退之于时再四思维，斟酌于友与敌之间，而中立焉，因采第二义，解除此一心理上之困惑。"

样，进步和落后的古人之间早有界线划分。作为新时代的旧人，还需和俱生的旧之局限性划界。①

## 四、继往迎来

时人批评韩愈是奴隶主，在这种批评的视角之下，大多数古代士人都难以自外。章士钊承认，柳宗元也不能外于此。② 一种聪明的斡旋方式乃是在承认旧文化落后之余寻找相对意义上的进步闪光点。跟下编众多立场鲜明、尖锐亢激的批评可以对比的是，《指要》的上半部分也给不进步但也没那么落后的旧人留有恕词：

> 桐城壁垒崇成，尊韩已成百川东之之势，而黄子终能割尊韩之大分以尊柳，庸中佼佼，难能可贵，此谊愿与知言君子共凛之。③

---

① 1949 年之前，包括柳宗元在内的先进旧人都没法避免，例见《指要·唐代封建社会下之奴隶制》，《全集》第 10 卷，第 1073 页："唐代之奴隶制，直与有唐国命相终始，唐文中曾未见何人动议，为之澈底改革。此子厚亦不能辞其责，并非区区驳复雠，及取赎受质男女所得遮掩了事。陋哉文道希之流！推其识量，复何足与议及此？噫！中国之奴隶制，迁延复迁延，自公历八百十九年子厚谢世，以至一千九百四十九年解放战争胜利，而始剔除净尽，子厚有灵，应在地下为浮一大白。"

② 《指要·与萧翰林俛书》，《全集》第 9 卷，第 706 页。并参前注引文。时人指的是王芸生（1901—1980），他在 1963 年于《新建设》上刊有论韩之作两种。

③ 《指要·先侍御史府君神道表石背先友记》，《全集》第 9 卷，第 305 页。

附录：《柳文指要》述论

> 挚父第一评，全为敷衍望溪而设，意谓桐城正统，不应对先辈评骘，持不同意见；其将似子长推到山水记、辨诸子诸作，亦不至得罪望溪，以诣极之文云云，固望溪自作评柳语也。继而思之，恐舆论终于不许，又毅然下断如第二次评。嘻！挚父为桐城末流之笃厚君子，因蹉顿于前后两时代、抑正负两方面之夹路中。①

引文中的黄式三（1789—1862）、吴汝纶（1840—1903）两人并非一般受桐城、韩文笼罩的文人，而是于经史文献卓有根柢的学者。吴氏点勘之书，《指要》多有参考。二氏不便公开跟舆论、家法决裂，遂韩柳并重，已显示出良心所在。故曰旧人即为旧学所限，其个人才德之优长终不可掩，各人救国思想亦容有鸣放之权：

> 尝论人有救国思想，乃己与国家之直接连谊，不许第三人于焉间执，固不问此第三人之身分何许也。如杜甫一生忠愤，以言虞圣，至蹉跎效小忠之机会且无有，而其诗忠爱悱恻，至流浪以死而不悔也如故。②

《指要》于1966年写成后，章士钊谦虚地说本书是继往不

---

① 《指要·段太尉逸事状》，《全集》第9卷，第203页。
② 《指要·南府君睢阳庙碑》，《全集》第9卷，第191页。

开来之作①,亦即绝不敢以柳学赞襄新中国精神教育的意图。考虑到上面三段引文都取自《指要·上编》的前半部分,如果说这些话是论者在氛围相对宽松之时的偶然放言②,那么贯穿全书的对禅让问题的讨论,就是章氏迎接新社会和将来之新新社会时所不得不言者。禅让问题的引子,是《指要》对当时正面人物曹操(155—220)的讨论:

> 或曰:曹操何德于民,而民归之?曰:子厚此类文字中之所谓德,乃天演之德,与后世伦理学家所下细针密缕之定义有异。如《贞符》篇云:"厥初罔匪极乱,而后稍可为也,然非德不树。"此所谓德,乃极乱之后稍有可为之德,换而言之,即人类初期定乱之必要施为,在天演中可名为德,律之进化高程则否。惟割据荒乱、人类退入生初蛮性时亦然。此若使韩退之暗记《原道》一文,逆数社会进程,因而超越禹受之舜,舜受之尧以上,是将曰:此德其所德,非吾之所谓德也……吾尝流连咏叹于子厚《伊尹五就桀赞》一文,其所为赞曰:"彼伊尹圣人也,圣人出于天下,不夏、商其心,心乎生民而已。"此"心乎生民"云

---

① 《指要·跋》,《全集》第 10 卷,第 1653 页。
② 这三条议论在于强调私人的质量和感情,而在本书下半部分可以看到革命事业高于私人感情、大义高于细节的态度,以及由之而来的,更加苛刻的评价尺度,参《指要·书韩退之柳子厚墓志铭后》,《全集》第 10 卷,第 1278 页。

者，即吾所标人民本位思想。吾又尝怪伊尹此一思想，在后来赏叹子厚《五就桀赞》诸文人中，都从来不生根蒂……盖子厚、化光①辈，其着眼在人民，所谓曹氏利汝，吾事之，斯乃诚实信誓之语；倘曹氏真能爱民，孔明应即从人民之后，而归心于曹，安有蜀决不能事魏之理？②

舜禹禅让是曹丕（187—226）得位之后称道的故事，按柳宗元所说，常被引为丑事笑谈。③ 章士钊使用天演原理为之辩护，并顺势贬抑了韩愈代表的儒家道统观念。凡能理乱安民者，自然就有了统治者的德性，具有人民本位思想的士人自然也承认这样的人物，一般文人之毁誉可以不顾。舜、禹、夏桀、曹、刘谁做主，相比士人所判断的安民之秩序，已经属于次要问题。上溯今文学的孔子素王论，便是"身不得位，而心息息与生民相通"之谓，故《舜禹之事》亦"指明受禅者必先与民习，深相浃洽，然后登坛而事成"，在旧学旧人中诚属非常罕见之论。④ 之所以专注这一非常之论，是因为新潮愈发炽烈的时刻，旧学旧人

---

① 本句上文岔入了苏轼（1037—1101）评柳宗元的政治同道吕温（化光，771—811）之文字。

② 《指要·舜禹之事》，《全集》第9卷，第490、491、499页。

③ 其时某柳文注本就认为，这是后代儒生丑诋法家正确路线的表现，参柳宗元诗文选注释组：《柳宗元诗文选注》，沈阳：辽宁人民出版社，1975年，第39页。

④ "平庸"的旧派迂儒吴汝纶就以此义为非常可怪者，而此非常之论，在进步的柳宗元看来是常言，参《指要·乘桴与尧舜禅让》，《全集》第10卷，第1568~1569页。

之个别的、私人的长处在大义面前是苍白的，所有相对的进步之处也可能明天就落后了。想要立稳，须得看清、跟住一条衡量进步的固定标尺——这一标尺可以从《舜禹之事》中发现吗？

这也许是章氏在写作时唯一的选择。对禅让问题的论述如此重要，不仅《指要》1966年稿视之为古为今用的民主立本之论，1971年稿序文也说：

> 一九四九年后之柳文崛起，乃出于内外形势之自然而然，并不由何人强迫招致。仔细思之，倘中唐绝无子厚其人，而此时欲得一士，作为承先启后、并裨辅毛主席著作之天然准则，势且通涉历史，旁皇无所措手足。……从来考古工作，不无奸伪羼杂其间，然往往真者伪之，伪者真之，中间工作，纯驳不一，如晏元献否定《舜禹之事》，乃是特大著例……元献木然不知，致真文而骤伪之，天下乌乎信？①

在《指要》1966年和1971年两次定稿期间，章士钊亲见刘少奇（1898—1969）失势，心绪复杂——刘氏本来是《指要》预期的读者之一。② 在复杂的外境和心境作用下，章氏在引文中

---

① 《指要·通要之部续序》，《全集》第10卷，第999~1000页。
② 为斡旋此事，章士钊至少给毛、刘都写了信。给毛泽东写的信以及此后章士钊所收到的刘少奇之材料，目前都无法看到，参章含之：《位卑未敢忘忧国——记父亲章士钊晚年与毛泽东的书信往来》，《统一论坛》2001年第1期。给刘写的长信见《致刘少奇》，《全集》第8卷，第418~419页。

不由感叹真伪是非历来难以确定。他只能希望，在"裨辅毛主席著作之天然准则"的共识当中，《舜禹之事》的价值依然可以保障，作为相对进步的旧学旧人继往迎来之中介。1971年稿《指要》特意加入一段文字再论《舜禹之事》，其间引述王世懋（1536—1588）解李白（710—762）《远别离》意指之言曰：

> 先是肃宗即位灵武，玄宗不得已称上皇，迎归大内，又为李辅国劫而幽之，太白忧愤而作此诗，因今度古，将谓尧、舜事亦有可疑……古来原有此种传奇议论，曹丕下坛曰：舜禹之事，吾知之矣。太白故非创语，试以此意寻次读之，自当手舞足蹈。
>
> 钊案：自有柳文以来，读得通《舜禹之事》者，旷代并无几人，不料元美之弟麟洲，能从太白《远别离》诗篇，推出上一伟论。夫太白前于子厚时代，亦不过半世纪耳，不知子厚着手论著，曾受到此天末诗人之影响否？①

《指要》上编出现过将《离骚》和柳文之"离"解释为"求近君而不可得之急切反映"（当然也是一种自发的救国思想体现）的例子。② 该部分还认为，无论上述忧心多么迫切，至于求死、偷生，也无关大势。所谓"乐死、幸生，相去无几，盖

---

① 《指要·舜禹之事》，《全集》第10卷，第1600页。
② 《指要·曹溪第六祖大鉴禅师碑》，《全集》第9卷，第194页。

历史为铁板注脚,凡个人之思致,不论激随舒愤,都丝毫转动不得"①。由此观之,上述引文固然寄托有具体的对时局的忧虑,其中人物也有具体的影射对象(皆不易坐实),然而更多是一种共情柳宗元等古人的挫败感。此处之古人,特指前文所及屈原、李、杜、柳宗元等"不得于君而热中"的人士。就像引文中的李白化用"舜禹之事"暗面讽刺当时发生的"舜禹之事"一样,章氏也不免对《指要》前文柳宗元笔下理想的"舜禹之事"看法动摇。是非善恶之准历来变化甚快。不秉史权而进退古今人事,制作《指要》的章氏在人生最后生出悔意。②

士人希望道出于一,需要看到一种稳定的标准,进而在此标准下探索新环境中相对稳固的生存和发言空间。对于章士钊而言,上述标准一度乃是明确可见的。"《毛泽东选集》成为唯一典型,君师合一,言出为经。"③ 1966年之后的经验,让他有了"长安不见使人愁"的感受。

---

① 《指要·连州员外司马凌君权厝志》,《全集》第9卷,第253页。文中化用了《赵烈文日记》中赵氏劝曾国藩不要寻短见的内容(乐死、幸生,相去无几)。当然,再一次隐去了曾国藩的名字,用意暂时无法推断。

② 《指要·王壬秋评柳》,《全集》第10卷,第1642页。《湘军志》作者王闿运初读柳宗元批驳韩愈修史有人祸天刑之论,深感痛快,仔细一想又觉得不对,因柳宗元真出任史官也未必能直笔无忌。章士钊判断这是王氏著书被谤的自忏之言,予以同情。这似乎是《指要》全书唯一一处韩愈不完全错、柳宗元不完全正确的地方。

③ 《指要·跋》,《全集》第10卷,第1652页。

## 五、结语

近代闻人章士钊文章、政论风行清季民初，自命与严复、梁启超并列为"以文字摅写政治，跳荡于文坛，力挈天下而趋者"。《柳文指要》原有题为《柳子厚生于今日将如何？》的收尾之作，然眼见革命爆发，遂放弃而置入1966年版书稿当中。①该书并不是简单的老年消遣之作，而是代表部分旧人释放给新社会政治精英的信号，有证明旧学当代价值的意图。前文首先结合章氏在1949年前后的文字，解说了他在政权嬗替时期调整发言姿态；其次分析《柳文指要》扬韩抑柳的内容，揭示章氏扬弃落后旧学、发明进步旧学以迎合时下需求的种种技巧；最后探索《指要》让进步旧学古为今用，为旧人在趋新世变中寻找生存空间的旨趣。随着更多文献的发现，我们对于旧文化在当时的存在样态以及历史位置，必将会有完整的认识。成此一篑之功，是本章的理想目标。

根系生在旧时代的人们有自己的历史，在变化之中也有自己的独特判断和议论。② 牟宗三推测其师在历史激流面前行权的心境是："能把孔子保住便可以了。"③ 熊氏老友蒙文通也有类似

---

① 《指要·跋》，《全集》第10卷，第1651页。
② 徐复观：《徐复观谈学术与政治的关系（节选）》，《儒家思想与现代社会》，《徐复观全集》第13册，北京：九州出版社，2014年，第266页。
③ 牟宗三：《熊十力先生追念会讲话》，《牟宗三先生全集》第23册，台北：联经出版事业股份有限公司，2003年，第289~290页。

意图:"既要看到他的思想的落后面,即局限性;也要做到不苛求于古人,而看到孔子思想中进步的一面……汉、宋儒者之所谓微言,都是孔子所谓'权'的一部分。"① 此前柳诒徵从1947年之"礼俗史"转入1951年之"人民生活史"的写作②,或也是有取于熊氏的建议:扫荡汉后家天下之奴儒,开史学新路。③ 这几位学人的地位和话语权无法跟《柳文指要》的作者相比,然归于勿用则一也。④ "柳子厚生于今日将如何",显然是一个开放的问题。

---

① 蒙文通:《孔子思想中进步面的探讨》,收入蒙默编:《蒙文通全集·儒学甄微》,成都:巴蜀书社,2015年,第17、25页。
② 柳诒徵:《〈人民生活史〉研究草目》,《柳诒徵文集》卷11,第418页。
③ 熊十力:《复柳诒徵》,《熊十力论学书札》,第165~166页。
④ 马一浮:《檐曝杂兴(其三)》,《马一浮全集》第3册,第476页:"八儒三墨枉争鸣,捭阖纵横一世倾。那识同坑无异土,从来凡圣等空名。"